Ilse Kleberger · Unsere Oma

Grosser Sammelband

Unsere Oma

von
Ilse Kleberger

Illustrationen
von
Friedrich Dohrmann

XENOS Verlagsgesellschaft m.b.H.

Mit Genehmigung von Erika Klopp Verlag GmbH
Unsre Oma
© 1964 by Erika Klopp Verlag GmbH, Berlin
Ferien mit Oma
© 1967 by Erika Klopp Verlag GmbH, Berlin
Villa Oma
© 1972 by Erika Klopp Verlag GmbH, Berlin
Titelbild und Innenillustrationen: Friedrich Dohrmann
Herstellung und Umschlaggestaltung:
Klingenberg Werbeagentur GmbH, Hamburg
Verlag und Herausgeber: XENOS Verlagsgesellschaft m.b.H.,
am Hehsel 42, 2000 Hamburg 63.

Aus dem Inhalt

Anstandsunterricht   7
Masern 18
Die Auswanderung 28
Die Party 46
Winterfreuden 58
Peters Tag 68
Omas Geburtstag 77
Reise in die Ferien 89
Der große Elefant 100
Das Affenkind 108
Der traurige Löwe 122
Auf Wiedersehn! 131

Anstandsunterricht

Jan, Frieder und die kleine Karoline saßen auf Pieselangs Teppichstange und gaben an.

Der dicke Frieder schob den Kaugummi in die andere Backe und sagte: „Wir sind die reichsten Bauern, wir haben am meisten Land!" Stolz blickte er über die Weizenfelder, die gerade gelb zu werden begannen und sich bis zu dem Bauernhof seines Vaters erstreckten.

„Das hast du schon oft gesagt", entgegnete die kleine Karoline spitz, „das wissen wir nun bald." Ärgerlich warf sie ihren rotblonden Zopf über die Schulter zurück. Dann hob sie die Nase in die Luft und rief: „Aber wir haben zehnmal mehr Hühner als ihr!"

Frieder schien nicht weiter beeindruckt zu sein. „Unsere Kühe haben ein Wasserklosett", erwiderte er ruhig.

Auch das wußten sie schon, daß beim reichen Frieder-Bauern der Kuhmist in einer Rinne fortgespült wurde.

Doch Karoline übertrumpfte ihn. „Unsere Küken tragen Brillen!" In der Tat war es seit Wochen im Dorf

7

die große Sensation, daß die größeren Küken der Hühnerfarm undurchsichtige Plastikbrillen trugen, so daß sie nur seitwärts blicken und sich nicht mehr gegenseitig blutig hacken konnten.

Jan hatte bis jetzt geschwiegen. Er überlegte verzweifelt, womit er angeben könnte. Lehrer Pieselangs Häuschen mit seinem dunklen Fachwerk und weißen Putz, auf das sie herabblickten, war zwar hübsch, aber klein. Es gehörten keine Felder dazu, sondern nur ein Gemüsegarten. Kühe besaßen die Lehrersleute gar keine und Hühner nur fünfzehn Stück.

Plötzlich leuchtete es in Jans rundem, sommersprossigen Gesicht auf. „Aber wir haben unsre Oma!"

Die beiden anderen wandten sich ihm wie elektrisiert zu.

„Och, Jan, können wir nicht mal zu ihr 'rein?" bat Karoline.

Jan genoß es, plötzlich im Mittelpunkt zu stehen. Er wiegte den Kopf. „Muß mal sehen, ob sie euch empfängt", sagte er dann und rutschte von der Teppichstange herunter. Mit den Händen in den Hosentaschen schlenderte er ins Haus.

Nach einer Weile kam er zurück. „Ihr könnt kommen", sagte er wichtig, „aber benehmt euch! Und Frieder, nimm den Kaugummi aus dem Mund. Kaugummi kann Oma nicht leiden."

Erstaunlich fügsam holte Frieder mit seinen schmutzigen Fingern den Kaugummi hervor und klebte ihn sich hinters Ohr.

„Und seid leise. Oma gibt Brigitte gerade Anstandsunterricht, da dürft ihr nicht stören. Aber zuhören
könnt ihr, kann euch gar nichts schaden!"

Lehrer Pieselang hatte sechs Kinder, und er
wünschte, daß sie gut erzogen würden. Aber er war
selten zu Haus, und Mutter Pieselang, die außer den
Kindern und ihrem Mann auch noch die Hühner, eine
Ziege und den Garten zu versorgen hatte, fehlte es an
Zeit, sich um die guten Sitten der Kinder zu kümmern. Hatte sich eines der Pieselang-Kinder besonders
schlecht benommen, so sagte sie: „Geh zu Oma und
laß dir Anstandsunterricht geben."

Oma hatte erstens Zeit, und zweitens verstand sie
etwas von feinem Benehmen. Sie war nämlich als
Fräulein von Haselburg auf einem Rittergut aufgewachsen. Später hatte sie dann den Lehrer Pieselang
geheiratet, und ihr Sohn, Jans Vater, war auch wieder
Lehrer geworden.

Jan öffnete eine Tür und legte warnend den Finger
auf den Mund. Die drei Kinder traten auf Zehenspitzen in ein großes, fast leeres Zimmer und setzten
sich auf eine Holzbank neben ein flachsblondes Mädchen, das die Hände brav im Schoß gefaltet hielt. Oma,
die auf einem Lehnstuhl am Fenster thronte, nickte
den Kindern zu. Außer der Holzbank und dem Lehnstuhl befand sich nur noch ein Vogelkäfig im Zimmer.
An der rechten Wand stand eine Leiter, die zum
Boden hinaufführte. Oma hatte ihren Vortrag nicht
unterbrochen. Indem sie an einem langen roten
Schlauch strickte, sagte sie:

„Wasch dir die Hände, mach dir die Fingernägel sauber und kämm dir die Haare, laß deine Sachen nicht herumliegen, räum dein Zimmer auf, sitz gerade, widersprich nicht. Wasch dir die Hände, mach dir die Fingernägel sauber und kämm dir die Haare, laß deine Sachen nicht herumliegen, räum dein Zimmer auf, sitz gerade, widersprich nicht. Wasch dir die Hände . . ." und so immer weiter. Beim vierten Mal „sitz gerade" sahen alle vier Kinder aus, als hätten sie Stöcke verschluckt.

Komisch, dachte Karoline, sie bewegt gar nicht den Mund beim Sprechen. Ob sie bauchreden kann? Nach allem, was man sich im Dorf über Pieselangs Oma erzählte, erschien ihr das durchaus möglich.

„Sitz gerade, sitz gerade, sitz gerade, sitz gerade, sitz gerade", sagte Oma. Karoline betrachtete Brigitte von der Seite. Warum wiederholte Oma das immerfort? War Brigitte wieder in sich zusammengesackt? Nein, sie saß steif wie ein Besenstiel.

Oma fummelte an einem Kasten herum, der an ihrer Seite stand, und dann ging es weiter: „Sitz gerade, wasch dir die Hände . . ."

„Die Nadel war aus der Rille gesprungen", flüsterte Jan und erklärte auf Karolines erstaunten Blick: „Oma hat die Anstandssprüche auf eine Grammophonplatte aufnehmen lassen und spielt sie uns immer wieder vor. Meinst du, sie möchte das x-mal am Tag sagen?"

Mitten im Satz stellte Oma das Grammophon ab und rief: „Genug für heute!" Worauf alle vier Kinder

im Nu behaglich die Rücken krümmten wie Katzen in der Sonne.

Frieder und Karoline konnten sich nicht satt sehen an Oma. Klein und zierlich saß sie in ihrem großen Ohrenstuhl. Ihr Gesicht sah wie ein runzliger Apfel aus. Die Brille saß vorn auf der Nasenspitze. Das schneeweiße Haar war oben auf dem Kopf zu einem Knoten zusammengedreht. Oma trug ein langes, schwarzes Kleid mit einem weiten Rock und ein schwarzes Samtband um den Hals. Auf ihrer linken Schulter hockte ein weißer Kater und versuchte, um ihren Kopf herum auf die rechte Schulter zu schielen, wo ein blaugrüner Wellensittich herumhüpfte und munter schwatzte.

„Wasch dir die Hände!" quäkte er, stolz, daß auch er etwas vom Anstandsunterricht gelernt hatte.

Oma reckte sich und gähnte. „Ganz steif wird man vom langen Sitzen." Sie wickelte ihr Strickzeug zusammen, packte es in einen Nähkorb, der auf dem Fensterbrett stand, und legte die Brille dazu.

„Muß mir mal ein bißchen Bewegung machen!" Jan stieß Karoline an. „Jetzt kommt's!"

Oma kam mit großen Schritten auf ihn zu und setzte den Kater Fridolin auf seinen Schoß. Der Kater miaute mißmutig und blickte zornig den Wellensittich an, der auf ihrer Schulter bleiben durfte. Sie zog unter der Bank ein Paar Rollschuhe hervor, setzte sich neben Frieder und schnallte sie an ihre schwarzen Schnürstiefel.

„Wenn man alt wird, muß man aufpassen, daß man nicht einrostet", sagte sie energisch. „Ich kann wohl sagen, daß mich dieser Sport jung erhält." Und schon rollte sie kreuz und quer durch den Raum, zog elegante Bögen, wiegte sich und hob ein Bein in die

Luft. Ihr langer schwarzer Rock flatterte und rauschte; ab und zu sah man einen roten Wollunterrock hervorleuchten. Der Wellensittich krallte sich an ihrer Schulter fest.

„Bravo, bravo!" kreischte er, und die Kinder fielen ein. „Bravo, bravo!"

Oma lächelte geschmeichelt, wirbelte noch ein paarmal herum und hielt an. Unter dem lauten Klatschen der Kinder verbeugte sie sich zierlich.

„Darum ist das Zimmer so leer", sagte Karoline, während Oma weiter umherlief. „Aber wo schläft sie denn?"

Jan zeigte auf die Leiter. „Oben!"

„Auf dem Boden? Erlaubt denn das euer Vater?"

Jan zuckte die Achseln. „Oma will es so, und wenn Oma was will, kann man nichts machen."

Jetzt wurde die Tür aufgerissen, und Ingeborg, Jans älteste Schwester, stürmte herein. Sie war erhitzt und zerzaust. In der einen Hand hatte sie einen Teller mit Brei, mit der anderen zerrte sie einen etwa dreijährigen Jungen hinter sich her. Er wand sich wie ein Aal und brüllte:

„Nein, nein, kein' Brei, will kein' Brei, nein, nein, nein!"

„Oma", keuchte Ingeborg, „er will und will nicht essen! Nur du kannst es schaffen."

Oma schüttelte mißbilligend den Kopf. „In diesem Haus kann man nicht einmal in Ruhe Sport treiben!" Sie schnallte die Rollschuhe ab, ergriff den Teller und

14

zog den Knirps zu ihrem Ohrenstuhl. Dann klemmte sie ihn zwischen ihre Knie und hielt ihm den Löffel vor den Mund.

„Ich wiiil nicht!" schrie der Junge.

„Aber Peter, du willst doch ein großer Mann werden, da mußt du essen."

„Nein, will kein Mann werden!"

„Nur einen Löffel Brei für den Papa und einen für Jan."

„Neiiiin!"

„Also paß auf, du ißt zwei Löffel und dann gibt's einen Bonbon, nur zwei kleine Löffel Brei!"

„Und dann einen Bonbon?"

„Ja."

Peter hörte auf zu weinen und sperrte den Mund auf. Oma fing an zu zählen: „Zehn, neun, acht, sieben, sechs, fünf, vier, drei, zwei." Bei jeder Zahl schob sie

einen Löffel voll Brei in den geöffneten Mund. Nun war der Teller leer, und Oma kramte aus ihrem Nähkorb einen Himbeerbonbon und steckte ihn in den doppeltweit aufgerissenen Mund.

Auch die anderen Kinder erhielten jeder einen Bonbon. Karoline und Frieder verabschiedeten sich mit Knicks und Verbeugung und liefen nach Hause zum Mittagessen, denn es war spät geworden.

Beim Essen sagte Karolines Mutter: „Heute kommt Omi!"

Karoline, die sonst ihre Großmutter recht gern mochte, runzelte nur die Stirn.

Um vier Uhr kam Omi mit dem Omnibus aus der nächsten Stadt. Sie trug ein kurzes fliederfarbenes Sommerkleid und einen weißen Hut.

„Omi, du wirst ja immer jünger!" rief die Mutter, als sie sich umarmten. Beim Kaffeetrinken war Karoline recht still.

„Was hat das Kind?" fragte Omi. „Bekommen ihm die großen Ferien nicht?"

Da kochte Karoline über. „Omi, du malst dir ja den Mund rot und läßt dir die Haare färben!" stieß sie hervor.

Omi errötete. „Ja, Kind, ich will mich doch möglichst lange für euch jung erhalten."

„Kannst du auch Rollschuh laufen?" fragte Karoline.

Omi verschluckte sich fast an ihrem Kuchen. „Aber Kind, Rollschuh laufen, nein, natürlich nicht!"

„Na, siehst du!" Karoline sprang auf, lief hinaus und knallte die Tür hinter sich zu.

„Karoline!" rief der Vater zornig hinter ihr her, aber sie hörte es nicht mehr. Sie saß im Hühnerstall und heulte, umgeben von dem gackernden Federvieh, das sie unter seinen Plastikbrillen hervor anschielte.

Masern

Die ersten Sonnenstrahlen, die ins Kinderzimmer hineinschienen, weckten Brigitte. Sie gähnte und wollte sich auf die andere Seite drehen, um weiterzuschlafen, da fiel ihr etwas ein. Wenn sie jetzt aufstand, konnte sie Oma noch beim Anziehen erwischen. Sie sah Oma zu gern beim Anziehen zu. Mit beiden Beinen sprang sie aus dem Bett. Peter regte sich in seinem Gitterbettchen. Sie wollte sich auf Zehenspitzen hinausschleichen, aber schon saß er kerzengerade da, sah sie aus verschlafenen Augen an und fragte: „Wo gehst du hin?"

„Zu Oma."

„Nimm mich mit!"

„Nein, du sollst noch schlafen."

„Ich will nicht schlafen, ich will zu Oma!"

Sie half ihm, das Gitter zu überklettern, und Hand in Hand schlichen sie durch das schlafende Haus. Kurz darauf saßen sie auf Omas Fensterbrett. Sie hatten Glück; Oma war noch beim Anziehen. Von ihrer üblichen Haarpracht war nichts zu sehen. Rosa schimmerte die Kopfhaut durch die dünnen, weißen Strähnen. Oma ordnete den Kragen ihres Kleides und band das schwarze Samtband um den Hals. Dann zog sie ihre Schuhe an. Gelenkig stellte sie den rechten Fuß auf die Bank und schnürte den Schuh zu.

„Oma, wie bekommt man Masern?" fragte Brigitte. „Ich möchte so gerne Masern haben!"

Oma schnürte den linken Schuh zu. „Masern sind eine Krankheit. Warum willst du krank werden?"

„Karoline hat Masern. Ihr Fenster ist mit einer Decke verhängt, und sie kriegt Streuselkuchen und Coca-Cola und Mickymaushefte, so viel sie will."

„Wo ist meine Brille?" fragte Oma.

„Vielleicht in der Küche?" meinte Brigitte.

Oma schüttelte nachdenklich den Kopf.

„Im Bett?" Peter rutschte vom Fensterbrett und begann die Leiter zum Boden hinaufzuklettern.

Oma hielt ihn an einem Bein fest. „Bleib hier! Sie ist im Nähkasten."

Wirklich, als Brigitte den Kasten öffnete, funkelten sie Omas Brillengläser zwischen Stecknadeln und Nähgarnröllchen an.

Oma setzte die Brille auf und fragte: „Woher weißt du, daß Karoline Kuchen und Coca-Cola bekommen hat?"

„Ich habe an ihr Fenster geklopft", antwortete Brigitte, „und sie hat die Decke weggezogen und das Fenster aufgemacht. Sie freute sich so, daß ich kam, weil sie sich langweilte, und sie hat mir alles gezeigt. Ins Zimmer durfte ich ja nicht wegen der Ansteckung."

Oma nickte verständnisvoll und fing an, sich die Haare zu kämmen.

„Und von dem Streuselkuchen hat sie mich abbeißen lassen. Wir haben zusammen ein großes Stück gegessen, immer sie einen Happen, ich einen Happen, sie einen Happen, ich einen Happen. Und sie hat mir auch ein Stück für Peter mitgegeben. Hat gut geschmeckt, nicht wahr, Peter?"

Peter nickte und rieb sich sein Bäuchlein.

„Oma", quengelte Brigitte, „wie kriegt man die Masern? Ich möchte sie zu gerne haben!"

„Warte nur, Liebling", antwortete Oma, „du wirst sie bald bekommen."

„Hurra!" Brigitte hopste von der Fensterbank. „Wann, Oma?"

Aber Oma war nicht mehr recht bei der Sache. Sie sah sich suchend im Zimmer um. „Wo ist mein Zopf?"

Die Kinder wußten, daß Oma einen falschen Zopf

besaß und hatten oft mit ihm gespielt. Aber wo war er nun? Brigitte sah im Nähkorb nach, und Peter kletterte jetzt doch auf den Boden, wo Omas Bett stand und zwischen Dachbalken eine Hängematte für ihre Mittagsruhe ausgespannt war. Man hörte ihn oben rumoren. Oma suchte unter dem Lehnstuhl und unter der Bank. Nichts. Peter kam mit dem Kater Fridolin auf dem Arm wieder herunter. Das brachte Brigitte auf den Gedanken, sich nach dem Wellensittich Paulchen umzusehen. Der schien noch in seinem Käfig zu schlafen.

„Oma", rief sie, „Paulchen hat sich aus deinem Zopf ein Nest gebaut!"

Oma trat näher. Tatsächlich, in einer Ecke des Käfigs lag Omas Zopf zu einem runden kleinen Nest zusammengerollt, und darin hockte Paulchen.

„Wie gemütlich er es hat!" sagte Oma. „Aber leider, mein Kleiner, muß ich dir den Zopf wegnehmen. Ich brauche ihn selber."

„Och, Oma", bat Brigitte, „laß ihm doch den Zopf!"

„Hm." Oma betrachtete sich im Spiegel. „Ein bißchen kahl bin ich ja, außerdem zieht's. Ach was, ich setze eben den Hut auf." Sie nahm einen lila Strohhut mit einer weißen Stoffblume von einem Haken an der Wand und stülpte ihn auf den Kopf.

„Aber nun kommt! Ich habe Frühstückshunger."

21

In den Ferien sah Lehrer Pieselang es gern, wenn sich seine ganze Familie am Frühstückstisch um ihn scharte. Unwillig runzelte er die Stirn, weil der Stuhl seines sechzehnjährigen Sohnes Heiner neben ihm leer war. Dann musterte er seine anderen Kinder, die achtzehnjährige Ingeborg, den zwölfjährigen Jan, die zehnjährige Brigitte und den dreijährigen Peter. Jan hatte schwarze Fingernägel, Brigitte hingen die Haare unordentlich ins Gesicht. Er schickte die beiden ins Badezimmer. Als sie zurückkamen, trat gleichzeitig mit ihnen Heiner ein.

„Mein lieber Sohn", sagte Lehrer Pieselang, „ich habe dir erlaubt, einmal in der Woche zur Tanzstunde in die Stadt zu fahren. Wenn ich dir eine solche Freude mache, könntest du mir auch die Freude machen, pünktlich am Frühstückstisch zu erscheinen."

Heiner, den jetzt manchmal der Hafer stach, wagte zu widersprechen: „Man muß in den Ferien doch mal ausschlafen können!"

Ein Äderchen an Lehrer Pieselangs Stirn schwoll an. Ein bedrohliches Zeichen! Mutter legte beruhigend ihre Hand auf seinen Arm. Er strafte seinen Sohn mit schweigender Verachtung und sprach das Tischgebet. Gerade begann er, sein Ei zu löffeln, da legte Brigitte den Kopf auf den Tisch und brach in lautes Schluchzen aus.

„Was ist denn nun schon wieder los?" brauste der Lehrer auf.

Die Mutter versuchte, das weinende Kind zu be
ruhigen.

„Sie hat die Masern", sagte Oma, ohne aufzusehen.

„Unsinn, die Masern, woher willst du das wissen?"
rief der Lehrer.

„Und warum hast du beim Frühstück den Hut auf?"

„Ich weiß manches, was du nicht weißt, und den
Hut hab' ich auf, weil mir der Kopf friert", entgegnete
Oma spitz.

Jetzt war es um Lehrer Pieselangs Selbstbeherr-
schung geschehen. Er ließ sein Ei halb aufgegessen
stehen, warf die Serviette auf den Tisch, fegte aus dem
Zimmer und schlug die Tür hinter sich zu.

Kurze Zeit danach traf die Mutter Oma mit den
Rollschuhen in der Hand.

„Wo willst du hin?"

„Ich will ins Dorf einkaufen." An den Fingern
zählte Oma auf: „Zwei Flaschen Coca-Cola, ein Mickymausheft, Zucker, Mehl und Butter zum Streuselkuchen. Daß ich nur nichts vergesse!"

„Kannst du das Baby mitnehmen?" fragte die viel-
beschäftigte Mutter.

Bald darauf sauste Oma auf ihren Rollschuhen über
die asphaltierte Straße und schob den Kinderwagen
vor sich her. Die Einkaufstasche und ihren Regenschirm hatte sie an die Lenkstange gehängt. Als sie
im Dorf ankam, saß der lila Strohhut ein wenig schief,
aber niemand wunderte sich darüber. Man kannte
Oma Pieselang im Ort.

23

Am Nachmittag backte Oma Streuselkuchen. Tags darauf, als das Fieber abgeklungen und Brigitte über und über rot gefleckt war, durfte sie ihn essen und Coca-Cola trinken und das Mickymausheft angucken. Am schönsten aber war es, wenn Oma ihr aus „Dr. Dolittle" vorlas. Am nächsten Tag legte sich Peter mit Masern ins Bett. Oma backte wieder Streuselkuchen und las ihm Grimms Märchen vor. Zwei Tage später folgte Jan, und Oma mußte noch einmal Streuselkuchen backen und Karl May vorlesen.

Nach acht Tagen war Oma ganz heiser und erschöpft. Am neunten Tag erschien sie nicht zum Frühstück.

Es war ein trauriges Frühstück. Vater, Mutter, Ingeborg und Heiner saßen allein um den großen Tisch. Ingeborg erzählte mit Tränen in den Augen, daß der Fuchs die große bunte Henne geholt hatte, die gerade beim Brüten war.

„Und die Eier sind auch verschwunden", sagte Mutter ärgerlich.

„Wo ist denn Oma?" fragte der Lehrer.

Ingeborg ging nachsehen. „Oma ist krank", berichtete sie, als sie zurückkam, „sie hat die Masern."

„Hat sie Flecke?" fragte die Mutter.

Ingeborg zuckte die Achseln. „Sie ließ mich nicht ans Bett. Sie sagte, wir sollten sie in Ruhe lassen und ihr recht viel zu essen 'raufschicken, aber keinen Streuselkuchen."

25

„Recht viel zu essen, dann kann es nicht so schlimm sein", meinte die Mutter.

Der Lehrer schüttelte den Kopf. „Die Masern! Oma wird auch niemals erwachsen."

Niemand bekam Oma zu sehen. In einen Korb, den sie an einer Schnur vom Boden herabließ, legte ihr Ingeborg das Essen. Auf ihre besorgten Fragen, ob sie einen Arzt holen oder ihr das Bett machen solle, erklärte Oma energisch und gar nicht schwach: „Laßt mich in Ruhe! In zehn Tagen bin ich wieder gesund."

Die Zeit verging. Die Masernkinder waren aufgestanden. Zum erstenmal versammelte sich die ganze Familie wieder am Frühstückstisch, nur Oma fehlte. Der Vater köpfte gerade sein Ei und gab damit das Zeichen zum Beginn des Frühstücks, da ging die Tür auf. Oma erschien, gesund und munter, in ihrem schwarzen Kleid, das Samtband um den Hals.

„Guten Morgen!" sagte sie strahlend und kam herein.

Hinter ihr her stolperte piepsend eine Schar winziger, wolliger Küken. Peter und Brigitte sprangen mit einem Jubelschrei auf.

„Wo hast du die her?" fragte die Mutter.

„Ich habe sie ausgebrütet!" sagte Oma stolz.

„Ausgebrütet? Dann hast du also gar nicht die Masern gehabt?"

Oma schüttelte den Kopf. „Ich wollte nur, daß ihr mich in Ruhe laßt. Ich hatte ein Körbchen mit Watte gepolstert, die Eier hineingelegt und das Körbchen zu mir ins Bett genommen, wo es ja immer schön warm ist. Da sind die Küken dann ausgeschlüpft."

Gelassen setzte sie sich an den Tisch und strich sich ein Brötchen mit Butter und Honig.

Die Auswanderung

„Wie heißen die deutschen Nebenflüsse der Donau?" fragte Ingeborg.

Jan leierte gelangweilt: „Iller, Lech, Isar, Inn fließen rechts zur Donau hin, lala, Nab und Regen fließen ihr entgegen."

„Was ist lala?"

Jan gähnte. „Ich hab' es vergessen."

„Du mußt es aber wissen! Wenn dich morgen die Lehrerin fragt, und du weißt es nicht, kriegst du wieder eine Fünf. Nimm den Atlas vor und such dir die Flüsse heraus."

Mißmutig zog Jan den Atlas aus seiner Schulmappe. Als Ingeborg nach einer Viertelstunde zurückkam, studierte er mit glänzenden Augen eine Karte.

„Hast du sie gefunden?"

„Ja, hier ist Oklahoma, und hier sind die Rocky Mountains, da sind die großen Reservate."

„Was für Reservate? Ich denke, du suchst die Nebenflüsse der Donau."

„Ach, die Donau ist mir schnuppe. Ich such' die Gegenden, wo die Indianer in Amerika wohnen. Guck mal, hier!"

Ingeborg schob den Atlas beiseite und sagte zornig: „Und mir sind deine Indianer schnuppe und deiner Lehrerin wahrscheinlich auch. Wenn du weiter so faul bist und nichts lernst, bleibst du noch einmal sitzen."

Jan traten die Tränen in die Augen. „Wozu soll ich den ganzen Quatsch lernen, wenn ich doch nach Amerika gehen und Cowboy werden will?" heulte er.

„Feiner Cowboy, der wie ein Mädchen weint!" lachte Ingeborg spöttisch und verließ den Bruder. Jan trocknete sich die Tränen ab. Darin hatte sie recht, daß ein Cowboy nicht heulen sollte, aber sie hatte ganz und gar unrecht darin, daß ein Cowboy die Nebenflüsse der Donau kennen müßte. Entschlossen klappte er den Atlas zu, nahm ein Buch unter den Arm, auf dem „Als Schiffsjunge nach Amerika" stand, und verzog sich in den Ziegenstall, wo ihn bis zum Abendmelken sicher niemand stören würde. Hier saß er bald auf der Futterraufe und las: „Plötzlich sahen sie Land, und es war Amerika. Dem kleinen Schiffsjungen klopfte das Herz. Nun würde er das Land sehen, in dem die Indianer und Cowboys lebten, in dem es Wolkenkratzer und die Niagarafälle gab."

Jan blickte vom Buch auf und betrachtete nachdenklich die Ziege, die sich an seinen Beinen rieb. Wenn

29

er doch dieser Schiffsjunge wäre! Aber warum sollte er nicht auch ein Schiffsjunge werden?

Als er am Sonnabendnachmittag wieder einmal mit Frieder zusammen auf der Teppichstange saß, flüsterte er: „Du, ich hab' ein Geheimnis. Wenn du es keinem weitersagst, erzähl' ich es dir."

Frieder spuckte seinen Kaugummi aus und steckte einen frischen in den Mund. „Was ist es?" fragte er ziemlich gleichgültig.

Jan zögerte. Aber weil er zu gern Frieders verblüfftes Gesicht sehen wollte, antwortete er: „Ich wandere aus."

„Was?" Frieder hörte einen Augenblick auf zu kauen.

„Ich gehe nach Amerika", sagte Jan wichtig.

Frieder tippte sich mit dem Finger an die Stirn.

Jetzt wurde Jan wütend. „Jawohl", schrie er, „morgen, am Sonntag, reiße ich aus. Ich fahr' nach Hamburg, geh' als Schiffsjunge auf ein Schiff und fahre nach Amerika. Dort werde ich Cowboy. So, nun weißt du es!"

„Wenn du so laut brüllst, wird gleich deine ganze Familie angerannt kommen, um dir auf Wiedersehen zu sagen", entgegnete Frieder.

Jan biß sich erschrocken auf die Lippen und schielte nach dem offenen Fenster von Omas Zimmer hin. Aber dort regte sich nichts.

Am Abend packte er seine Leinwandtasche, die er für Schulwanderungen bekommen hatte, schüttelte

30

vier Mark und fünfzig Pfennig aus seinem Sparschwein und steckte sie in sein rotes Geldtäschchen. Früh am Sonntagmorgen zog er sich flink an, nahm seine Sachen und schlüpfte aus dem Haus. Erst als er in der Kleinbahn saß, atmete er auf. Das Abteil war leer. Er setzte sich auf einen Fensterplatz und blickte in die Landschaft hinaus. Als die Dächer des Dorfes verschwanden, war ihm doch recht bang zumute. Nun, er würde zurückkehren, später, wenn er in Amerika reich oder berühmt geworden war, vielleicht auch beides. Dann würde er Mutter ein neues Kleid mitbringen und Vater eine Uhr und Oma . . .

„Guten Morgen!" sagte Oma freundlich und setzte sich ihm gegenüber.

Jan blinzelte, aber er sah richtig. Da saß Oma in ihrem schwarzen Kleid mit dem lila Strohhut auf dem Kopf, in der rechten Hand den Vogelbauer mit Paulchen, der munter schwatzte, in der linken Hand Handtasche und Regenschirm.

„Ach, sei so freundlich und stell meinen Koffer ins Netz!" Oma zeigte mit ihrem Schirm auf ein braunes Köfferchen, das im Gang stand. Verwirrt erfüllte Jan ihren Wunsch.

Oma stellte Paulchen neben sich auf die Bank, öffnete ihre Handtasche und kramte eine Rolle saure Drops heraus. „Magst du einen? Wenn ich reise, muß ich immer Bonbons lutschen."

„Wo fährst du denn hin?" stotterte Jan, während er sich einen Zitronendrop in den Mund steckte.

31

Oma suchte umständlich nach einem Himbeerbonbon und antwortete: „Nach Amerika."

„Nach Amerika?" Jan schnappte nach Luft. „Du willst nach Amerika?"

„Ja, warum nicht?" Oma lutschte eine Weile hingegeben. „Ich wollte schon immer gern nach Amerika. Schon als kleines Mädchen wollte ich einmal ausreißen, aber da bekam ich die Windpocken, und auch später kam immer etwas dazwischen. Zuerst hatte ich Tanzstunde, und dann hab' ich geheiratet, und dann wurden die Kinder geboren, und dann wurdet ihr geboren, und ich mußte euch das Laufen beibringen und Anstandsunterricht geben und bei Masern Streuselkuchen backen und vorlesen. Aber nun habt ihr ja alle die Masern gehabt, das Baby wird sie erst in fünf Jahren kriegen, und der Anstandsunterricht nützt bei euch sowieso nicht viel. Als ich gestern hörte, daß du nach Amerika fahren willst, beschloß ich mitzufahren."

Jan starrte verwirrt aus dem Fenster. Oma wollte mit, Oma mit ihrem komischen lila Hut, dem falschen Zopf und Paulchen im Käfig?

„Oder ist es dir etwa nicht recht?" fragte Oma besorgt.

„Doch, doch", antwortete Jan hastig.

„Na, dann ist ja alles in Ordnung." Oma holte ihr Strickzeug hervor und ließ die Nadeln klappern. Eine

Weile schwiegen sie. Jan wußte nicht recht, ob er sich ärgern oder freuen sollte.

„Hast du viel Geld?" fragte er.

„Neun Mark, und du?" Oma betrachtete ihn neugierig über ihre Brille hinweg.

Jan rechnete. „Eine Mark hat die Fahrkarte gekostet, also hab' ich noch drei Mark fünfzig."

„Nicht sehr viel, aber es wird schon reichen", meinte Oma.

„Wie willst du denn nach Amerika kommen?" fragte Jan zaghaft.

„Genau wie du", antwortete Oma.

„Aber du kannst doch nicht Schiffsjunge werden!"

„Das nicht, obgleich ich vielleicht besser klettern kann als mancher von euch jungem Gemüse. Aber wenn ich so viel im kalten Wind sein muß, bekomme ich Rheumatismus. Ich werde in der Küche Kartoffeln schälen und mir so die Überfahrt verdienen."

„Und was willst du drüben in Amerika machen?"

„Vielleicht kann ich als Köchin auf der Farm arbeiten, wo du Cowboy bist."

„Dann könntest du mir ab und zu Makkaroniauflauf machen."

„Natürlich!"

Jan begann sich für den Gedanken zu erwärmen, mit Oma zusammen nach Amerika zu reisen.

„Eberbach – Endstation!" rief der Schaffner. Oma sprang auf und ergriff ihre Handtasche, den Regenschirm und Paulchens Käfig.

„Mein Köfferchen trägst du vielleicht."

Jan hob den Koffer aus dem Netz und folgte ihr aus dem Zug. Vor dem Bahnhof schauten sie sich an.

„Was nun?" fragte Oma.

„Ich wollte trampen, Autos anhalten", meinte Jan zögernd.

„Gut, trampen wir!"

Sie stellten sich am Rand der breiten Eberbacher Straße auf. Die ersten drei Autos, die Jan anzuhalten versuchte, fuhren vorbei.

„Laß mich mal!" sagte Oma. Als ein Lastwagen daherkam, stellte sie sich auf die Straße und winkte mit dem Regenschirm. Auf dem Wagen stand eine Kuh. Der Fahrer hielt an und lehnte sich aus dem Fenster.

„Na, alte Dame, wohin soll's denn gehen?"

„Nach Hamburg", sagte Oma. „Bitte nehmen sie uns mit!"

„Meine Kuh will aber nicht nach Hamburg. Sie will nach Heidenfeld, ist 'ne andere Richtung. Tut mir leid." Der Fahrer lachte freundlich, tippte an seine Mütze und fuhr davon.

Eine halbe Stunde warteten sie vergebens.

„Wenn kein Auto kommt, müssen wir eben laufen", sagte Oma forsch.

Sie gingen los, aber nach ein paar Schritten hielt Oma an. „Gehen wir auch in der richtigen Richtung?"

Jan hob unsicher die Schultern.

„Wo liegt Hamburg?" fragte Oma.

„Im – im Norden", stotterte Jan.

„Nordost oder Nordwest? Ich war leider in der Schule in Erdkunde recht schlecht."

„Ich leider auch", sagte Jan kleinlaut.

Paulchen, der sich von den Schrecken der Bahnfahrt erholt hatte, schüttelte sein Gefieder und rief: „Nordwest!"

„Paulchen meint Nordwest", sagte Oma. „Aber wo ist Nordwest?"

Jan fand, er könne sich nicht noch mehr blamieren, und zeigte geradeaus.

Vergnügt schulterte Oma den Regenschirm und hängte die Handtasche an den Griff. In der anderen Hand trug sie den Käfig mit Paulchen. Sie marschierte kräftig voran und sang: „Das Wandern ist des Müllers Lust."

Jan versuchte mitzusingen, kam aber schnell außer Atem. Seine Sonntagsschuhe drückten, und Omas Koffer schien immer schwerer zu werden.

„Was hast du in dem Koffer?" fragte er.

Oma schmetterte gerade: „. . . das Wahandern, das Wahandern!" Sie brach ab und fragte besorgt: „Wird er dir etwa zu schwer? Es sind nur ein paar Kleinigkeiten drin. Ein Nachthemd, die Zahnbürste, Seife, ein Kochbuch, Vogelfutter und die Rollschuhe. Ja, und eine Bluse und etwas Wäsche zum Wechseln, Hausschuhe, Abführpillen und meine Patiencekarten. Das ist alles. Soll ich ihn lieber tragen?"

„Nein, nein, er ist ganz leicht!" versicherte Jan hastig.

„Und was hast du eingepackt?"

„Die Indianerhaube, die Spritzpistole, ein Karl-May-Buch, ein Mickymausheft, ein Paket Kaugummi, eine Wäscheleine . . ." Jan schielte etwas ängstlich zu Oma hin. „Ich brauche doch ein Lasso."

„Natürlich brauchst du ein Lasso. Und wie ist es mit Seife und Zahnbürste?"

„Ach, die hab' ich vergessen."

Oma wiegte den Kopf. „So etwas kann passieren. Meine Seife kann ich dir borgen, und die Indianer putzen sich die Zähne mit kleinen Zweigen, wie ich in einem Buch gelesen habe."

Jan war erstaunt, daß Oma etwas von den Indianern wußte. Seine Achtung vor ihr stieg gewaltig, und er war nun richtig froh, daß sie mit nach Amerika kommen wollte. Unterdessen war es recht heiß geworden. Jan schwitzte. Sein Arm wurde lahm, und er merkte, daß sich an seinem rechten Hacken eine Blase bildete. Doch Oma wanderte vergnügt und frisch voran. Jan wollte nicht als erster um eine Ruhepause bitten.

„Wie steht es mit deinem Englisch?" fragte Oma. „In Amerika werden wir englisch sprechen müssen. Ich muß gestehen, daß ich in der Schule auch in Englisch keine große Leuchte war. Und du?"

„Es geht", murmelte Jan.

„Was heißt zum Beispiel: Bitte ein Meter Gummiband?" fragte Oma.

„Please . . .", fing Jan an und schwieg dann.

„Please wußte ich auch", sagte Oma, „aber weiter?"

„Please . . .", wiederholte Jan. „Ach, warum willst du denn so was wissen?"

„Na hör mal, das ist wichtig. Wenn mir nun ein Gummiband reißt und irgendein Kleidungsstück rutscht, dann muß ich mir doch neues Gummiband kaufen. Oder soll ich es etwa rutschen lassen?"

Eine Weile gingen sie schweigend nebeneinander her. Oma schien ein bißchen verstimmt zu sein, und Jan wurde immer müder. Außerdem hatte er Hunger. Aber wo sollte man hier etwas zu essen bekommen?

Auf einmal sagte Oma: „Nun wollen wir zu Mittag essen."

„Wo hast du denn etwas zu essen?" fragte Jan erstaunt.

„Hier drin!" Oma klopfte auf ihre Handtasche.

Jan schöpfte wieder Mut. Sicher würde Oma etwas Gutes in der Tasche haben, vielleicht Kuchen oder belegte Brötchen oder sogar Kartoffelsalat. Ihm lief das Wasser im Mund zusammen.

Oma sah sich nach einem schattigen Plätzchen um. Inmitten einer Weide, auf der zwei Kühe und ein Stier grasten, stand auf einem kleinen Hügel ein Baum. Oma fing an, durch den Stacheldraht zu klettern.

„Aber der Stier!" wandte Jan ein.

„Ach, wenn wir ihn in Ruhe lassen, wird er uns

auch in Ruhe lassen", meinte Oma und stapfte über die Wiese auf den Hügel zu. Sie hatte recht; der Stier und die Kühe kümmerten sich nicht um sie. Sie ließen sich im Schatten nieder. Oma holte aus ihrer Handtasche ein Tütchen mit Vogelfutter und füllte Paulchens Futternapf. Dann kramte sie eine Serviette hervor und legte sie sich über die Knie. Danach zog sie eine Thermosflasche und ein kleines Päckchen aus der Tasche. Jan sah ihr gierig zu. Sein Magen knurrte jetzt fürchterlich. Sie packte ein paar Scheiben Zwieback aus.

„Was sagst du nun?" fragte sie stolz. „Das ist richtiger, echter Schiffszwieback, wie wir ihn zu essen bekommen werden, wenn unser Schiff in Seenot gerät und wochenlang steuerlos auf dem Meer treibt. Wenn alle Vorräte aufgegessen sind, gibt es immer nur noch Schiffszwieback. Es ist gut, wenn wir uns an den Geschmack gewöhnen."

Jan war etwas enttäuscht. Aber ein Schiffsjunge durfte nicht wählerisch sein. Er knabberte mühsam. Der Zwieback war sehr hart.

„Schmeckt ein bißchen nach Mottenkugeln."

Oma nickte. „Ja, er lag ein paar Jahre in der Schublade neben den Mottenkugeln, aber das ist gerade richtig. Schiffszwieback schmeckt immer nach irgend etwas anderem, nach Teer oder Salzwasser oder Schuhkrem."

„Was hast du in der Thermosflasche?" fragte Jan.

„Wasser", antwortete Oma.

Jan trank etwas davon. Es war lauwarm und schmeckte nicht sehr gut. Nachdem er Hunger und Durst notdürftig gestillt hatte, legte er sich ins Gras. Oma knabberte mit Behagen ihren Zwieback und nahm dazu einen Schluck aus der Flasche. Dann zog sie ihr Strickzeug hervor und begann zu stricken. Beim Klappern der Nadeln las Jan in seinem Mickymausheft. Es war doch nett, daß er hier nicht ganz allein rasten mußte.

Als er in seiner Tasche zu kramen begann, borgte sich Oma von ihm das Mickymausheft, legte es auf ihre Knie und las, indem sie, ohne hinzugucken, weiterstrickte. Sie war bald ganz vertieft und merkte daher nicht, daß Jan die Wäscheleine hervorholte. Dort hinten graste der Stier.

In Amerika würde Jan manchen wilden Stier mit dem Lasso fangen müssen. Wie gut, daß er es hier schon üben konnte! Er knüpfte eine Schlinge und schlenderte mit der Leine zu dem Stier hin. Das Tier beachtete ihn nicht. Jan warf die Leine etwas von hinten, damit ihn der Stier nicht sehen konnte. Er wollte die Hörner erreichen und den Kopf des Tieres mit einem Ruck nach hinten ziehen. Aber er hatte zu kurz geworfen und traf das Hinterteil. Der Stier drehte sich nicht einmal um und schlug nur mit dem Schwanz, als hätte ihn eine Fliege belästigt. Nun versuchte Jan es von der Seite. Der Stier wandte den Kopf und sah ihn mit seinen großen Augen finster an. Jan warf das Lasso. Es erreichte auch ein Horn, glitt dann aber ab

und traf hart die Schnauze des Tieres. Der Stier reckte sich und brüllte, daß es Jan durch Mark und Bein ging.

„Oma", rief er, „Oma!" und rannte, was seine Beine hergeben konnten, auf den Baum zu, wo Oma friedlich strickte. Hinter sich hörte er es stampfen und schnauben. Oma sah die beiden kommen. Sie warf Strickzeug und Mickymausheft beiseite und griff nach dem Regenschirm. Als Jan bei ihr anlangte, spannte sie den Schirm auf und hielt ihn dem Stier entgegen.

„Husch, husch, geh weg, du Tier!" rief sie.

Der Stier blieb verblüfft stehen. Sobald er sich rührte, schloß Oma den Schirm und öffnete ihn wieder. Der Stier starrte das seltsame Spiel verwirrt und etwas ängstlich an.

„Nimm das Gepäck!" flüsterte Oma.

Jan ergriff Paulchen, Omas Koffer und Tasche und seinen Beutel; und während Oma den Regenschirm in Richtung des Stieres immerfort schloß und öffnete, traten sie den Rückzug an. Sie keuchten beide vor Schreck und Anstrengung, als sie endlich durch den Zaun schlüpften. Omas falscher Zopf blieb dabei im Stacheldraht hängen und wehte nun wie eine kleine graue Fahne im Wind. Das löste die Erstarrung des Stieres. Mit wütendem Gebrüll schoß er auf den Zaun zu. Als er den Weg versperrt fand, rannte er zum Baum zurück und stampfte Omas Strickzeug und das Mickymausheft, die dort liegengeblieben waren, in das Erdreich hinein. Jan und Oma sahen dem Toben mit Grauen zu. Wie leicht hätte es sie treffen können! Oma hakte ihren Zopf vom Zaun und befestigte ihn mit Haarnadeln am Kopf.

„Uff", sagte sie, „das ist noch einmal gut gegangen. Das Leben ist doch recht gefährlich. Es ist wohl besser, wir gehen erst mal wieder nach Hause. Ich muß mir auch ein neues Strickzeug holen. Was meinst du?"

Jan konnte nicht sprechen; der Schreck hatte ihm die Stimme verschlagen. Er nickte nur.

Als sie nebeneinander auf der Landstraße dahingingen, sagte Oma nachdenklich: „Ich glaube, wir schieben das Auswandern etwas hinaus. Vielleicht ist es besser, wenn wir erst noch ein bißchen Erdkunde und Englisch lernen."

Jan fiel ein Stein vom Herzen. Nur eine Sorge bewegte ihn. Wie würde man sie zu Hause empfangen?

Zu seiner Überraschung sagte niemand etwas. Sie kamen kurz vor dem Abendessen an, und der Tisch war schon gedeckt. Mutter fragte seltsamerweise: „Na, war's schön?"

Daß Jan beim Essen schweigsam war, fiel bei dem Geplauder der Geschwister nicht auf. Er war todmüde und ging sehr früh ins Bett. Als er sich in den weichen Kissen ausstreckte, dachte er schaudernd, wo er sich wohl jetzt schlafen legen müßte, wenn Oma nicht auf den Gedanken gekommen wäre, wieder nach Haus zu gehen.

Oma half Mutter beim Abwaschen.

„War euer Ausflug schön?" fragte Mutter.

Oma nickte. „Könntest du mir bitte den Zettel geben, den ich dir heute morgen auf den Tisch gelegt habe? Auf der Rückseite ist eine Rechnung, die ich noch brauche."

Mutter holte aus der Schürzentasche ein Stück Papier und reichte es Oma. Darauf stand: „Ich mache mit Jan einen Tagesausflug. Zum Abendessen sind wir wieder zurück. Oma."

Die Party

Es war gemütlich in der Küche. Mutter rührte einen Kuchenteig, Oma schnipselte Bohnen, Brigitte machte Schularbeiten, und Peter malte ein Bild von Oma.

„Ha", sagte Brigitte zu ihm, „deine Oma hat ja nur Kopf und Beine, gar keinen Bauch. Wohin tut sie denn das Essen?"

„Ins Kinn", brummte Peter und zeichnete die Zehen an Omas Fuß.

„Ha", sagte Brigitte noch einmal, „du malst der Oma ja sieben Zehen an einen Fuß!"

„Mach deine Schularbeiten und laß Peter in Ruhe!" rief die Mutter.

Peter streckte Brigitte die Zunge heraus und malte sorgfältig noch einen achten Zeh an den Fuß.

„Ich denke es mir hübsch, sieben Zehen zu haben",
sagte Oma. „Man kann damit bestimmt schneller
laufen als mit fünf."

Jan polterte zur Tür herein und schleuderte seine
Schulmappe auf einen Stuhl.

„Tag!" rief er in die Runde und zu Oma gewandt:
„Hallo, old girl!"

„How do you do?" sagte Oma. Sie sprachen neuerdings Englisch miteinander, um für Amerika zu üben.

Jan schnupperte. „Was ist denn los? Warum backst
du Kuchen, Mutter?"

„Heute ist doch Heiners Party", rief Brigitte aufgeregt. „Heute kommen seine Tanzstundenfreunde, da
gibt es Kuchen und belegte Brötchen und Bohnen-
salat."

„Heiners Party!" sagte Jan verächtlich. „Der gibt
ganz schön mit seiner Party an. Er hat zu mir gesagt:
,Wehe, wenn du dich bei uns blicken läßt. Kinder
haben bei einer Party nichts zu suchen!'"

„Kriegen wir keinen Kuchen, wenn wir nicht 'rein
dürfen?" fragte Brigitte enttäuscht.

„Wahrscheinlich wollen die alles allein auffuttern",
meinte Jan bitter. „Deshalb sollen wir nicht 'rein.
Und weil wir angeblich kein gutes Benehmen haben.
Aber warum will er Oma nicht dabei haben? Oma ißt
doch gar nicht so viel und hat ein sehr gutes Benehmen."

„Heiner wird sich seiner Großmutter nicht zu schä-
men brauchen", sagte Oma.

47

„Gehst du 'rein?" riefen Jan und Brigitte.

Oma nickte. „Natürlich! Jemand muß doch die jungen Leute begrüßen. Und da die Eltern und Ingeborg heute abend beim Herrn Apotheker zum Musizieren sind, werde ich diese Pflicht übernehmen. Ich bin dann die Anstandsdame."

Wenn einer von den Kleinen heute Heiner über den Weg lief, wurde er angebrummt: „Lauft mir doch nicht dauernd zwischen die Beine. Ich hab' schließlich was zu tun – laßt eure dummen Fragen, ich hab' gar keine Zeit –, wehe, wenn ihr euch heute abend blikken laßt oder Lärm macht!" So aufgeregt war Heiner. Er machte in der großen Stube einen Platz zum Tanzen frei und stellte die Sessel an die Wand. Er suchte Grammophonplatten hervor und verteilte Aschbecher auf den Tischen. Als er fertig war, betrachtete er sein Werk und räumte dann alles noch einmal um. Beim Mittagessen war er schweigsam und in sich versunken. Schließlich fragte er:

„Vater, borgst du mir deinen Rasierapparat?"

„Wozu?" fragte Lehrer Pieselang erstaunt.

„Zum Rasieren natürlich", antwortete Heiner gekränkt.

„Zum Rasieren?" rief die ganze Familie im Chor.

Jan fuhr seinem Bruder mit dem Finger übers Gesicht. „Du brauchst dich doch noch nicht zu rasieren! Ist ja alles glatt wie ein Kinderpopo."

Heiner sprang wütend auf und stürzte sich auf ihn. Trotz der mahnenden Rufe der Eltern hetzte er den flüchtenden Jan dann dreimal um den Tisch herum und schließlich zur Tür hinaus.

„Laßt nur, das wird ihnen gut tun", sagte Oma.

Wirklich kamen die beiden bald darauf in bester Laune zurück. Jan hatte ein blaues Auge, und Heiners Nase blutete.

„Nur gut, daß ich nicht das blaue Auge habe!" sagte er. „Das Nasenbluten wird schon aufhören bis heute abend."

Nach dem Essen badete er, zog ein frisches weißes Hemd und den Einsegnungsanzug an und borgte sich von Ingeborg etwas Kölnisch Wasser für sein Taschentuch in der Brusttasche. Von sechs bis sieben Uhr saß er einsam und ernst im Eßzimmer und erwartete seine Gäste. Bevor die Eltern mit Ingeborg fortgingen, guckten sie zur Tür herein, um sich zu verabschieden.

„Kind", sagte die Mutter besorgt, „du siehst aus, als stündest du vor einer schweren Prüfung."

„Na, ich bin doch der Gastgeber, das ist keine Kleinigkeit", entgegnete Heiner. „Vielleicht mache ich alles falsch."

„Du wirst es schon richtig machen", meinte Mutter zuversichtlich und gab ihm einen Kuß.

Als Heiner wieder allein war, dachte er: „Wenn bloß Oma nicht in unsere Party hereinplatzt! Oma ist lieb, aber sie sieht so komisch aus und ist ganz anders als andere Großmütter. Sicher werden mich alle auslachen, wenn sie sehen, was für eine Oma ich habe."

Währenddessen saß Oma in ihrem Zimmer und

49

strickte. Jan pendelte zwischen dem Garten und ihrem Zimmer hin und her. Weil ihm Heiner verboten hatte, vor den Gästen zu erscheinen, war er auf den Apfelbaum gestiegen, von wo er in das erleuchtete Festzimmer blicken konnte. Von Zeit zu Zeit brachte er Oma die neuesten Nachrichten.

„Jetzt sind sie alle da", rief er, als er wieder einmal hereinstürmte, „Apothekers Susanne und Ullrich, die Gerda vom Pfarrer und noch zwei Jungen und zwei Mädchen aus der Stadt. Die sind mit dem Auto gekommen. Der eine Junge ist nämlich schon uralt, mindestens achtzehn, der fährt den Wagen."

Oma schüttelte verwundert den Kopf. „Zu meiner Zeit kam man mit einer Pferdekutsche."

„By, by!" rief Jan und verschwand wieder. Nach einer halben Stunde kehrte er zurück.

„Na, 'ne Party hab' ich mir anders vorgestellt. Die stehen meistens nur 'rum mit ihren Coca-Cola-Gläsern in der Hand."

„Tanzen sie denn nicht?"

„Doch, manchmal tanzen sie, aber dabei machen sie ein Gesicht, als ob sie in eine saure Gurke gebissen hätten. Und die Mädchen, na ja. Die eine ist ganz hübsch, hat so große Augen!" Er zeigte den Umfang einer Teetasse. „Eine Blonde scheint Heiners Flamme zu sein. Sie hat die Augen immer halb zu, als wenn sie sich schrecklich langweilt. Sie sehen alle aus, als ob sie sich langweilten. Also, eine Party habe ich mir ganz anders vorgestellt!"

Als er das nächste Mal kam, fragte Oma: „Sind die Kinder jetzt vergnügter?"

„Keine Spur!"

„Wollen wir mal für Stimmung sorgen?"

„Okay", nickte Jan begeistert.

Auch Heiner war mit seiner Party nicht zufrieden. Man tanzte zwar, trank Coca-Cola, aß Kuchen und unterhielt sich, aber es wollte keine rechte Stimmung aufkommen. Vielleicht lag es daran, daß der achtzehnjährige Joachim dabei war, der Bruder der blonden Gisela. Er gehörte eigentlich nicht zu diesem Kreis, aber da er seine Schwester und die anderen mit dem Auto aus der Stadt gebracht hatte, mußte Heiner ihn auch einladen. Obgleich alle sich duzten, blieb Joachim hartnäckig beim „Sie".

„Sie haben wohl nicht zufällig ein Glas Whisky? Coca-Cola bekommt mir nicht gut."

Heiner wurde rot. Nein, er hatte keinen Whisky. Joachim ließ sich in den bequemsten Sessel sinken, rauchte eine Zigarette nach der anderen und musterte die Tanzenden. Seine hübsche Schwester, die ein blaues Seidenkleid trug und eine hochgebauschte Frisur hatte, war einsilbig. Wenn Heiner mit ihr tanzte, sagte sie fast nur „ja" und „nein". In der Tanzstunde war sie viel lustiger und natürlicher gewesen. Die Gegenwart ihres Bruders schien sie zu hemmen. Auch die anderen konnten nicht richtig warm werden. Wenn Sibylle und Axel, die Jüngsten im Kreise, einen wilden Twist versuchten, zog Joachim die Augenbrauen hoch, und dann setzten sie sich beschämt und still auf die Fensterbank. Heiner legte seine Lieblingsplatte auf, nach der er in der Tanzstunde oft mit Gisela getanzt hatte.

Das Mädchen gähnte. „Ach du liebe Zeit, schon wieder die alte Platte!"

In diesem Augenblick ging die Tür auf, und Oma betrat den Raum.

„Auch das noch!" dachte Heiner. „Jetzt ist alles verloren. Die Party ist nicht mehr zu retten."

Oma trug ihr bestes schwarzes Kleid, das Samtband um den Hals und hatte eine große Handtasche über dem Arm. Auf ihrer rechten Schulter saß Paulchen, der Wellensittich.

„Guten Abend, liebe Kinder!" sagte sie.

Heiner wäre am liebsten in den Erdboden gesunken, weil sie „Kinder" gesagt hatte.

„Laßt euch nicht stören, ich will nur ein wenig zuschauen", fuhr sie liebenswürdig fort und ging auf den Sessel zu, in dem sich der lange Joachim lümmelte. „Nett, daß Sie einer alten Dame den Sessel überlassen!"

Joachim sprang mit hochrotem Kopf in die Höhe. Heiner legte eine neue Platte auf, aber niemand wollte tanzen. Hastig ging er von einem zum andern und goß die Coca-Cola-Gläser voll. Oma zog ihr Strickzeug aus der Tasche und fing an zu stricken. Über ihre Brille hinweg blickte sie freundlich auf die jungen Leute. Paulchen begann, sich auf ihrer Schulter zu regen. Zuerst hatten ihn die vielen Menschen verschüchtert, aber nun schüttelte er seine Federn und rief mit lauter Stimme „hoppla". Sibylle und Axel lachten. Von dieser Anerkennung ermutigt, flatterte Paulchen in die Höhe, kreiste einmal um die Stube und suchte sich den höchsten Punkt als Landeplatz aus. Der höchste Punkt war die hohe Frisur der blonden Gisela. Paulchen landete elegant, aber er erschrak, weil der blonde Turm nicht fest war und er mit dem einen Bein in der Tiefe versank, während das andere an einem Kamm Halt gefunden hatte. Aufgeregt flatterte und piepste er.

Gisela schrie empört und angstvoll: „Heiner, nimm das Vieh weg!"

Noch ehe Heiner herbeispringen konnte, hatte Axel den Vogel vorsichtig aus dem haarigen Gefängnis gelöst. Er nahm ihn behutsam in die Hand und streichelte ihm beruhigend die Rückenfedern.

„Ist der nett!" rief er.

„Ist der nett!" piepste Paulchen.

Lachend drängten sich alle um Axel und bewunderten den sprechenden Vogel.

„Fröhliche Weihnachten!" rief Paulchen. „Dummköpfe, Dummköpfe!"

Im Triumph wurde er zu Oma zurückgebracht. Gisela blieb unbeachtet im Hintergrund, bis Heiner sie in den Tanz zog, der nun doch zustande kam. Oma und Paulchen guckten interessiert zu.

„Als ich jung war, wollte man sich beim Tanzen möglichst viel bewegen", sagte Oma, als der Tanz beendet war. „Und warum tanzt ihr?"

Das konnte man ihr nicht beantworten.

„Wir haben auch Tänze, bei denen man sich viel bewegen muß. Sibylle, zeig einen Twist!" Heiner legte eine Platte auf, und Sibylle fing an, im Takt ihre Glieder zu verrenken. Oma sah ihr gespannt zu. Bald wurde sie sehr unruhig.

„Ob ich ihr einen Pfefferminztee koche?" fragte sie Heiner leise.

„Warum denn?"

„Dem armen Kind ist doch sicher schlecht, weil es sich so krümmt."

Heiner schüttelte verzweifelt den Kopf. „Aber Oma, das ist doch der Tanz!" Er war froh, daß niemand ihr Gespräch mit anhörte.

„So, so, das ist der Tanz", murmelte Oma.

Endlich hockte sich Sibylle erschöpft zu Omas Füßen hin. Oma tätschelte ihr die Wange.

„Sehr hübsch, mein Kind. Soll ich euch jetzt mal zeigen, wie wir früher getanzt haben?"

„Ja, bitte!" riefen die jungen Leute im Chor.

Oma betrachtete kritisch die Kleider der Mädchen. „Aber dazu müßt ihr anders angezogen sein. Eure Kleider sind viel zu eng und zu kurz. Bei einem schönen Tanz muß einem der Rock so richtig um die Beine fliegen. Ich habe in einer Kiste noch Kleider aus meiner Jungmädchenzeit. Wollt ihr die mal anprobieren?"

Wie eine Schar Hühner scheuchte sie die Mädchen vor sich her in ihr Zimmer. Die jungen Männer blieben allein zurück. Als sich die Tür hinter den Damen geschlossen hatte, sagte Joachim spöttisch zu Heiner: „Wo haben Sie die Großmutter her? Aus der Mottenkiste?"

Ehe Heiner etwas antworten konnte, rief der lustige Axel: „Deine Oma ist prima, Heiner, ganz prima!"

Eine Weile mußten sich die Herren gedulden. Endlich steckte Brigitte ihren Kopf zur Tür herein und rief: „Ihr sollt in Omas Zimmer kommen!"

In dem großen, leeren Raum fanden sie nun ihre seltsam verwandelten Damen. Sie hatten rote Backen und glänzende Augen und steckten in langen, mit Rüschen und Spitzen besetzten Kleidern. Oma zeigte Gisela gerade, wie man mit einer Schleppe umgeht. Gisela sah gar nicht mehr gelangweilt aus, sondern sehr vergnügt. Nun drehte Oma mit einer Kurbel ihr uraltes Grammophon auf. Die ersten Töne kamen blechern aus dem Trichter.

„Zuerst einen Walzer!"

Den hatten sie in der Tanzstunde gelernt, obgleich sie ihn alle nicht so gut konnten wie Oma, die sich leicht wie eine Feder in Axels Arm wiegte. Nach dem Walzer kam eine Polka und dann eine Quadrille und wieder ein Walzer und noch eine Polka. Die Herren wirbelten ihre Damen umher, daß ihre langen, weiten

Röcke flatterten und sie ganz außer Atem kamen. Auf der Leiter zu Omas Schlafboden saßen Jan, Brigitte, Peter und der Kater Fridolin, einen Teller mit Kuchen zwischen sich und schauten zu. Paulchen rief aus seinem Käfig, in den er sich vorsichtshalber zurückgezogen hatte: „Bravo, bravo!"

Schließlich veranstaltete Oma eine Polonäse. Im langen Zug ging es durch das ganze Haus.

Als Lehrer Pieselang mit seiner Frau und Ingeborg von dem Musikabend zurückkehrte, fanden sie alle Zimmer leer, aber überall brannte Licht.

„Sind die Gäste schon fort?" fragte die Mutter beunruhigt. „Wo sind denn die Kinder und Oma?"

Vom Wäscheboden drang jetzt ein Rumoren herab. Der Lärm wurde lauter, schließlich sehr laut. Die Treppe herunter kam ein langer Zug; voran Brigitte und Jan, die auf Kämmen bliesen, dann der lange Joachim mit Omas lila Strohhut. Peter, der im Nachthemd auf seinen Schultern saß, schlug im Takt zwei Topfdeckel aneinander. Hinter ihnen fegte im Polkaschritt die ganze Schar laut singend an den Lehrersleuten vorbei, mittendrin Oma. Zum Schluß kam Heiner mit seiner Gisela. Ihre Augen blitzten, und das aufgelöste Haar wehte wie eine Fahne hinter ihr her. Auch Oma sah aufgelöst aus. Lehrer Pieselang blickte ihr kopfschüttelnd nach.

„Das nennt sich nun Anstandsdame! Morgen klagt sie dann wieder über Rheumatismus."

Beim Abschied versicherten alle einmütig, sie hätten noch niemals eine so schöne Party erlebt. Heiner strahlte. Später sagte Oma zu ihm: „Deine Gisela hatte unter ihrer Frisur auch einen falschen Zopf, genau wie ich. Ich bin doch eine sehr moderne Frau."

„Das bist du!" sagte Heiner und wollte ihr einen Kuß auf die rechte Backe geben.

„Nimm lieber die linke", sagte Oma. „Rechts hat mich dein Freund Axel schon geküßt."

Winterfreuden

Es war Winter. Ein paar Tage lang hatte ein eisiger Wind über das Land gebraust und den Schnee von der Eisdecke des Sees gefegt. Immer noch war es kalt, aber der Wind hatte sich gelegt, und die Sonne schien. Oma und Peter befanden sich auf dem Wege zum See. Sie zog den Jungen auf einem Schlitten hinter sich her. Beide trugen von Oma gestrickte Pudelmützen und lange Schals, Peter in Rot und Oma in Grün. Oma hatte an einer Schnur einen großen Muff um den Hals hängen. In der linken Hand trug sie ihre Schlittschuhe und den Regenschirm. Lehrer Pieselang, der ihnen begegnete, musterte sie mißbilligend.

„Du willst Schlittschuh laufen? Bist du nicht etwas zu alt dafür? Und die Mütze finde ich auch zu jugendlich für dich."

„Man ist so jung, wie man sich fühlt", erwiderte Oma, und da es gerade bergab ging, setzte sie sich zu Peter auf den Schlitten.

„Aber was willst du mit dem Regenschirm?" rief der Lehrer ihr noch nach.

„Man weiß nie, wozu man ihn gebrauchen kann!" antwortete Oma im Davonsausen.

Auf dem See herrschte ein reger Betrieb. Es wimmelte von Kindern. Brigitte, mit blauem Schal und blauer Mütze, machte ihre ersten Versuche auf Schlittschuhen und stakste knickebeinig einher. Mehr als fünf Schritte schaffte sie noch nicht, dann saß sie auf dem harten Eis. Jan, der einen gelben Schal und eine gelbe Mütze trug, kam wie der Wind dahergebraust und hielt mit einer eleganten Wendung vor Oma an.

„Nice to see you, old girl!" rief er und war schon wieder fort. Der dicke Frieder folgte ihm ruhig und unbeirrt mit den Händen in den Hosentaschen wie eine kleine Dampfwalze. Jürgen, der Sohn des Bürgermeisters, bemühte sich, einer Gruppe von Mädchen mit seinen Künsten zu imponieren. Sie bewunderten seine neuen Schlittschuhstiefel. Aber als er bei einem Versuch, eine Acht zu drehen, auf die Nase fiel, stoben sie kichernd davon.

Nachdem Oma ihre Schlittschuhe angeschraubt hatte, glitt sie auf das Eis. Die Kinder bildeten einen Kreis um sie und sahen ihr bewundernd zu. Die Pieselang-Kinder waren sehr stolz auf ihre Oma. Sie machte ruhige kleine Schritte, wiegte und drehte sich. Die

59

Hände hatte sie in den Muff gesteckt und den Regenschirm über den Arm gehängt. Ihre grüne Pudelmütze und der Schal leuchteten, und ebenso leuchtete ihre Nase, die immer röter wurde. Ab und zu machte sie einen kleinen Hüpfer, so daß ihr langer schwarzer Rock flatterte. Dann drehte sie eine Acht, und sie fiel dabei nicht auf die Nase. Alle schauten Oma zu. Niemand interessierte sich mehr für Jürgen und seine neuen Schlittschuhstiefel.

Um die Aufmerksamkeit des Publikums wieder auf sich zu lenken, zog er Jan an seinem langen Schal und fragte herausfordernd: „Kommst du mit in die Krebsbucht?"

Jan blickte zweifelnd zu der kleinen Bucht hinüber, in der man im Sommer gut Krebse fangen konnte. Im Winter fror die Bucht aus einem unerfindlichen Grund selten ganz zu. Immer wieder wurden die Kinder von den Eltern und Lehrern davor gewarnt, dort das Eis zu betreten.

Oma hielt mitten in einem kunstvollen Bogen an. „Das würde ich euch nicht raten!"

Jürgen beachtete Oma gar nicht. „Na, kommst du mit?" fragte er Jan noch einmal.

„Nein, er kommt nicht mit!" sagte Oma bestimmt. „Und du solltest auch hierbleiben."

Jürgen wandte Jan den Rücken. „Wenn du solch ein Muttersöhnchen bist, lauf' ich eben mit jemand anderem. Frieder, kommst du mit?"

Frieder schob seinen Kaugummi in die andere Backe und tippte sich mit dem Finger an die Stirn.

„Gut, dann geh' ich allein!" sagte Jürgen wütend und sauste davon, ehe Oma ihn zurückhalten konnte. In der Bucht fuhr er ein paar Bögen. „Feiglinge, Feiglinge!" rief er herüber.

Jetzt hielt es Jan nicht länger; er setzte zum Lauf in die Bucht an. Aber Oma erwischte ihn am Ende seines gelben Schals. „Hiergeblieben!"

„Aber du siehst doch, daß das Eis hält. Warum willst du mich nicht . . ."

Ein dumpfes Krachen unterbrach ihn. Jürgen war plötzlich in der Tiefe verschwunden. Wie der Wind sauste Oma zum Ufer, schnallte ihre Schlittschuhe ab und lief am See entlang zur Krebsbucht.

„Kommt mir nach!" rief sie.

Die Kinder folgten ihr, so schnell sie konnten. Gellende Hilfeschreie empfingen sie in der Bucht. Jürgen klammerte sich mit beiden Händen an den Rand des Eisloches. Er schrie und zappelte.

„Halt den Schnabel!" rief Oma. „Wir kommen ja schon. Aber wir können dir nur helfen, wenn du vernünftig bist."

„Hilfe, Hilfe!" schrie der Junge.

„Wenn du nicht sofort aufhörst zu schreien, kehren wir um und lassen dich allein!"

Jürgen schloß entsetzt den Mund.

„Leg deine Arme aufs Eis und versuch, den Oberkörper etwas hochzuziehen, aber ganz, ganz langsam."

Alles atmete auf, als das gelang.

„Und nun mach keine Bewegung mehr. Lieg ganz still!"

„Aber meine Beine!" jammerte Jürgen.

„Lieg still, sage ich dir!" rief Oma.

Unterdessen waren fast alle Kinder in der Bucht angekommen, sogar der kleine Peter mit seinem Schlitten.

„Paßt auf", sagte Oma. „Ich lege mich jetzt aufs Eis. Ihr bleibt am Ufer und haltet meine Beine fest. Wenn ich einbreche, zieht ihr."

Sie legte sich auf den Bauch und schob sich langsam auf dem Eis voran, an ihren Beinen eine Traube von Kindern Mit weit aufgerissenen Augen blickte Jürgen ihr entgegen. Sie streckte die Arme aus, konnte ihn aber nicht erreichen.

„Werft mir meinen Regenschirm zu!" rief sie.

Brigitte ließ den Schirm bis zu Oma schlittern. Oma ergriff die Spitze und schob die Krücke zu Jürgen hin. Hastig packte der zu.

„Langsam", rief Oma, „ganz langsam!"

Dann befahl sie den Kindern, die ihre Beine hielten: „Und nun zieht!"

Die Kinder zogen aus Leibeskräften. Oma rutschte rückwärts auf das Ufer zu, in ihren Händen den Schirm, an dessen Krücke Jürgen hing. Es gelang, es

gelang wirklich! Endlich stand der tropfnasse Junge am Ufer.

„Schnell nach Haus!" sagte Oma kurz.

Aber Jürgen war so erstarrt, daß er nicht gehen konnte. Die Tränen liefen ihm über die Backen und wurden zu Eis. Oma setzte ihn auf den Schlitten, und der ganze Zug bewegte sich zu Pieselangs Häuschen, das dem See am nächsten lag. Mutter sah ihn kommen und erschrak. Was war geschehen? Als sie in dem Kinderhaufen die rote, die blaue, die gelbe und die grüne Zipfelmütze leuchten sah, atmete sie auf. Zu Hause angekommen, drängte alles hinter Oma und Jürgen her durch Pieselangs Haustür. Vor ihrem Zimmer blieb Oma stehen.

„Laß ein heißes Bad ein", bat sie die Mutter. „Und ihr bleibt erst einmal draußen!" Damit verschwand sie mit Jürgen im Zimmer und ließ die Kinder vor der Tür stehen. Sie lauschten gespannt. Zuerst hörten

sie nur, daß nasse Kleider auf den Boden fielen, aber bald darauf stießen sie sich an.

„Klatsch", ertönte es aus dem Zimmer und „aua, aua" und „klatsch" und „bitte niiicht" und „klatsch" und „ich will es ja nie wieder tun" und „klatsch".

„Aber Oma!" rief die Mutter, als sie zurückkam und die Tür öffnete.

„Ich habe ihn nur warm geklopft", sagte Oma, indem sie Jürgen in ein großes Badetuch hüllte. „Ist das Bad fertig? Hinein mit ihm, und für mich bitte eine große Kanne Tee, damit mein Bauch wieder warm wird."

„Auch eine Wärmflasche?" fragte die Mutter.

„Nein, danke, Kater Fridolin genügt mir."

Eine halbe Stunde später klopfte Jürgen zaghaft an Omas Tür. Er trug einen Anzug von Jan und war

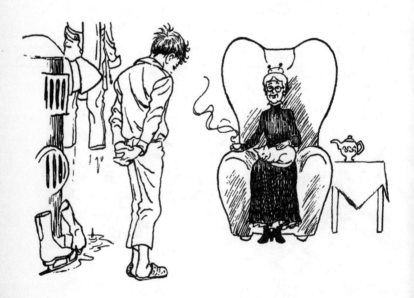

sehr schüchtern und bescheiden. Am warmen Ofen hingen seine nassen Kleider, darunter standen die Schlittschuhstiefel mit den Spitzen einander zugekehrt. Die Sachen sahen ebenso kläglich aus wie der Junge an der Tür. Scheu sah er in die Stube, die mit Kindern vollgestopft war. Auf der Bank, auf der Leiter zum Boden und auf dem Fußboden hockten sie und schmausten Nüsse und Bratäpfel.

Oma saß im Lehnstuhl, hatte eine Kanne Tee neben sich und Fridolin auf dem Schoß. Sie sah Jürgen über ihre Brille hinweg an. „Nun?"

„Ich – ich wollte um Verzeihung bitten."

„So, so."

„Und dann" – Jürgen wand sich vor Verlegenheit –, „und dann wollte ich fragen, ob mein Vater davon erfahren wird. Dann kriege ich nämlich schreckliche Haue, und das ist doch nicht nötig, weil Sie mich schon verhauen haben."

„Da hast du allerdings recht", sagte Oma. „Du siehst also ein, daß es nötig war?"

„Ja, sehr nötig", antwortete Jürgen eifrig.

„Na gut, dann lassen wir es dabei bewenden. Setz dich hin und laß dir einen Bratapfel geben."

Peters Tag

Die ganze Familie war zur Hochzeit von Mutters Schwester eingeladen, nur nicht Peter und das Baby. Peter fand es empörend, daß er nicht mit durfte, und trampelte wütend mit den Beinen.

„Laß man, Peter", sagte Oma, „ich bleibe auch zu Haus. Wir machen uns zusammen einen schönen Tag!"

Da wurde er still. Ein Tag mit Oma allein war etwas Verlockendes. Niemand würde sie ihm wegnehmen. Wenn er sonst mit ihr im schönsten Spiel war, kam meistens jemand und sagte: „Oma, hilf mir bei den Schularbeiten", oder „Oma, näh mir bitte den Knopf an!" Jetzt würde er sie einen ganzen Tag lang für sich haben, denn das Baby zählte nicht.

Als die anderen fort waren, frühstückten Oma und Peter erst einmal gemütlich. Zwischendurch ging Oma eine Weile aus dem Zimmer, weil das Baby schrie. Schnell stellte Peter dem Kater Fridolin seinen Teller mit Haferflockenbrei hin. Fridolin schleckte den Brei

aus, und als Oma zurückkam, saß Peter wieder auf seinem Platz mit dem leeren Teller vor sich.

Oma warf einen kurzen Blick auf Fridolin und sagte streng: „Aber Peter, du hast ja deinen Brei nicht allein aufgegessen!"

Peter staunte. Konnte Oma hellsehen? Sie gab gleich noch eine Probe ihrer Kunst.

„Außerdem hast du wieder am Daumen gelutscht!'

Woher wußte sie das nun wieder? Peter hatte doch nur vorhin aus Trauer über den Abschied von der Familie auf einem gewissen Örtchen genuckelt, wo ihn bestimmt niemand sehen und „Baby" nennen konnte. Ratlos betrachtete er seine nicht sehr sauberen Hände, an denen nur der Daumen strahlend weiß war. Oma imponierte ihm mächtig. Sie war eine große Zauberin.

„Nun müssen wir dich aber auch bestrafen", sagte Oma. Sie überlegte. „Zur Strafe bekommst du heute mittag keinen Spinat."

„Ich esse ja gar nicht gerne Spinat!" rief Peter erfreut.

„Das dachte ich mir. Fast alle kleinen Kinder essen nicht gern Spinat; nur große mögen ihn. Du bist eben noch sehr klein."

Peter schwieg betreten. Aber Oma war nicht nachtragend, und bald schwatzten sie beide vergnügt. Nach dem Frühstück wurde das Baby gewickelt. Weil Peter es, als es gerade eine Woche alt war, mit Keks gefüttert hatte, hatte man ihn aus dem Babyzimmer verbannt. Nun guckte er interessiert zu, wie Oma es aus dem Bettchen hob. Bis jetzt hatte er es nur immer im Wickeltuch gesehen.

„Oma, hat unses Baby auch Beine?" fragte er.

„Unser Baby, heißt es", verbesserte ihn Oma. „Guck selber, ob es Beine hat!"

Es hatte welche, winzige und rosige, die mächtig strampelten. Und wie winzig waren erst die Zehen! Das Baby war süß, aber es hatte zwei Eigenschaften, die Peter mißfielen. Es roch nicht appetitlich, und es schrie, daß einem das Trommelfell dröhnte.

„Könnten wir nicht einen Korken 'reinstecken?" meinte er.

„Wo?" fragte Oma.

„Oben, damit es aufhört zu schreien."

„Laß nur, es wird gleich aufhören." Nachdem Oma das Baby frisch eingepackt hatte, nahm sie es auf den Schoß und gab ihm die Flasche. Behaglich schmatzend trank es, schrie nicht mehr und roch auch nicht mehr unangenehm. Peter fand es wieder sehr süß.

Danach fütterten sie die Vögel. Oma hatte vor ihrem Fenster ein Vogelhäuschen, in das sie Futter streuten. In ein Schälchen unter dem Apfelbaum legten sie Erdnüsse. Vom Fenster aus beobachteten sie dann, wie Grünfinken und Spatzen herbeikamen und sich im Futterhäuschen drängelten. Ein paar zierliche Blaumeisen wagten sich nur zaghaft heran und stahlen flink zwischen den streitsüchtigen Finken ein Körnchen. Schließlich kam ein dicker bunter Dompfaff und jagte sie alle fort. Mit seinem breiten Schnabel zerkrachte er mit Behagen die Sonnenblumenkerne. Am Schälchen unter dem Apfelbaum aber saß ein Eichhörnchen, holte sich mit den Pfötchen Nüsse heraus und schmauste.

Nun mußte Oma Windeln waschen und Essen kochen. Peter ging in den Garten und begann, einen Schneemann zu bauen. Er mühte sich ab, einen recht dicken Bauch zustande zu bringen. Nach einer Weile kam Frieder mit dem Schulranzen auf dem Rücken vorbei und half ihm, und bald stand eine stattliche weiße Gestalt unter dem Apfelbaum. Dieser Schneemann wurde aber eine Schneefrau mit einer Mohrrübennase, schwarzen Kohlenaugen, Omas Strohhut auf dem Kopf und ihrem Regenschirm in der Hand.

Als Oma im Garten erschien, erkannte sie sich sofort. „Das bin ja ich! Wie ähnlich ich geworden bin! Sogar die rote Nase ist da. Nur der Bibi fehlt noch."

Der Bibi war ein schmaler Pelzkragen, den Oma trug, wenn sie sich fein machte. Peter wollte ihn holen, aber Oma hielt ihn zurück. Sie nahm die Erdnüsse aus dem Schälchen, legte ein paar vor die Schneefrau und die anderen auf den Strohhut. Dann ging sie mit Peter ins Haus. Bald sahen die beiden durchs Fenster, wie das Eichhörnchen erschien. Als es sein Schälchen leer fand, hüpfte es zu der Schnee-Oma, fraß die Nüsse zu ihren Füßen, kletterte dann am Regenschirm nach oben und thronte schließlich knabbernd auf dem Hut. Den Schwanz hatte es wie einen hübschen, rostroten Pelzkragen um die Schultern der Schneefrau gelegt.

„Siehst du!" sagte Oma.

Zum Mittagessen stellte sie für sich und Peter je einen Teller mit Setzei und Kartoffeln hin. Aus der Schüssel mit Spinat füllte sie sich allein auf.

Peter schluckte. „Ich würde auch ganz gern mal Spinat versuchen."

Oma schüttelte den Kopf. „Du bist noch zu klein."

Peter aß sein Ei. Es wollte ihm gar nicht so recht schmecken. Sonst mochte er Spinat gar nicht, aber plötzlich hatte er richtig Appetit darauf.

„Ich bin doch gar nicht mehr so klein, wenn ich eine Schnee-Oma bauen kann."

„Da hast du allerdings recht. Versuchen wir's! Wenn er dir schmeckt, bist du größer, als ich dachte.'

Peter füllte sich den Teller voll.

„Mm, schmeckt gut", meinte er, während er ihn leer aß.

„Sieh mal einer an, so erwachsen bist du schon!" sagte Oma.

Nach dem Essen versorgte sie das Baby. Dann lief sie in ihrem Zimmer eine Stunde Rollschuh. Peter fuhr mit seinem Dreirad hinter ihr her. Danach hielten sie Mittagsruhe auf Omas Schlafboden. Oma legte sich ins Bett, und Peter durfte mit Kater Fridolin in der Hängematte liegen. Es war sehr gemütlich. Oma schnarchte sanft. Die Hängematte schwang leise hin und her, und bald schlief Peter auch.

Am Nachmittag gingen sie „konditorn", wie Oma es nannte, wenn sie im Dorf in der kleinen Konditorei

73

Kuchen essen gingen. Das kam nicht oft vor, denn bei sechs Kindern konnten sich Pieselangs diesen Luxus nur selten leisten. Aber heute war ein besonderer Tag.

„Zieh den guten Anzug an", sagte Oma.

„Du mußt mir helfen", bat Peter.

„Kannst du dich immer noch nicht allein anziehen?"

„Nein, dazu bin ich noch zu klein."

Oma half ihm schweigend. Dann marschierten sie durch die frische Winterluft. Oma schob den Kinderwagen. Sie war sehr fein angezogen und hatte den Bibi um den Hals.

In der Konditorei bestellte Oma für sich Kaffee und Apfelkuchen und für Peter Kakao und einen Mohrenkopf mit Schlagsahne. Der Kinderwagen stand neben ihrem Tisch; das Baby schlief. An den Nachbartischen saßen mehrere alte Damen.

Auf einmal sagte Peter: „Ich muß mal!"

Oma erhob sich seufzend. „Wo ist die Toilette?" fragte sie die vorübergehende Kellnerin.

Das Fräulein blickte zweifelnd zwischen Oma und Peter hin und her. „Für Damen rechts, für Herren links."

Oma steuerte nach rechts, aber Peter zog sie nach links. „Für Herren ist da!"

„Du bist so klein, du kannst noch ,für Damen'."

„Ich will aber ,für Herren'!"

74

Oma versuchte, ihn nach rechts zu ziehen, doch er gab nicht nach. Die Damen an den Tischen guckten dem Ringkampf gespannt zu.

„Dann mußt du eben allein gehen", sagte Oma schließlich und kehrte an ihren Tisch zurück. Mit hoch erhobenem Kopf verschwand Peter hinter der Tür für Herren.

Oma aß ihren Kuchen auf und schaukelte den Kinderwagen, weil das Baby anfing zu schreien. Nach einer Weile erschien im Türspalt ‚für Herren' Peters Kopf.

„Oma", flüsterte er so laut, daß alle sich nach ihm umdrehten, „Oma, knöpf mir die Hosen an!"

Oma zuckte mit den Schultern. „Ich kann nicht fort. Wenn ich den Wagen nicht schaukele, schreit das Baby. Komm her!"

So mußte Peter, krampfhaft seine Hosen hochhaltend, an den kichernden Damen vorbei, das Lokal durchqueren.

Auf dem Heimweg sagte Oma: „Du siehst, wie wichtig es ist, daß man lernt, sich allein an- und auszuziehen."

Sie übten es den ganzen Nachmittag lang, und am Abend konnte Peter es wirklich allein.

„Nun aber schnell in die Küche!" rief Oma. „Bald kommen unsere Leutchen nach Haus, und sie haben sich für heute abend Eierkuchen bestellt."

Peter sah Oma beim Backen zu. Sie goß den flüssigen Teig in die Pfanne, ließ ihn ein wenig fest werden

75

und warf dann mit einem Schwung den Kuchen in die Luft wo er sich einmal umdrehte und mit der anderen Seite wieder auf der Pfanne landete. Immer höher warf Oma die Kuchen.

„Kann ich auch mal?"

Als Peter es versuchte, fiel der Kuchen auf die Erde.

„Es ist noch kein Meister vom Himmel gefallen", sagte Oma.

Der zweite Kuchen fiel auf den Stuhl neben dem Herd.

„Schon besser", sagte Oma.

Der dritte, bei dem sie Peters Hand führte, kam wieder in die Pfanne zurück.

Beim Abendbrot machte sich die ganze Familie begeistert über die Eierkuchen her. Als Peter ins Bett ging und Ingeborg ihn ausziehen wollte, sagte er: „Nicht nötig, das kann ich selber! Ich kann auch Spinat essen und Eierkuchen backen. Ich bin heute sehr erwachsen geworden."

Omas Geburtstag

Es war noch früh am Morgen. Jan sprang mit einem Satz über den niedrigen Zaun, der den Garten von der Straße abgrenzte. Schade, daß es nicht noch mehr Zäune gab! Er war so vergnügt und übermütig, daß er nur immer hätte springen und hüpfen mögen.

Sonntag war heute, ein Mai-Sonntag und dazu noch Omas Geburtstag.

Er hatte ein wunderschönes Geburtstagsgeschenk für Oma. Weil sie ja beide eines Tages zusammen nach Amerika auswandern wollten, hatte er ihr eine Indianerhaube gebastelt. Monatelang hatte er in der ganzen Umgebung Federn gesammelt. Auf der Hühnerfarm war er Stammgast gewesen, wo seine Freundin Karoline ihm sammeln half. Er hatte die Federn an einen Lederstreifen genäht und ihn müh-

sam mit bunten Perlen bestickt. Die Haube war schön, nur fehlte vorn noch eine besonders große und bunte Feder. Tagelang war er um den stattlichsten Hahn der Hühnerfarm herumgeschlichen, dem eine passende Feder aus dem Schwanz hing. Bis jetzt hatte sie immer noch an seinem buschigen Hinterteil gehaftet, doch nun würde er sie gewiß verloren haben.

Auf der Farm schlief noch alles. Jan nahm leise den Schlüssel zum Hühnerstall von einem Haken an einem Geräteschuppen. Indianerhaft schlich er dann in den Stall. Die Hühner saßen noch aufgeplustert wie Federknäuel auf ihren Stangen und schliefen. Ein paar blickten ihn blinzelnd an. Als sie sahen, daß er keine Futterschüssel trug, steckten sie den Kopf wieder in die Federn.

Der große Hahn, der ein Frühaufsteher war, stolzierte mit majestätischem Schritt durch den Mittelgang und betrachtete sein schlummerndes Volk. Die Feder hing immer noch aus dem Schwanz und schleifte traurig über die Erde. Jan brauchte sie aber unbedingt noch heute. Ob er ein wenig nachhelfen sollte? Er versuchte, den Vogel zu greifen. Doch weil er zu hastig war, bekam der Hahn Angst und sauste mit langen Schritten und flatternden Flügeln durch den Raum. Die Hühner wachten auf. Als sie ihren Herrn und Meister in so großer Not sahen, erhoben sie ein lautes Geschrei. Endlich hatte Jan das wild um sich schlagende Tier gepackt und setzte sich mit ihm auf eine Treppe. Die Feder saß fester, als er geglaubt hatte. Als er sie endlich in der Hand hielt und mit etwas schlechtem Gewissen den blutigen Federkiel betrachtete, ergoß sich plötzlich eine Flut von Schimpfworten über ihn.

„Was fällt dir ein, was machst du mit meinem schönsten Hahn? Willst du ihn umbringen? Ich zeige dich bei der Polizei an, die wird dich einsperren. Jawohl, einsperren!"

Vor Jan stand Karoline im Schlafanzug mit zerzaustem Haar und zornfunkelnden Augen. „All die Wochen hab' ich dir meine schönsten Federn gegeben", schrie sie, „und nun kommst du an und reißt heimlich meinem Hahn den Schwanz aus!"

Der Hahn, den Jan inzwischen losgelassen hatte, schüttelte sich und stolzierte davon. Als Karoline sah, daß sein Schwanz noch ebenso schön wie vorher aussah, beruhigte sie sich und sagte etwas sanfter: „Ich dachte, der Fuchs wäre im Stall, weil die Hühner so schrien."

„Sei nicht böse, Karoline, ich hab' ihm nur eine lose Feder ausgezogen. Es ging ganz leicht." Jan verbarg den blutigen Federkiel in seiner Hand. „Oma hat doch heute Geburtstag, und da brauche ich die Feder dringend."

Karoline brummte noch etwas vor sich hin, dann setzte sie sich neben ihn auf die Treppe und fragte: „Kann ich nicht auch zum Geburtstag kommen?"

Jan versprach ihr, dafür zu sorgen, daß sie eingeladen wurde, und da war sie völlig versöhnt.

Um acht Uhr wurde Oma durch ein Ständchen geweckt. Ingeborg spielte auf der Geige, und die Kinder sangen „Geh aus mein Herz und suche Freud".

Fertig angezogen, in ihrem besten schwarzen Kleid, stieg Oma langsam die Leiter vom Schlafboden herunter. Nun gab es ein Küssen und Gratulieren. Oma wurde fast erdrückt. Jeder wollte sein Geschenk zuerst überreichen.

Peter hatte ein Bild gemalt. „Das bist du, Oma", sagte er. „Guck mal, du hast nicht nur Kopf und Beine, du hast auch einen Bauch, und zähl mal die Finger!"

Während sie zählte, sah er sie gespannt an. „Eins, zwei, drei, vier, fünf. Stimmt genau!"

Er bekam einen Kuß.

Brigitte hatte Oma ein Paar Pulswärmer gestrickt, aus schwarzer Wolle und ganz weich.

„Wie schön!" rief Oma. „Nun brauche ich nicht mehr zu frieren."

„Jetzt im Sommer friert man ja sowieso nicht", sagte Jan.

„Auch im Sommer gibt es kühle Tage", meinte Oma.

Nun zog Jan die Indianerhaube hinter seinem Rücken hervor. Oma war ganz überwältigt.

Heiner überreichte ihr eine Riesenschachtel mit Konfekt, und Ingeborg hatte ihr eine weiße Bluse genäht.

Paulchen flog auf ihre Schulter und rief: „Hoch soll sie leben!" Eifersüchtig strich Kater Fridolin, dem Brigitte ein rotes Band um den Hals gebunden hatte, um Omas Beine.

Erst ganz zum Schluß konnten die Eltern ihre Glückwünsche anbringen. Lehrer Pieselang küßte Oma auf die Wange und sagte: „Alles Gute, meine ewig junge Mama!"

„Manchmal bin ich dir ein bißchen zu jung, nicht wahr?" lachte Oma.

Die ganze Familie versammelte sich um die große Frühstückstafel. Omas Platz war mit Blumen geschmückt. Auch das Baby war dabei. Ingeborg fütterte es mit Brei. Plötzlich rief sie: „Oma, das Baby schenkt dir auch etwas zum Geburtstag!"

Alle schwiegen erwartungsvoll und sahen zu ihr hin. Sie steckte den Löffel in Babys Mund und bewegte ihn ein wenig hin und her. Kling! machte es, kling!

„Der erste Zahn! Es hat seinen ersten Zahn bekommen, genau an Omas Geburtstag!" jubelte die ganze Familie.

Darüber mußte das Baby so lachen, daß alle das weiße Zähnchen blitzen sahen.

„Was für ein herrlicher Tag!" sagte Oma befriedigt.

Aber die eigentliche, die große Überraschung sollte erst noch kommen. Sie waren im schönsten Schmausen,

82

da klopfte es an die Tür. Feuerwehrmann Meyer I, der auch Botengänge für das Bürgermeisteramt machte, trat ein, schritt mit ernstem Gesicht auf Oma zu, verbeugte sich und überreichte ihr einen großen Brief. Dann stand er stramm, wie vor einem General, machte kehrt und marschierte wieder zur Tür hinaus. Mit zitternden Fingern versuchte Oma, den Brief zu öffnen, was ihr erst gelang, als sie eine Haarnadel aus ihrem Zopf zu Hilfe nahm. Während die andern gespannt zuhörten, las sie laut:

„Sehr verehrte, gnädige Frau!
Erst jetzt ist es dem Bürgermeister zu Ohren gekommen, daß Sie in diesem Winter seinen Sohn unter Einsatz des eigenen Lebens vom Tode des Ertrinkens gerettet haben. Außerdem haben wir erfahren, daß Sie Geburtstag haben, und aus diesem Grunde möchte Ihnen der dankbare Herr Bürgermeister heute um 12 Uhr mittags ein kleines Geschenk überreichen.

     Mit den ergebensten Grüßen
     Baumann
     Sekretär der Bürgermeisterei"

Ein verblüfftes Schweigen folgte. Dann aber brach ein Sturm los. Wieder drängte sich alles um Oma, die ganz verlegen war.

„Was für ein Unsinn, so groß war meine Tat nun

wirklich nicht. Woher wissen sie das nur? Ob der arme Junge nun noch einmal Haue bekommen hat? Ich hab's ihm doch schon so tüchtig gegeben!"

„Aber Oma, freu dich doch, das ist eine große Ehre!" rief Heiner.

„Ich glaube, ich muß mich jetzt etwas zurückziehen", sagte Oma mit zittriger Stimme. „Ich will mich ein bißchen vorbereiten und auch feinmachen." Mit dem Brief in der Hand ging sie in ihr Zimmer.

Die Aufregung erreichte ihren Höhepunkt, als man kurz vor zwölf Uhr vom Dorf herauf einen Zug auf Pieselangs Häuschen zuwandern sah. Voran marschierten der Bürgermeister und der Gemeindeschreiber, dann folgten Feuerwehrmann Meyer I mit seiner Trompete unter dem Arm und der Schmied in seinem Arbeitsanzug. Hinter ihnen führte Fuhrmann Petersen seine beiden Gäule, die einen Wagen mit einer verdeckten Last zogen. Das halbe Dorf begleitete sie. Vor dem Haus stellten sie sich schweigend mit ernsten Gesichtern auf.

„Hol Oma!" flüsterte Lehrer Pieselang Brigitte zu. Aber da erschien sie schon. Der Feuerwehrmann blies einen Tusch auf seiner Trompete, der Bürgermeister trat in seinem feierlichen schwarzen Anzug einen Schritt vor und sagte:

„Die Gemeinde dankt Frau Angelika Pieselang, geborene von Haselburg, für die mutige Tat, die ein junges Menschenleben dem Tode entrissen hat."

Jan hätte beinahe vor Rührung geweint, so schön fand er die Ansprache.

Der Bürgermeister fuhr fort: „Gestatten Sie, gnädige Frau, daß ich dieser Amtshandlung noch ein paar persönliche Worte zufüge. Ich bin bei der Sache besonders betroffen, weil es sich um meinen Sohn, meinen einzigen Sohn, diesen verflixten Lausebengel, handelt. Deshalb möchte ich noch einen kleinen Dank beifügen. Ich habe versucht zu erforschen, was Ihnen eine besondere Freude bereiten würde, und hier ist sie nun!"

Er gab dem Feuerwehrmann und dem Schmied ein Zeichen, worauf die beiden die Plane von dem Wagen zogen. Ein seltsames Gestell lag darauf, fast wie eine hohe Teppichstange, aber etwas schmäler. Was mochte das sein? Der Bürgermeister zog lächelnd ein gelbes Schaukelbrett und zwei Ringe an festen Seilen aus einem Karton.

Der Lehrer schnappte nach Luft. „Eine Schaukel? Aber meine Mutter ist doch kein Kind mehr. Wie kommen Sie denn darauf?"

Der Bürgermeister sah ihn etwas unsicher an. „Ich dachte, es wäre ihr Wunsch, und da die gnädige Frau Rollschuh läuft, schien mir das gar nicht so abwegig. Man hat mir doch gesagt, es wäre ihr innigster Herzenswunsch!"

„Wer hat Ihnen das gesagt?" fragte der Lehrer.

„Ihr Sohn Jan."

„Jan!" donnerte der Lehrer.

Aber Jan war nicht zu sehen; er hockte im Apfelbaum, dessen Blätter zum Glück schon dicht waren.

„Jan!" rief der Lehrer noch einmal.

Oma legte ihm die Hand auf den Arm. „Beruhige dich, mein Sohn. Der Bürgermeister hat mir wirklich einen Herzenswunsch erfüllt."

Liebenswürdig wandte sie sich an das verschüchterte Gemeindeoberhaupt. „Schon als Kind wünschte ich mir immer eine Schaukel, doch ich habe niemals eine bekommen."

„Aber jetzt bist du kein Kind mehr!" brummte der Lehrer.

„Nicht nur für Kinder ist die Schaukel da. Schon vor zweitausend Jahren haben die alten Griechen gern geschaukelt, und zwar nicht nur die Kinder, sondern die Priester und Priesterinnen bei ihrem Gottesdienst."

Jetzt schwieg der Lehrer. Alles, was die alten Griechen getan hatten, fand er gut und richtig.

Der Bürgermeister strahlte. Er reichte Oma den Arm, und sie gingen zusammen in eine Ecke des Gartens, wo der Schmied, der Feuerwehrmann und der Fuhrmann das Gestell der Schaukel aufbauten. Zum Schluß hängte Heiner die Schnüre in die Haken, legte das Brett zwischen die Ringe und trat zurück. Mit einem kleinen Jauchzer schwang sich Oma auf das Brett. Jan, der wieder aufgetaucht war, stieß sie an. Die Schaukel fing an zu schwingen und stieg höher und höher in den blauen Himmel hinein.

Als Oma genug geschaukelt hatte, kamen die Kinder an die Reihe. Oma ging in ihr Zimmer, um ihre Geburtstagspost zu lesen. Vorher blickte sie noch einmal aus dem Fenster zur Schaukel hinüber, auf der Peter jubelnd hin und her schwang. Sie mußte daran denken, daß sie und ihr Bruder Ludi sich als Kinder immer brennend eine Schaukel gewünscht hatten. Aber ihre ängstliche Mutter hatte nie erlaubt, daß sie eine bekamen. Unter den vielen Briefen, die sie erhalten hatte, fand Oma auch einen Brief von ihrem Bruder. Jetzt war Ludi kein Kind mehr wie damals, sondern ein alter Mann. Er schrieb:

„Liebe Angelika! Ich wünsche Dir alles Gute zum Geburtstag, vor allem, daß Du nicht zu viel Ärger mit Deiner großen Enkelschar hast. Sicher wird sich das nicht vermeiden lassen, denn Kinder machen immer Ärger. Damit Du Dich von ihnen ein wenig erholen kannst, mache ich Dir einen Vorschlag. Komm und besuch mich. Im nächsten Monat geht meine Haushälterin für vier Wochen auf Urlaub. Möchtest Du mir nicht während der Zeit den Haushalt führen? Bei mir wirst Du ein ruhiges und angenehmes Leben haben, und wir können einmal wieder von alten Tagen plaudern.

Dein Dich herzlich liebender Bruder Ludwig"

„Alter Brummbär", murmelte Oma.

Draußen vor dem Fenster balgten sich Jan und Brigitte darum, wer nun schaukeln dürfe. Oma seufzte. Wie oft hatte sie sich als kleines Mädchen mit ihrem Bruder gebalgt. Ludi war ein wilder Junge gewesen, der nicht sehr zart mit seiner Schwester umging. Aber als sie einmal sehr krank war, hatte er ihr sein zahmes Eichhörnchen geschenkt. Oft hatten sie sich gezankt und doch immer wieder vertragen, genau wie Jan und Brigitte, die jetzt friedlich zusammen schaukelten. Brigitte hockte auf dem Brett, Jan stand mit gespreizten Beinen über ihr. Es müßte nett sein, den alten Brummbären einmal wiederzusehen.

Da wurde die Tür aufgerissen und Peter stürmte herein „Oma, komm zum Mittagessen! Es gibt einen ganz großen Braten und Schokoladenpudding mit Schlagsahne und Wein zum Trinken. Alle wollen ‚Prost' sagen und mit dir anstoßen und ich auch!"

Reise in die Ferien

Der Zug hielt auf einer kleinen Station. Niemand stieg aus. Ein paar Reisende lehnten sich aus den Fenstern.

„Hier werden wir nicht lange halten", meinte ein Herr mit einer Baskenmütze.

Der Stationsvorsteher mit der roten Mütze rief: „Einsteigen, Türen schließen!" Schon wollte er seine Abfahrtskelle hochheben, da kam ein kleines Mädchen atemlos auf ihn zugelaufen. Einer ihrer blonden Zöpfe hatte sich aufgelöst, und die Haarsträhnen hingen ihr ins Gesicht.

„Halt, halt!" rief sie. „Meine Oma läßt Sie bitten, noch zu warten, sie kommt gleich."

Der Stationsvorsteher lief rot an. „Was soll das heißen? Ich kann doch nicht wegen irgendeiner Oma den ganzen Zug aufhalten. Wer bist du überhaupt?"

„Brigitte Pieselang."

„Ach so, es handelt sich um Großmutter Pieselang! Dann ist es natürlich etwas anderes. Warum hast du das nicht gleich gesagt?" Der Stationsvorsteher schob seine Kelle unter den Arm und fing an, auf dem Bahnsteig hin und her zu gehen.

„Warum fahren wir nicht weiter?" rief der Herr mit der Baskenmütze.

„Geduld, Geduld", sagte der Stationsvorsteher ernst.

Inzwischen hatten sich noch mehr Reisende an den Fenstern versammelt. Sie beobachteten, wie ein Junge mit einem prall gefüllten Rucksack den Schauplatz betrat.

„Wo ist Oma?" fragte Brigitte.

„Sie ist noch mal zurückgelaufen, weil sie Paulchen vergessen hatte", sagte Jan.

Endlich kam Oma mit ihrem lila Strohhut auf den Bahnsteig. In der rechten Hand trug sie den Käfig mit dem Wellensittich, in der linken den Regenschirm. Eine Traube von Menschen hing an ihr wie die Bienen an ihrer Königin. Peter klammerte sich an ihre Rockfalten. Als er den Stationsvorsteher sah, ließ er sie los und lief zu ihm.

„Ich habe auch eine rote Mütze!" rief er stolz.

Der Stationsvorsteher beachtete ihn nicht, sondern ging auf Oma zu und nahm ihr den Wellensittich ab.

„Wie schön, gnädige Frau, daß Sie auch einmal wieder mit unserer Eisenbahn eine Reise machen."

Oma nickte freundlich. „Guten Tag, Herr Schmidt. Wie geht es Ihrer Frau und den Kindern?"

Der Stationsvorsteher verbeugte sich. „Danke, der Frau geht es gut und Hans, Matthias und Gretel auch. Nur der kleine Willi hat schon so lange den Husten."

„Ich habe auch eine rote Mütze!" rief Peter.

Oma schob ihn beiseite. „Der Willi hat den Husten? Warten Sie, ich weiß da ein gutes Rezept. Ihre Frau soll Zwiebelsaft kochen, zusammen mit Kandiszucker. Das gibt einen heilsamen Hustensirup. Der Willi wird ihn nicht mögen, aber der Saft wird ihm helfen."

„Ich habe auch eine röte Mütze, und sie ist ganz neu!" schrie Peter jetzt so laut, daß alle zusammenzuckten.

„Deine Mütze ist sehr schön", sagte der Stationsvorsteher, um ihn loszuwerden, und zu Oma: „Zwiebelsaft meinen Sie also. Ich werde es meiner Frau sagen."

Unterdessen hatte Heiner ein leeres Abteil erspäht und eine Menge Koffer darin verstaut. Nun gab es eine große Küsserei. Vater und Mutter küßten Brigitte, Jan, Ingeborg und Peter, die fortfuhren; Brigitte, Jan, Peter und Ingeborg küßten Mutter, Vater und das Baby, die zurückblieben. Oma küßte alle; die, die mitfuhren, und die, die zurückblieben. Heiner, der auch nicht mitfuhr, entzog sich der Küsserei, indem er sich hinter einem Handwagen verbarg. Endlich stiegen die Mitfahrenden ein. Oma wurde, höflich von dem Stationsvorsteher gestützt, als letzte ins

Abteil geschoben. Der Stationsvorsteher wollte schon die Kelle heben, da fiel ihm ein, daß er noch den Käfig mit dem Wellensittich in der Hand hielt. Er reichte ihn Oma hinauf, und dann rief er endlich: „Achtung, Türen schließen, Abfahrt!"

Aber er mußte noch ein Stück neben dem fahrenden Zug herlaufen, weil Oma sich aus dem Fenster lehnte und rief: „Vergessen Sie den Zwiebelsaft nicht. Und hinterher geben Sie dem Willi ein Stück Kandiszucker!"

Der Stationsvorsteher nickte und winkte, und Vater, Mutter und Heiner winkten auch.

Die Reisenden setzten sich wieder auf ihre Plätze. Der Herr mit der Baskenmütze sah nach der Uhr und murmelte empört: „Zwölf Minuten Zugverspätung wegen einer Oma!"

Pieselangs richteten sich in ihrem Abteil ein. Ingeborg zog Peter den Mantel aus, aber die Mütze ließ er sich nicht abnehmen; er behielt sie auf und wagte es kaum, sich anzulehnen, um sie nicht zu zerdrücken. Brigitte flocht ihren aufgegangenen Zopf, Jan schnürte seinen Rucksack auf, holte ein großes Stück Kuchen heraus und biß hinein.

Oma hatte den Käfig mit Paulchen auf die Bank neben sich gestellt. Sie öffnete ihre große, schwarze Reisetasche, nahm eine Tüte heraus, gab jedem einen Bonbon, steckte sich selbst einen in den Mund, holte das Strickzeug hervor und fing an zu stricken.

„Oma", sagte Jan mit vollem Mund, „erzähl bitte von Onkel Ludi!"

„Ich habe euch doch schon so oft von ihm erzählt."

„Macht nichts", rief Brigitte, „erzähl noch mal, es ist so spannend!"

„Also gut, dann hört zu. Onkel Ludi ist mein jüngerer Bruder. Er war schon als Kind ganz vernarrt in Tiere und hatte stets einen ganzen Zoo in seinem Zimmer. Weil er die Zimmertür nicht immer zuhielt, fanden wir oft an den merkwürdigsten Stellen im Haus Tiere, zum Beispiel einen Hamster im Mehltopf, eine Kröte im Nähkorb der Mamsell, die deshalb in Ohnmacht fiel, und eine Schlange in meinem Bett. Später studierte Onkel Ludi Zoologie, dann lebte er ein Jahr in Afrika, um dort die Tiere zu beobachten, und schließlich wurde er Zoodirektor."

„Werden wir denn bei ihm im Zoo wohnen?" fragte Jan aufgeregt.

„Ja, seine Haushälterin hat vier Wochen lang Urlaub, und er hat mich gebeten, sie zu vertreten."

„Gibt's da auch ganz große Tiere, Elefanten und so?" fragte Peter ängstlich.

„Na klar!" antwortete Jan. „Was wäre ein Zoo ohne Elefanten?"

„Die Elefanten will ich nicht sehen', sagte Peter energisch. „Da mache ich lieber die Augen zu '

„Angsthase, Angsthase!" rief Jan.

„Weiß Onkel Ludi, daß ich mitkomme?" fragte Ingeborg.

93

Oma schüttelte den Kopf. „Nein, aber es wird ihm nur recht sein, wenn er zwei Haushälterinnen statt einer bekommt."

„Aber die Kinder – er weiß doch, daß die Kinder mitkommen?"

Oma sah Ingeborg nicht an, sie zählte Maschen und war sehr vertieft.

„Die Kinder sollen eine Überraschung für ihn sein", sagte sie schließlich.

„Aber Oma, du hast mir doch erzählt, daß er Kinder nicht mag und immer sagt, sie quälten Tiere und machten nur Unfug."

Oma hob das Strickzeug dicht an die Augen, um eine Masche aufzunehmen. „Unsere Kinder quälen keine Tiere und sind überhaupt brav wie die Engel."

Ingeborg blickte zweifelnd auf Jan und Peter, die sich um Peters Mütze rauften, und zog Brigitte zurück, die sich weit aus dem Fenster lehnte.

„Ach, Oma!" seufzte sie.

Oma legte das Strickzeug beiseite und sah Ingeborg liebevoll an. „Beruhige dich, mein Kind, Onkel Ludi wird sich an uns gewöhnen. Und für die Kinder ist es doch etwas Wunderbares, einmal vier Wochen lang in einem Zoo zu leben, mitten zwischen all den Tieren."

Es war Abend, als sie in der großen Stadt vor dem Zoo anlangten. Ein Wärter ließ gerade die letzten Besucher heraus und wollte das Tor zuschließen.

„Bitte, lassen Sie uns ein!" sagte Oma.

„Tut mir leid, meine Dame, wir schließen jetzt. Die Tiere müssen auch mal ihre Ruhe haben."

„Ich bin die Schwester von Herrn von Haselburg und möchte ihn besuchen."

„Oh, die Schwester vom Herrn Direktor!" Der Wärter machte eine Verbeugung. „Bitte, treten Sie ein. Und das Kindervolk, gehört das auch zu Ihnen?"

„Ja, es sind meine Enkelkinder."

So öffnete sich das Tor vor ihnen, und beneidet von den Kindern, die eben hinausgeschickt worden waren, betraten sie den Zoo.

„Bleibt stehen und riecht erst einmal", sagte Oma.

Sie schnoberten wie die Pferde; ein wilder, erregender Geruch drang in ihre Nasen. Sie hörten es wispern und schnattern und miauen. In der Ferne brüllte ein Raubtier.

Der Wärter hatte das Tor hinter ihnen zugeschlossen.

„Bitte, hier entlang", sagte er und ging ihnen voran.

„Dort sind die Elefanten!" rief Jan und zeigte nach rechts.

„Ich will sie nicht sehen!" Peter kniff die Augen zu, klammerte sich an Omas Rock und ließ sich mitziehen. Jan guckte in jeden Käfig hinein und blieb bald zurück. Brigitte hielt sich dicht an Oma. Sie fand es schön, die Tiere undeutlich in der Dämmerung zu sehen, sie zu hören und zu riechen; es war aufregend und geheimnisvoll. Aber sie war doch froh, Oma neben sich zu haben. Vor einem hübschen weißen

95

Haus, das Kästen mit bunten Blumen vor den Fenstern hatte, hielt der Wärter an.

„Das Direktorhaus", sagte er mit einer Verbeugung. „Gute Nacht und einen schönen Aufenthalt im Zoo!"

Ingeborgs Herz klopfte, als Oma die Tür des Hauses öffnete. Ein Glockenspiel erklang.

„Wer ist da?" rief eine Männerstimme. Ein alter Herr mit einem weißen Spitzbart guckte durch eine Tür.

„Deine Schwester ist da, lieber Ludi!" rief Oma mit heller Stimme.

Der alte Herr verzog das Gesicht, als ob er Zahnschmerzen hätte. „Ludi!" brummte er. „Kannst du dich nicht endlich daran gewöhnen, mich Ludwig zu nennen? Ich bin doch kein Kind mehr."

„Du wirst immer mein kleiner Bruder bleiben", sagte Oma und küßte ihn auf die Wange.

„Na ja", meinte er, „ist schön, daß man dich mal wiedersieht, und hab Dank, daß du mir den Haushalt führen willst."

Dann erblickte er Ingeborg. „Aber wer ist denn diese junge Dame?"

„Das ist meine Enkelin Ingeborg. Sie wird mir im Haushalt helfen."

„Na, dann kommt herein", sagte er. Doch plötzlich fuhr er herum. Eine Kinderstimme rief: „Eine Schildkröte!"

Brigitte kniete auf dem Fußboden und streichelte den harten runden Rücken des drolligen Tieres, das unter einem Sofa hervorgewackelt kam.

96

„Wie kommt das Kind hier herein?" fragte der alte Herr.

„Es ist auch eine Enkelin von mir", antwortete Oma heiter.

„Du hast sie mitgebracht, obgleich du genau weißt, daß ich Kinder nicht mag?"

„Aber Ludi, Brigitte ist solch ein liebes kleines Mädchen." Oma stellte den Käfig mit Paulchen auf den Tisch, legte Handtasche und Regenschirm daneben und fing an, sich die Handschuhe auszuziehen. Als sie sich dabei etwas zur Seite drehte, guckte hinter ihrem Rücken Peters rote Mütze hervor.

„Da ist ja noch jemand", rief der Onkel und zog Peter zu sich heran. „Und blind ist er auch!"

„Er ist nicht blind. Er macht nur die Augen zu, weil er Angst vor den Elefanten hat."

„Ein Neffe von mir hat Angst vor Elefanten, du liebe Zeit!" jammerte der Zoodirektor.

Oma nahm Peter an die Hand. „Mach die Augen auf, Liebling, dein Onkel ist kein Elefant, wenn er auch manchmal so tut."

„Er hat ja einen Ziegenbart!" rief Peter blinzelnd.

Hastig packte Ingeborg ihn und Brigitte. „Ihr müßt euch erst einmal waschen", sagte sie und führte die beiden hinaus.

„Angelika", sagte der Onkel kopfschüttelnd zu Oma, „du hast dich nicht verändert."

Da wurde die Tür aufgerissen. Jan stürmte herein und rief: „Oma, in der Badewanne schwimmt ein Alligator!"

Der Onkel betrachtete ihn über sein Brille hinweg. „Vorhin war es doch ein Mädchen", sagte er verwirrt.

„Es sind zwei Jungens und zwei Mädchen", erwiderte Oma fest. „Aber nun muß ich mir den Alli-

98

gator angucken." Und hinter Jan her lief sie zur Tür hinaus.

Der Onkel sank stöhnend in einen Sessel.

Der große Elefant

Das Haus war voller Überraschungen. Überall traf man auf Tiere. Sie kamen einem entgegen, wenn man eine Schublade aufzog oder eine Schranktür aufmachte. Sie lagen zusammengerollt unter den Betten und auch darin. Vögel hockten auf Gardinenstangen und Lampen. Die Kinder waren begeistert, auch Peter, der kleine Tiere sehr gern mochte. Nur die großen waren ihm unheimlich, besonders die Elefanten. Obgleich das Haus so interessant war, trieben sich Jan und Brigitte den ganzen nächsten Tag draußen zwischen den Tiergehegen herum, schlossen Freundschaft mit den Wärtern und kamen nur kurz zum Mittagessen herein. Peter blieb lieber bei Oma und Ingeborg, saß in der Küche auf dem Fensterbrett, baumelte mit den Beinen und beobachtete Paulchen, der sich mit der Schildkröte Berta angefreundet hatte. Der Wellensittich ließ sich auf ihrem Rücken herumtragen und schwatzte munter vor sich hin. Manchmal flötete er zärtlich: „Berta, Küßchen geben!" Wenn Berta dann ihren Kopf aus der Schale steckte, hieb er ihr kräftig mit dem Schnabel auf die Nase.

Beim Mittagessen war Brigitte still, weil sie sich vor dem Onkel fürchtete, aber Jan erzählte unbefangen von seinen Erlebnissen. Der Onkel aß schweigend mit gerunzelter Stirn sein Kotelett.

„Hier ist ein Zebra, das hat nur vorne Streifen, hinten nicht", sagte Jan.

„Das ist kein Zebra, das ist ein Quagga, ein seltenes Tier", brummte der Onkel.

„Wo ist es her?" fragte Jan.

„Aus Afrika."

„Hast du es selbst gefangen?"

„Nein, ein Afrikaforscher hat es mitgebracht."

„Aber du warst doch auch in Afrika."

Der Onkel nickte.

„Hast du dort viele wilde Tiere gefangen?"

Der Onkel räusperte sich. Als er Omas Blick auf sich gerichtet sah, knurrte er: „Mußt du beim Essen immer schwatzen?"

„Erzählst du mir später von Afrika?" bat Jan.

„Ja, ja", sagte der Onkel ungeduldig.

101

Auch am Nachmittag hatten Oma und Ingeborg eine Menge im Haus zu tun. Aber nach dem Abendbrot sagte Oma: „Jetzt will ich mir den Zoo auch einmal ansehen."

Jan und Brigitte wußten nun schon gut Bescheid. Sie hakten Oma unter und zeigten ihr, wo die Affen und die Bären, die Vögel und die Seehunde wohnten. Ingeborg folgte mit Peter an der Hand. Als sie um eine Ecke bogen, standen sie plötzlich vor einem großen Elefanten. Zwischen Peter und dem Tier war ein niedriger Zaun und ein tiefer Graben, aber er sah nur die mächtigen Beine, die wie Säulen aufragten, den großen Kopf mit den gewaltigen Stoßzähnen und den langen, langen Rüssel. Der Elefant war so groß und Peter so klein. Ängstlich kniff er die Augen zu. So konnte er nicht sehen, daß der Wärter mit dem großen Tier ein paar Kunststücke übte. Er hörte nur, wie Jan und Brigitte lachten. Sie lachten so vergnügt, daß er vorsichtig ein Auge aufmachte, gleich danach aber auch das andere aufriß. Es sah zu komisch aus, wie der Dickhäuter auf einem runden Podest einen Handstand machte. Dann ließ der Wärter ihn ein paar Schritte auf den Hinterbeinen gehen. Schließlich machte der Elefant mit seinem Rüssel eine Schleife, der Wärter setzte sich hinein und wurde sanft von dem Tier hochgehoben. Nach jedem Kunststück gab es ein paar Stückchen Zucker, die in dem großen Maul geschwind verschwanden. Der Elefant schien sich

102

über den Beifall zu freuen, den ihm die Zuschauer spendeten. Es sah aus, als ob er lachte.

Auf einmal schwenkte sein langer Rüssel über den Zaun, senkte sich herab und ergriff Peters rote Mütze. Peter war starr vor Schreck. Seine schöne neue Mütze! Dort schwebte sie, in dem hoch erhobenen Rüssel des riesigen Tieres, das ihnen jetzt auch noch den Rücken zudrehte. Der Wärter kam herbeigeeilt, aber schon hatte Oma sich weit über den Zaun gebeugt und piekte den Elefanten mit ihrem Schirm in sein dickes Hinterteil. Schwerfällig drehte er sich wieder um.

„Hör mal", sagte Oma zu ihm, „das ist aber nicht nett von dir. Sieh mal, wie traurig Peter ist!"

Wirklich kullerten zwei dicke Tränen über Peters Backen. Der Elefant blinzelte mit seinen kleinen Augen auf ihn hinunter.

„Gib die Mütze wieder her!" bat Oma.

Im nächsten Augenblick ließ das Tier die Mütze vor ihre Füße fallen, und Peter setzte sie hastig wieder auf.

„Entschuldigen Sie nur", sagte der Wärter, „er ist heute so übermütig."

Der Elefant tat, als wäre nichts geschehen. Er stampfte zu dem Wasserbecken hinüber und sprühte sich Wasser ins Maul. Dann füllte er den Rüssel von neuem und kam zum Gitter zurück.

„Vorsicht", rief der Wärter, „er wird spritzen!"

Jan, Brigitte und Ingeborg sprangen zurück, aber Oma und Peter, der sich an ihren Rock klammerte,

103

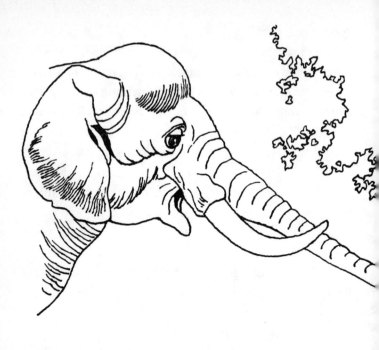

blieben stehen. Oma öffnete ihren Regenschirm, und die Dusche ergoß sich auf das schwarze Dach. Wieder mußten alle herzlich lachen, vor allem über das erstaunte Gesicht des Elefanten. Er hob den Rüssel in die Höhe und wackelte mit den Ohren.

„Er sagt, du sollst es ihm nicht übelnehmen, es war nur ein Scherz", erklärte Oma. „Er möchte so gern dein Freund sein."

„Hat er das gesagt?" fragte Peter erstaunt. „Ich habe gar nichts gehört."

„Die Elefanten sprechen mit den Ohren, dem Schwanz und dem Rüssel."

„Und du kannst sie verstehen?"

„Ja", sagte Oma, „und wenn du öfter mit ihm zusammen bist, wirst du es auch lernen."

„Hat er wirklich gesagt, daß er mein Freund sein möchte?"

„Ja."

Peter wurde rot vor Stolz.

„Bist du ihm noch böse?" fragte Brigitte.

Peter schüttelte den Kopf. Als sie sich zum Gehen wandten, rief er dem Elefanten ein schüchternes „Gute Nacht!" zu. Auf dem Heimweg war er schweigsam. Auch die anderen lauschten den Tierstimmen in den Gehegen. Aus einem Vogelkäfig drang ein süßes trillerndes Lied und endete in einem weichen, verträumten Flöten. Die Tiere legten sich zum Schlafen nieder. Nur im Bärenzwinger balgten sich noch zwei junge Braunbären, bis ihre Mutter dem Spiel mit einem Tatzenschlag ein Ende machte.

Als Ingeborg Peter ins Bett gebracht und zugedeckt hatte, richtete er sich noch einmal schlaftrunken auf und flüsterte: „Ich habe noch nie einen so großen Freund gehabt!"

Von da an besuchte Peter seinen neuen Freund jeden Tag. Anfangs mußte Oma ihn begleiten. Sie saßen zusammen auf einer Bank vor dem Elefantengehege und hatten lange Gespräche mit dem Dickhäuter. Er erzählte ihnen, daß er aus Afrika stamme und als Elefantenbaby dort gefangen worden sei, daß er zuerst große Sehnsucht nach seiner Mutter gehabt habe, sich jetzt aber im Zoo sehr wohl fühle, daß er seinen Wärter und den Onkel Ludi sehr lieb habe. Er sagte, daß er gern Heu und Reis äße, aber am allerliebsten Zucker.

Eines Tages streckte Peter ihm auf der flachen Hand ein Stück Zucker entgegen. Ganz zart holte es sich der Elefant mit seinem langen Rüssel. Und wie er hinterher lachte! Seine kleinen Äuglein funkelten vor Vergnügen. Jeden Tag brachte Peter ihm danach sein Stück Zucker. Bald sonderte sich das große Tier von den anderen Elefanten ab, sobald es von weitem Peters rote Mütze leuchten sah, und streckte den Rüssel verlangend über den Zaun. Die Besucher und besonders die Kinder staunten Peter an.

Das Affenkind

Nach kurzer Zeit hatten sich Pieselangs im Zoo
eingelebt. Oma und Ingeborg teilten sich in die Haus-
arbeit. Brigitte verbrachte fast den ganzen Tag im
Kinderzoo, wo Tiermütter mit ihren Jungen unter-
gebracht waren: Eine dicke Sau mit zappelnden,
rosigen Ferkeln, Schafe mit niedlichen Lämmern und
Ziegen mit Zicklein. Es gab dort junge Kaninchen,
Goldhamster, Enten- und Hühnerküken. Brigittes
Liebling war ein Eselfohlen, das mit Vorliebe an
ihrem Rock knabberte. Sie half dem Wärter, die Ställe
auszumisten, und hielt die Tiere fest, wenn sie gesäubert wurden. Sie streute ihnen Futter hin und
paßte auf, daß auch die schwächeren zu ihrem Recht
kamen.

Jan folgte dem Onkel wie ein kleiner Hund auf
seinen Inspektionsgängen. Er ließ sich von dem brum-

108

migen Wesen des alten Herrn nicht einschüchtern und fragte immer wieder nach den Tieren und nach den Reisen des Onkels. Zuerst erhielt er nur widerwillig Antwort, aber mit der Zeit wurden die Auskünfte ausführlicher, und manchmal entwickelten sich daraus spannende Erzählungen. Schließlich durfte Jan dem Onkel sogar bei den Tieren helfen. Er durfte zum Beispiel einen Marder festhalten, der erkrankt war und untersucht werden mußte. Onkel Ludi zeigte ihm, wie er es am geschicktesten machte, um dem Tier nicht weh zu tun und nicht gebissen zu werden. Mit den Tieren war der Onkel nie knurrig, sondern immer freundlich, ruhig und sanft. Fast alle Tiere liebten ihn.

Eines Morgens, bevor der Zoo geöffnet wurde, lief Oma auf dem Kinderspielplatz Rollschuh. Als der Onkel vorbeikam, blieb er stehen und schüttelte den Kopf. Oma kam mit einem flotten Bogen herangefahren.

„Warum wackelst du mit dem Kopf, Ludi?" fragte sie. „So alt bist du doch noch nicht."

„Ich schüttele den Kopf darüber, daß du noch solche Kindereien treibst in deinem Alter", antwortete der Onkel.

„Rollschuhlaufen ist keine Kinderei, es ist ein sehr gesunder Sport."

„Sogar die Affen wundern sich darüber", sagte der Onkel und zeigte zum Affenkäfig, wo neugierige kleine Gesichter durch die Stäbe guckten. Ein dicker

109

Orang-Utan klatschte in die Hände und grinste begeistert.

„Wo steckt eigentlich Jan, der Lausebengel?" fragte der Onkel.

„Ich habe ihm gesagt, er soll dich nicht so oft belästigen", antwortete Oma.

Der Onkel zupfte ärgerlich an seinem Bart. „Papperlapapp! Es ist besser, er belästigt mich, als wenn ich ihn nicht unter Aufsicht habe."

Da tauchte Jan an der Ecke des Affenkäfigs auf.

„Komm her, mein Junge!" rief Oma. „Dein Onkel möchte sich gern von dir belästigen lassen." Weiter fuhr sie ihre Bögen, während die beiden davonstapften.

„Soeben ist ein neues Tier aus Afrika angekommen", sagte der Onkel. „Wir wollen es zusammen auspacken."

„Ist es sehr wild?" fragte Jan.

Der Onkel antwortete nichts. In dem großen Büroraum des Hauptgebäudes stand eine Kiste mit Luftlöchern. Ein Wärter zog mit einer Zange die Nägel heraus und stemmte dann den Deckel auf. Jan und der Onkel stießen mit den Köpfen zusammen, als sie sich zu gleicher Zeit über die offene Kiste beugten. Sie war mit Stroh gefüllt, und in einer Ecke hockte, in sich zusammengekrochen, ein zottiges braunes Tier. Der Onkel hob es heraus. Es war ein Affenkind, ein kleiner Schimpanse mit großen erschrockenen Augen in dem hellbraunen Gesichtchen. Der Wärter hatte

111

neben einem Schrank ein Strohlager bereitet, und der Onkel setzte das Äffchen sanft darauf. Sofort zog es sich in die äußerste Ecke zurück, krümmte sich ganz zusammen, hielt sogar die Hände vors Gesicht und spähte nur ein wenig durch die gespreizten Finger. Der Onkel versuchte, es zu streicheln, aber es wich ängstlich zurück.

„Wir wollen es in Ruhe lassen", sagte Onkel Ludi. „Es muß sich erst an die neue Umgebung gewöhnen."

Er deckte das Tier mit einer Decke zu und verließ mit Jan den Raum.

„Wer hat es dir geschickt?" fragte Jan. „Und wo ist seine Mutter?"

„Ein Freund von mir, ein Farmer, hat es im Urwald gefunden. Es war dort ganz allein. Vielleicht ist seiner Mutter bei der Nahrungssuche etwas zugestoßen. Schimpansinnen sind liebevolle Mütter; sie verlassen ihre Kinder nicht ohne Grund."

„Wird es sich an uns gewöhnen?"

„Das weiß ich nicht. Es ist nicht leicht, kleine Schimpansen aufzuziehen, und das Tier ist noch sehr jung. Nachher werden wir versuchen, ihm etwas Milch einzuflößen."

Jan merkte, daß der Onkel während des Inspektionsganges nicht recht bei der Sache war, und auch er mußte immer an das Affenkind denken. Endlich gingen sie wieder zum Büro.

„Der kleine Schimpanse läßt sich jetzt streicheln, aber er scheint nicht ganz gesund zu sein, er hustet", sagte der Wärter besorgt.

Der Onkel wollte dem Tierchen mit einer Baby-flasche etwas Milch einflößen. Es drehte den Kopf weg und preßte die Lippen fest aufeinander. Er sprach leise auf das Äffchen ein und streichelte es sanft, aber es sah ihn nur angstvoll an und wandte jedesmal den Kopf ab, wenn er ihm die Flasche geben wollte.

Beim Mittagessen waren Jan und der Onkel schweig-sam. Oma blickte sie prüfend an, sagte aber nichts. Gleich nach dem Essen gingen sie wieder zu dem Äffchen, sprachen mit ihm und versuchten, ihm Milch einzuflößen, aber es wollte nichts zu sich neh-men. Manchmal erschütterte ein trockener Husten den kleinen Brustkorb. Je mehr Jan es anschaute, desto lieber gewann er es. Struppiges dunkles Fell bedeckte den kleinen Körper bis auf die Hände und Füße und das hellbraune Gesicht mit der breiten Nase und den sanften braunen Augen, die so mensch-lich blickten. Sie saßen bis zum Abend vor dem Stroh-lager und betrachteten das kleine, hilflose Bündel, das zitternd unter seiner Decke lag.

„Wenn es nicht trinkt, schaffen wir es nicht", sagte der Onkel niedergeschlagen, als sie zum Abendbrot nach Hause gingen.

Das Essen wollte ihnen heute nicht schmecken. Lustlos stocherten sie in ihrem Rührei herum. Das konnte Oma nicht mit ansehen.

„Was ist denn mit euch beiden los?" fragte sie.

Jan und der Onkel sahen sich nur betrübt an.

„Nun sagt endlich, was los ist!" drängte Oma.

Da erzählte Jan von dem Schimpansenkind, daß es

113

nicht fressen wolle und den Husten habe und daß
es so traurig aussehe, vielleicht weil es sich nach
seiner Mutter sehne.

„So schlimm wird's schon nicht sein", meinte Oma.
„Ich werde nachher mal nach ihm sehen."

„Glaubst du, daß du mehr von Tieren verstehst
als ich?" brummte der Onkel.

Trotzdem gingen sie nach dem Essen alle zusammen
in das Büro. Der Wärter öffnete ihnen. Auch er sah
bekümmert aus. In der Ecke lag zusammengekrümmt
das Affenkind, zitternd und hustend und blickte sie
aus seinen sanften braunen Augen angstvoll an. Sie
betrachteten es schweigend und mit tiefem Mitleid.
Plötzlich richtete es sich auf, schob die Decke fort und
kam auf allen vieren unsicher und taumelnd auf Ingeborg zu. Es richtete sich an ihren Beinen hoch und um-
klammerte sie. Ingeborg beugte sich zu ihm hinunter
und hob es hoch. Mit einer innigen Bewegung schlang
es die Arme um ihren Hals und drückte sein Köpfchen an ihre Schulter.

„Geben Sie mir die Milch", sagte Ingeborg zu dem
Wärter. Er reichte ihr die Flasche. Sie drückte sanft
den haarigen Kopf von ihrer Schulter, nahm das
Tierchen wie ein Kind in den Arm und bot ihm die
Milch an.

„Trink!" sagte sie liebevoll.

Die langen Lippen umfaßten den Gummischnuller,
und das Äffchen saugte, ohne den Blick von Ingeborgs Gesicht zu lassen. Wenn es aufhörte, sagte sie

wieder: „Trink!" Und jedesmal fing es wieder gehorsam an zu saugen. Nachdem es die Flasche leergetrunken hatte, fielen ihm die Augen zu, und es schlief ein. Ingeborg legte es auf das Strohlager und deckte es mit der Decke zu, aber gleich öffnete es wieder die Augen und fing so kläglich an zu schreien, daß sie es wieder auf den Arm nehmen mußte. Der Onkel wollte es ihr abnehmen, aber es klammerte sich fest an ihren Hals.

„Du mußt es mit nach Hause nehmen", sagte Oma.

Dicht an Ingeborg geschmiegt, ließ es sich willig ins Haus tragen, doch sobald ein anderer es anrührte, fing es an zu schreien.

„Vielleicht siehst du seiner Mutter ähnlich", meinte Brigitte. Als Ingeborg es auf ein Sofa in ihrem Zimmer legte, stimmte es wieder ein klägliches Geschrei an. Da packte sie es schließlich in eine Decke und nahm es zu sich ins Bett. Dort schlief es bald ruhig, das Köpfchen an ihre Schulter gepreßt.

Aber noch waren die Sorgen nicht zu Ende. Zwar nahm das Äffchen am nächsten Tag von Ingeborg seine Flasche, aber es hatte Fieber und hustete. Ein Arzt wurde geholt, ein Menschenarzt, kein Tierarzt. „Die Schimpansen sind den Menschen ähnlicher als den Tieren", sagte der Onkel.

Das Äffchen ließ sich brav untersuchen, während es Ingeborgs Hand fest umklammert hielt. Der Arzt horchte es ab, guckte ihm in den Hals und in die Ohren, dann sagte er ernst: „Lungenentzündung!"

Er verschrieb eine Medizin und ordnete an, das Tierchen sehr warm zu halten. Einer der Zoowärter brachte ein Kinderbett, aus dem sein Jüngster herausgewachsen war. Es wurde in Ingeborgs Zimmer gestellt und das Äffchen hineingelegt. An die Füße bekam es eine Wärmflasche. Es nahm auch von Ingeborg die Medizin. Omas berühmten Hustensaft aus Zwiebeln und Kandiszucker wollte es wieder ausspucken, aber auf Omas Rat steckte Ingeborg ihm schnell ein Stück Kandiszucker in den Mund, und das schmeckte ihm so gut, daß es auch den Saft hinunterschluckte.

Trotz aller Pflege ging es dem Äffchen am Nachmittag sehr schlecht. Es keuchte vor Atemnot, und die Augen waren matt und trübe. Ingeborg mußte immer an seinem Bett sitzen. Sobald sie fortgehen wollte, fing es jämmerlich an zu weinen.

Alle im Haus gingen auf Zehenspitzen. Der Onkel zupfte nervös an seinem Bart und blickte finster vor sich hin. Oma kochte, um sich zu beruhigen, Unmengen Hustensaft, die für die ganze Familie ausgereicht hätten. Das Haus roch vom Keller bis zum Dach nach Zwiebeln und Kandiszucker.

Das Abendessen, bei dem Ingeborg fehlte, wollte niemandem schmecken. Plötzlich brach Brigitte in lautes Schluchzen aus.

„Hör auf zu weinen", sagte Oma.

„Laß doch das Kind weinen!" fuhr der Onkel sie an. „Es wird sich dadurch erleichtern." Er putzte sich

116

geräuschvoll die Nase und verschwand in seinem Zimmer.

Nun kullerten auch Peter und Jan die Tränen übers Gesicht.

„Hört auf", sagte Oma energisch. „Weinen nützt überhaupt nichts. Tut lieber etwas Vernünftiges. Brigitte, du füllst die Wärmflasche neu, Jan füttert die Tiere im Haus und Peter hilft ihm dabei. Mit euren Tränen helft ihr dem Äffchen bestimmt nicht!"

Ingeborg blieb die ganze Nacht am Bett des kleinen Schimpansen. Sie hielt die Hand des Tierchens, füllte von Zeit zu Zeit seine Wärmflasche, gab ihm seine Medizin und trug es manchmal auf dem Arm herum, wenn der Husten es zu sehr quälte. Am Morgen wurde es ruhiger. Es hustete weniger, die Hände fühlten sich kühler an, und gegen sieben Uhr fiel es endlich in Schlaf. Es hielt noch immer Ingeborgs Hand, und sie wagte sich nicht fortzurühren. Um halb acht kam der Onkel herein. Ingeborg sah ihn an. Sie war blaß, aber ihre Augen leuchteten. „Es geht ihm besser."

Der Onkel befühlte die kleine Nase und die Hände des Tierchens und atmete auf. Dann legte er Ingeborg die Hand auf die Schulter. „Das hast du fein gemacht, Mädchen!"

Um zehn Uhr kam der Arzt, er horchte ab, sein Gesicht erhellte sich. „Es ist viel besser, kaum noch Geräusche über der Lunge. Wenn das Tier gut gepflegt wird, wird es wohl gesund werden."

Oma stand in der Küche und kochte ein Festessen. Nun roch das Haus nicht mehr nach Zwiebeln und Kandiszucker, sondern nach Fleischbrühe, Schweine· braten, Rotkohl und Sahnespeise.

„Heute ist doch nicht Sonntag", brummte der Onkel.

„Ihr habt ein paar Tage lang alle so wenig gegessen, daß ihr jetzt nachholen müßt. Außerdem koche ich gern, wenn ich fröhlich bin, und ich bin fröhlich", sagte Oma.

Alle waren fröhlich und ließen sich Omas köstliche Speisen schmecken, auch der Onkel. Das Äffchen schlief einen sanften Genesungsschlaf. Später fing Oma an, einen roten Pullover zu stricken.

„Für Peter ist der aber zu klein", meinte Brigitte.

„Er ist nicht für Peter, er ist für das Äffchen."

Der Onkel sah von seiner Zeitung auf. „Du kannst die Tiere in meinem Zoo doch nicht in Kleider stecken!"

„Der Arzt hat gesagt, das Äffchen muß warm gehalten werden. Man kann es aber nicht immer im Bett lassen, also muß es Kleider bekommen."

„Müssen die denn unbedingt rot sein?"

„Rot ist meine Lieblingsfarbe", sagte Oma.

Jeden Tag ging es dem Äffchen besser. Nach vier Tagen durfte es aufstehen. Ingeborg zog ihm Omas roten Pullover und ein Paar Hosen an, die sie geschneidert hatte. Es aß nun schon Brei, Gemüse und Bananen und freundete sich langsam mit der Familie an. Es saß auf dem Schoß des Onkels und zupfte an seinem weißen Bart. Es lachte, wenn Jan es auf die

Schultern hob und in der Stube herumtrug, und Peter und Brigitte durften es streicheln. Wenn es aber Angst bekam, lief es zu Ingeborg und warf sich in ihre Arme.

Eines Abends beim Abendbrot meinte der Onkel: „Nun muß das Tier aber auch einen Namen bekommen."

Alle überlegten. Nach einiger Zeit rief Brigitte: „Ich weiß was, wir nennen es Angelika, weil Oma so heißt!"

Oma und die anderen Kinder stimmten begeistert zu. Der Onkel sah seine Schwester ungewiß an. „Willst du wirklich einem Affen deinen Namen geben?"

„Warum nicht?" erwiderte Oma.

Angelika war sehr gelehrig. Sie lernte es bald, aus einer Tasse zu trinken und „bitte, bitte" zu machen. Sie kletterte aus ihrem Bettchen heraus und trieb sich im Haus herum. Sie lief auf allen vieren, richtete sich aber auch gern an einem Gegenstand oder einem Menschen auf. Wenn man sie an der Hand hielt, konnte sie auch auf zwei Beinen gehen.

Da sie sauber und appetitlich aß, wenn Ingeborg sie fütterte, wurde sie zum Mittagstisch zugelassen. Jan schleppte acht Bände Brehms Tierleben aus Onkels Bücherschrank herbei und stapelte sie auf einen Stuhl. Angelika bekam ein Lätzchen um den Hals und wurde daraufgesetzt. Sie blickte stolz und glücklich um sich. Eines Mittags nahm sie Ingeborg den Löffel aus der Hand.

„Sie will allein essen", riefen die Kinder.

Wirklich löffelte Angelika anfangs sehr geschickt ihren Brei, doch plötzlich schlug sie mit dem Löffel mitten hinein, daß er weit in die Umgebung spritzte. Ingeborg bekam einen Klecks auf ihre Schürze, Jan einen ins Haar, und der Onkel hatte einen Spritzer auf der Brille.

„Nimm ihr den Löffel weg!" rief er ärgerlich.

Aber das Äffchen kletterte blitzschnell von seinem Bücherberg auf den Tisch, sprang an die Fenstergardine, kletterte an ihr hoch und hüpfte auf die Hängelampe an der Decke. Dort setzte es sich hin und schwenkte ausgelassen den Löffel.

„Komm sofort herunter!" rief Ingeborg. Aber Angelika dachte nicht daran. Sie fing an, sich auf der Lampe hin und her zu schwingen wie auf einer Schaukel.

„Angelika!" rief die ganze Familie im Chor.

Sie lachte und winkte mit der Hand. Durch Zufall stieß sie mit dem Löffel an einen Metallarm der Lampe. Es klirrte. Das Äffchen runzelte erstaunt die Stirn und versuchte es dann an anderen Stellen. Es schlug kräftig zu und erwischte dabei auch eine Glühbirne. Wie schön es jetzt erst klirrte und rieselte und wieder klirrte, als die Scherben unten auf den Tisch fielen. Hei, das war ein Spaß!

Angelika beugte sich hinunter und zerschlug eine Birne nach der andern. Ihr runzliges Gesicht verzog sich zu lauter Lachfalten, ihre Augen strahlten vor Glück

„Meine schöne Lampe!" stöhnte der Onkel.

„Wenn sie nur nicht 'runterfällt!" jammerte Ingeborg.

Die Kinder lachten und schrien. Peter hüpfte wie ein Gummiball auf und ab.

Schließlich ging Oma in die Küche und kam mit einer Banane zurück. Die hielt sie dem Äffchen hin. Da die letzte Glühbirne zerschlagen war, begann Angelika, sich wieder für etwas anderes zu interessieren.

„Bitte, bitte", machte sie und streckte verlangend ein Händchen aus. Den Löffel ließ sie dabei los. Er fiel klirrend zwischen die Scherben auf dem Tisch.

„Nein, nein", sagte Oma, „komm herunter!"

Angelika sprang wieder an die Gardine, rutschte an ihr hinab wie ein Schiffsjunge am Tau und hüpfte auf Oma zu. Doch plötzlich war die Banane weg, Oma legte Angelika übers Knie und versohlte ihr tüchtig das Hinterteil. Das Äffchen schrie wie am Spieß. Die Kinder sahen es mitleidig an, aber der Onkel brummte: „Recht so!"

Schließlich fand Ingeborg, daß es genug sei. Sie ergriff das ungezogene Affenbaby und steckte es ins Bett. Es schlief nach all den Aufregungen sofort ein, Peters zerrupften braunen Spielzeugbären fest im Arm.

121

Der traurige Löwe

Wenn Brigitte vom Kinderzoo nach Hause ging, kam sie an dem Käfig des Löwen vorbei. In der ersten Zeit fürchtete sie sich vor dem mächtigen Tier und lief schnell weiter. Aber eines Tages blickte er sie mit seinen hellen, weit auseinanderstehenden Augen an, und da blieb sie wie gebannt stehen. Jetzt sah sie erst, wie schön der Löwe war; wie die Muskeln unter dem glatten Fell spielten, wenn er ruhelos an den Stäben hin und her ging; wie stolz er den Kopf hielt, wie mächtig die Mähne ihm um die Schultern fiel. Nun sprach sie jeden Abend ein paar Worte zu ihm. Anfangs kümmerte er sich nicht um sie und wanderte weiter durch den Käfig oder lag in einer Ecke, den großen Kopf auf die Pfoten gelegt. Aber nach einiger Zeit hob er jedesmal den Kopf und blickte sie an.

Bald bildete sie sich ein, daß er sie erwartete, und sie lief eilig um ein Gelände herum, auf dem Arbeiter einen Graben schaufelten und mit Beton auskleideten, um vor dem Abendbrot noch etwas Zeit für den Löwen zu haben. Dabei machte sie sein Anblick stets traurig. In seinen Augen glaubte sie eine Anklage zu lesen, daß er in dem engen Käfig eingesperrt war.

Eines Abends, als alle um den großen Eßtisch versammelt waren, fragte sie den Onkel: „Warum sperrst du einen Löwen in einen kleinen Käfig ein, wenn er das doch gar nicht mag?"

„Woher weißt du denn, daß er das nicht mag?" rief Jan.

„Er hat mich angeguckt, und er sieht so traurig aus."

„Ach, das bildest du dir bloß ein", meinte Jan. „Die Tiere sind meistens sehr gerne im Zoo, nicht wahr, Onkel Ludi?"

Der Onkel, der gerade seine Pfeife stopfte, antwortete nicht.

„Sie leben gern im Käfig", fuhr Jan fort, „weil sie dort sicher sind und regelmäßig ihr Fressen bekommen."

„Der Löwe will aber gar nicht sicher leben", erwiderte Brigitte. „Er will draußen herumspringen und sich selbst sein Fressen holen, und vor allem will er nicht immer angestarrt werden."

„Du tust ja gerade so, als wüßtest du, wie es ist, wenn man in einem Käfig lebt", sagte Jan.

„Am liebsten möchte ich es mal ausprobieren", rief Brigitte.

Oma nickte. „Das habe ich auch schon manchmal gedacht. Man müßte sich einmal in einen leeren Käfig setzen, um zu sehen, wie einem darin zumute ist."

„Au ja!" rief Jan begeistert. „Wollen wir das nicht am nächsten Sonntag machen? Wir setzen uns in einen Käfig und schreiben auf ein Schild: Mensch, Deutschland."

„Paulchen könnten wir auch mitnehmen, dann schreiben wir: Mensch mit Haustier", fiel Brigitte ein.

Der Onkel funkelte Oma an und grollte wie ein alter Löwe: „Angelika, ich habe dir erlaubt, daß du ein Tier in Kleider steckst und mit Hustensaft traktierst. Aber wenn du meinen Zoo zu einem Zirkus machst, in dem komische Nummern aufgeführt werden, ist es aus mit unserer Freundschaft!"

„Ach, Ludi", entgegnete Oma sanft, „es war doch nur so eine Idee von mir. Wenn du es nicht willst, machen wir es natürlich nicht."

„Außerdem habe ich es schon selber probiert und weiß, wie man sich in einem Käfig fühlt."

„Du hast es ausprobiert? Erzähl mal, Onkel Ludi!" riefen die Kinder durcheinander.

Der Onkel paffte ein paar Züge aus seiner Pfeife und sagte dann: „Brigitte hat recht, man sollte Tiere, die für ein freies Leben bestimmt sind, nicht in Käfige sperren. Aber die Menschen möchten sie gern um sich haben und beobachten. Und der Löwe stirbt langsam aus. Die Farmer in Afrika und die Eingeborenen bekämpfen den großen Räuber, der in ihre Viehherden einfällt und Schafe und Rinder, manchmal sogar Menschen, tötet, und jagen ihn mit dem Gewehr. Früher, als die Eingeborenen nur Pfeil und Bogen hatten, kamen viele Löwen davon, aber jetzt müssen immer mehr dran glauben. In unseren Tierparks und Zoos bleiben die Tiere erhalten, und manche leben, wie Jan schon sagte, sogar gern in der Gefangenschaft, besonders die, die dort geboren sind. Allerdings sollte man sie nicht zu sehr einengen."

„Wie war es denn, als du in dem Käfig gesessen hast?" fragte Jan.

Der Onkel klopfte seine Pfeife aus und erzählte: „Einmal machte ich eine Reise durch Amerika. In New York hörte ich von einer Insel im Karibischen Meer, auf der nur Affen leben sollten, und zwar so zahlreich wie nirgendwo sonst. Ich fuhr mit einem Schiff dorthin und war der einzige Passagier, der die Insel betrat. Erst am Abend sollte das Schiff wieder anlegen und mich mit zurücknehmen.

Ein Beamter empfing mich freundlich am Kai. Auf meine Frage nach einem Auto oder Pferdefuhrwerk erwiderte er: ‚Wir haben etwas viel Besseres, nämlich einen Zug, der um die ganze Insel herum und mitten durch das Urwaldgebiet fährt.'

‚Für mich allein werden Sie diesen Zug wohl nicht in Betrieb setzen', meinte ich.

125

‚O doch‘ , entgegnete der Beamte, ‚das machen wir gerne.‘

Er führte mich zu einer kleinen altmodischen Lokomotive, an der ein seltsamer Wagen hing, nämlich ein Käfig mit einer Bank darin, und bat mich, einzusteigen.

‚Für mich?‘ fragte ich erstaunt.

Der Beamte nickte. ‚Es ist sicherer so. Die Tiere sind wild und könnten Ihnen etwas antun.‘

Ich stieg ein, der Wärter schloß den Käfig hinter mir ab, und wir fuhren los. Überall auf den Bäumen und Wegen sah ich Affen, große und kleine, die verschiedensten Arten. An einer besonders bevölkerten Stelle hielt der Zug an. Sogleich kamen die Affen herbei, um mich zu betrachten. Sie kamen in Scharen und drängten sich vor den Gitterstäben. Sie stießen sich gegenseitig an und schienen über mich zu sprechen. Sie zeigten mit den Fingern auf mein Gesicht, meinen Hut und meine Stiefel. Die Affenmütter hoben ihre Kinder hoch, damit sie mich besser sehen konnten. Alle fanden mich sehr interessant, und manche mußten über mich lachen. Ich hätte mich am liebsten irgendwo verkrochen, aber die Tiere standen rund um den Käfig herum. Ein alter, sehr dicker Affe schien Mitleid mit mir zu haben. Er reichte mir eine Banane durch das Gitter. Als der Zug weiterfuhr, atmete ich auf. Aber bald hielt er wieder, und das gleiche Theater wiederholte sich. So ging es Stunden und Stunden. Der Beamte saß vorn in der Lokomotive. Ich konnte ihn nicht erreichen, um ihm zu sagen, daß er möglichst schnell weiterfahren solle. Immer wieder machte er die schrecklichen Pausen. Ich war ganz erschöpft und verzweifelt von all dem Angestarrtwerden. Wenn ich gähnte, begannen die Affen vor dem Käfig ebenfalls zu gähnen. Ich schloß die Augen und versuchte zu schlafen, aber das Geschrei der Affen ließ mich nicht zur Ruhe kommen. Endlich kamen wir wieder am Hafen an, und der Beamte schloß den Käfig auf. Ich wankte heraus.

,Haben Sie viel gesehen?' fragte er und sah mit seinem grinsenden Gesicht fast selbst wie ein Affe aus.

Ich nickte nur.

,Den Affen macht das immer großen Spaß', sagte er heiter.

Damals hab' ich mir geschworen, daß ich versuchen will, für möglichst alle Tiere meines Zoos Freigehege zu bauen."

„Warum ist der Löwe dann immer noch in seinem engen Käfig?" fragte Brigitte.

„Freigehege kosten viel Geld", antwortete der Onkel. „Aber dein Löwe wird bald eins besitzen. Hast du die Bauarbeiten vor den Raubtierkäfigen gesehen? Ein Kaufhaus hat dem Zoo eine größere Geldsumme gespendet, davon lasse ich ein Freigehege für die Löwen bauen. Am Sonntag wird es eingeweiht."

Als die Löwen in ihr neues Gehege gelassen wurden, stand Brigitte ganz vorn am Gatter. Zuerst kamen ein

paar Löwinnen heraus, und danach erschien der Löwe. Ruhig und stolz trat er aus dem Haus auf das freie Gelände. Mit seinem weichen, wiegenden Schritt lief er einmal herum, stieg auf einige Felsen, sprang wieder herab und kletterte schließlich auf die höchste Spitze eines Felsens. Dort stand er und reckte sich, hob stolz den Kopf, schüttelte die Mähne und blickte über den Zoo hinweg.

„Er ist ein König!" dachte Brigitte, und sie glaubte zu bemerken, daß die Trauer aus seinen Augen verschwunden war.

Auf Wiedersehn!

Wie schnell die Zeit verging! Noch nie hatten die Kinder Ferien erlebt, die mit solcher Windeseile verflogen waren.

Eines Abends sagte der Onkel zu ihnen: „Ihr seid ja ganz tüchtige Zoowärter geworden. Weil ihr mir so fleißig geholfen habt, sollt ihr auch eine Belohnung bekommen."

Die Kinder spitzten die Ohren. Der Onkel ließ sich viel Zeit mit seiner Pfeife, klopfte sie aus, reinigte und stopfte sie und tat behaglich den ersten Zug, ehe er fortfuhr: „Jeder von euch kann sich ein Tier mit nach Hause nehmen."

Das gab einen Jubel und eine Aufregung! Sie berieten hin und her, für welches Tier sie sich entscheiden sollten. Für Brigitte war die Frage schnell geklärt. Sie bat um eins der weißen Kaninchen, die ein seidenweiches Fell und rosa Augen hatten.

Jan überlegte. „Vielleicht eine Schlange?"

„Hu, nein", rief Brigitte, „vor Schlangen hab' ich Angst."

„Oder ein Chamäleon?" meinte Jan. „Das kann ich auch in die Schule mitnehmen."

„Wieso?" fragte Brigitte erstaunt.

„Na, überleg mal. Der Lehrer wird es doch nie entdecken. Wo ich es hinsetze, paßt es sich der Umgebung an. Auf der Schulbank wird es braun und auf den Heften blau oder schwarz."

„Und wenn es sich auf dein kariertes Hemd setzt, wird es kariert?" fragte Peter.

Diese Frage konnte selbst der Onkel nicht beantworten. „Was willst du denn mitnehmen, Peter?" fragte er.

„Am liebsten den Elefanten", murmelte Peter.

„Für den ist unser Hühnerstall ein wenig zu klein", meinte Oma.

Peter nickte ernst. „Das hab' ich mir auch schon gedacht."

Abends konnten Peter und Jan nicht einschlafen, weil sie immer daran denken mußten, welches Tier sie sich aussuchen sollten. Es war schon sehr spät, als Jan plötzlich aus dem Bett sprang. Jetzt wußte er, was er wollte; er mußte sofort den Onkel fragen, ob er es erlaubte. Leise schlich er durch das dunkle Haus. Er atmete auf, als er unter der Tür des Onkels noch Licht schimmern sah, und klopfte an.

„Was ist los?" brummte der Onkel erstaunt.

132

Jan schob sich durch die Tür.

„Ich weiß es jetzt, Onkel Ludi!" rief er mit glänzenden Augen.

Der Onkel saß im Bett und las die Zeitung. Er sah mit seinem weißen Bart, dem weißen Nachthemd und einem gelben Käppchen auf dem Kopf wie der heilige Nikolaus auf einem Bild aus, das Oma besaß.

„Na, was für eine großartige Idee ist es denn, derentwegen du einen alten Mann zu nachtschlafender Zeit stören mußt?"

„Ach", sagte Jan und sprang auf den Bettrand, „du schläfst ja noch gar nicht, und vielleicht hätte ich es sonst bis morgen vergessen. Kann ich – darf ich die Schildkröte Berta mit nach Haus nehmen?"

Der Onkel legte die Zeitung beiseite. „Die Berta", sagte er leise. „Weißt du, wir sind schon so lange zusammen, zwanzig Jahre. Es ist fast, als wenn wir ein bißchen miteinander verheiratet wären."

„Dann will ich sie dir natürlich nicht wegnehmen", meinte Jan betrübt.

Der Onkel wiegte den Kopf. „Andererseits – ich bin alt und werde sicher eher sterben als die Berta. Vielleicht ist es gut, wenn sie sich rechtzeitig an einen neuen Herrn gewöhnt. Sie kann uralt werden, wenn man sie richtig behandelt. Wenn du sie nicht richtig behandelst, schneide ich dir die Ohren ab! Im Winter hält sie ihren Winterschlaf, da braucht sie eine Kiste mit Sand, in den sie sich eingräbt. Du mußt sie aber von Zeit zu Zeit herausnehmen und ihr zu trinken

133

und ein Bad geben, sonst verdurstet sie. Fressen tun Schildkröten am liebsten . . ."

In diesem Augenblick ging die Tür auf und Oma erschien in einem weiten lila Schlafrock und mit einem Häubchen auf dem Kopf. „Müßt ihr euch denn mitten in der Nacht über Tiere unterhalten?" fragte sie.

„Wenn der Junge etwas wissen will, muß ich ihm doch Auskunft geben", erwiderte der Onkel gereizt.

„Ihr könnt euch am Tage genug unterhalten", sagte Oma und zog Jan hinter sich her zur Tür hinaus.

„Sie fressen am liebsten Salat!" rief der Onkel ihm noch nach.

„Ich will doch später mal Zoodirektor werden", brummte Jan auf dem Flur, „da muß ich viel von Onkel lernen."

„Ich dachte, du wolltest Cowboy werden", entgegnete Oma.

Jan wurde rot. Richtig, er hatte ja vorgehabt, zusammen mit Oma nach Amerika auszuwandern. „Ich weiß es noch nicht genau", murmelte er.

Erst als er im Bett lag, begriff er, daß der Onkel ihm Berta geschenkt hatte.

Am anderen Tag gingen Jan und Brigitte vergnügt an ihre Arbeit. Peter dagegen lief ernst und nachdenklich zwischen den Käfigen herum. Lange betrachtete er seinen Elefanten, dann ging er zu den Seelöwen, schüttelte den Kopf, stand längere Zeit bei den Kängeruhs und fragte schließlich einen Wärter,

134

wieviel Ameisen ein Ameisenbär täglich vertilge. Abends war er schweigsam und verschlossen. Er wurde blaß und traurig. Oma betrachtete ihn mit Sorge.

Als die Kinder am nächsten Tag zum Mittagessen nach Hause kamen, gab es nichts zu essen. Oma war nicht da, und sie hatte die Bratklopse selber zubereiten wollen, weil sie ihr immer am besten gelangen.

„Wo bleibt sie denn?" knurrte der Onkel.

„Sie ist heute früh fortgegangen und wollte zum Essen zurück sein", antwortete Ingeborg.

Die Kinder suchten im Haus und Garten, aber Oma war nicht zu finden. Ingeborg wollte sich gerade an die Bereitung der Bratklopse machen, als Oma die Tür öffnete.

„Hier bin ich!" sagte sie fröhlich. Ihr lila Strohhut saß schief auf einem Ohr. Sie hatte ein Loch im Ärmel ihres Kleides und einen Schmutzfleck am Kinn.

„Wie siehst du nur aus!" knurrte der Onkel. „Wo hast du dich herumgetrieben?"

Oma lachte, hängte einen schwarzen, perlenbestickten Beutel, den sie sonst nur sonntags trug, an einen Haken an der Tür, wusch sich die Hände und das Kinn, band eine Schürze um und machte sich an das Braten der Klopse.

Peter betrachtete neugierig den Beutel an der Tür, der leicht hin und her schwankte. Manchmal beulte sich die eine Seite aus, dann wieder die andere.

„Was ist das?" fragte er.

„Still!" flüsterte Oma. „Ich zeig's dir später. Jetzt muß ich Mittag kochen."

Die Bratklopse schmeckten allen gut, bis auf Peter, der traurig war, weil er immer noch kein Tier zum Mitnehmen gefunden hatte, aber auch neugierig, was sich in Omas Beutel befinden mochte. Nachdem sie den Tisch abgeräumt hatten, nahm Oma ihn mit in ihr Zimmer.

„Schau, hier", sagte sie und öffnete den schwarzen Beutel. Peter sah hinein. Zuerst war es ganz dunkel, doch plötzlich guckte ein rotes Schnäuzchen heraus, dessen zarte Schnurrhaare zitterten. Ein winziges weißes Köpfchen mit rosa Augen kam über den Rand des Beutels, zwei Öhrchen wie Rosenblätter. Ein zweites Köpfchen schob sich neben das erste. Dieses war braun, mit glänzenden schwarzen Augen. Als Peter eine Bewegung machte, verschwanden die Köpfe im Beutel, aber bald guckten sie wieder hervor. Peter hielt seine Hand hin, und Oma streute ein paar Kuchenkrümel darauf. Husch, da saß plötzlich ein kleines, braunes Mäuschen darauf und schmauste, und gleich darauf hockte auf der anderen ein weißes. Peter spürte die weichen Schnäuzchen und das Beben der kleinen Füße, die nie stillstanden.

„Ich dachte, weil du nicht das größte Tier aus dem Zoo mit nach Hause nehmen kannst, wäre das kleinste gerade recht", sagte Oma.

Peter nickte glücklich.

„Sie heißen Susi und Adele. Vorläufig werden wir ihnen eine Wohnung in einem Marmeladenglas einrichten. Zu Hause können sie Heiners altes Terrarium bekommen, das nicht mehr benutzt wird."

Lehrer Pieselang hatte in der Stadt Besorgungen zu machen und wollte bei dieser Gelegenheit Oma und die Kinder nach Hause holen. In ein paar Tagen fing wieder die Schule an. Als er das Häuschen des Onkels im Zoo betrat, kam ihm Jan entgegen und fiel ihm um den Hals.

„Vater ist da!" rief er und zog ihn in das Wohnzimmer, wo Brigitte ihn ebenfalls umarmte. Auch Peter sah glücklich aus, den Vater wiederzusehen, aber er stand stocksteif in der Ecke und rührte sich nicht.

„Na", fragte der Lehrer, „krieg' ich von dir keinen Kuß?"

„Ich kann dich nicht umarmen", sagte Peter, „weil ich in jedem Ärmel eine Maus habe. Sie finden es so gemütlich darin."

Der Vater hatte nicht lange Zeit, sich zu wundern, denn jetzt kamen Oma und Ingeborg herein. Ingeborg hielt auf dem Arm einen Affen, der einen roten Pullover und Hosen trug. Sofort wollte er dem Vater die Brille von der Nase nehmen. Oma gab ihm einen Klaps auf die Finger und sagte zu ihrem verwirrten Sohn: „Komm, setz dich erst einmal!"

Als der Lehrer sich auf einen Sessel setzen wollte, rief Jan „Vorsicht!" und riß die Schildkröte Berta

137

fort, die dort auf einem Kissen lag. Es dauerte eine Weile, bis der Lehrer sich von all den Überraschungen erholt hatte. Aber dann gab es Kaffee und einen leckeren Kuchen, alle saßen gemütlich beisammen, und die Kinder hatten viel zu erzählen.

„Und was habt ihr von der Stadt gesehen?" fragte der Lehrer. „Wart ihr in der großen Kirche und im Museum? Habt ihr das Stadtschloß und den Botanischen Garten besichtigt?"

Oma wurde rot. „Ach, weißt du, wir hatten so wenig Zeit."

„Ihr habt nichts von allem gesehen?" rief der Lehrer entsetzt. „Ihr lebt vier Wochen lang in der großen Stadt und kennt sie gar nicht?"

„Wenn sie den Zoo kennen, ist es doch genug", brummte Onkel Ludi.

Der Lehrer schüttelte den Kopf. „Unser Zug geht erst morgen nachmittag, da können wir uns am Vormittag noch alles anschauen."

„Am letzten Tag willst du mir die Kinder wegnehmen?" knurrte Onkel Ludi unwirsch.

„Ich muß morgen früh noch die Kaninchenställe ausmisten", sagte Brigitte.

„Morgen kommt der Zahnarzt zum Elefanten, da darf ich zuschauen", fiel Jan ein.

„Ich muß auch dabei sein", rief Peter, „sonst steht er nicht still."

„Und du, Ingeborg, wirst du mit mir kommen?" fragte der Lehrer.

„Ja, gern, aber . . ." Ingeborg errötete und blickte hilfeflehend den Onkel an.

Onkel Ludi räusperte sich. „Hör zu, Neffe, ich habe eine große Bitte an dich. Laß mir Ingeborg hier, wenn ihr heimfahrt!"

„Unsere Ingeborg? Soll sie dir den Haushalt führen? Ich denke, deine Haushälterin kommt morgen zurück."

Der Onkel schüttelte den Kopf. „Für den Haushalt brauche ich sie nicht. Ich möchte gern, daß sie Tiermedizin studiert. Ingeborg hat ihr Abitur. Sie ist klug und versteht besonders gut mit Tieren umzugehen. Ohne sie hätten wir den Schimpansen nicht durchgebracht."

„Ich habe kein Geld, sie studieren zu lassen", sagte der Lehrer ärgerlich.

„Nicht nötig", erwiderte der Onkel. „Das Studium bezahle ich. Ich habe keine Kinder. Was soll ich sonst mit meinem Geld anfangen? Du tust mir einen großen Gefallen, wenn du sie Tierärztin werden läßt."

„Ingeborg, willst du uns denn wirklich verlassen?" fragte der Vater seufzend.

Ingeborg brach in Tränen aus.

„Hör mal zu", sagte Oma ärgerlich zu dem Lehrer, „bis jetzt ist das Kind nur immer für die Familie dagewesen. Sie muß endlich ihr eigenes Leben anfangen. Sie hat eine große Begabung, mit Tieren umzugehen. Wenn sie daraus einen Beruf machen kann, ist es ein Gottesgeschenk, das man ihr nicht nehmen darf."

„Möchtest du es denn so gern, Ingeborg?" fragte der Vater.

Ingeborg nickte unter Tränen.

„Dann wünsche ich dir auf deinem Wege viel Glück, mein Kind!"

Mit einem kleinen Jubelschrei fiel Ingeborg ihrem Vater um den Hals.

Am nächsten Nachmittag brachten Ingeborg und Onkel Ludi die andern zur Bahn.

Auf dem Bahnsteig zog Onkel Ludi seinen Neffen beiseite. „Ich habe noch eine Bitte."

„Willst du vielleicht auch noch die Oma hierbehalten?" fragte der Lehrer besorgt.

Der Onkel schüttelte den Kopf. „Nein, nein! Vier Wochen hatte ich sie sehr gern um mich, aber für immer ist sie mir zu aufregend. Ich habe eine andere Bitte. Schick mir deine Kinder recht bald wieder."

Als der Zug sich in Bewegung setzte, winkten alle und riefen: „Auf Wiedersehn, auf Wiedersehn!"

Dann richteten sich Pieselangs in ihrem Abteil ein. Brigitte nahm ihr Kaninchen auf den Schoß, und Jan holte die Schildkröte aus seinem Rucksack. Oma stellte den Käfig mit Paulchen neben sich auf die Bank. Peter hatte auf jeder Hand eine Maus.

Der Lehrer betrachtete seine Familie etwas sorgenvoll. „Was wird Mutter nur sagen, wenn wir ohne Ingeborg und mit all dem Viehzeug heimkommen? Niemand wird ihr nun im Haushalt helfen, das Ka-

140

ninchen wird den Salat im Garten fressen, Peter wird heulen, weil Omas Kater seine Mäuse verspeisen will, und über die Schildkröte werden wir alle stolpern."

„Nichts davon wird geschehen", sagte Oma. „Wir alle werden Mutter im Haushalt helfen. Niemand wird niemanden auffressen. Alles wird gut gehen, wenn wir einander liebhaben und Rücksicht aufeinander nehmen."

Liebevoll schaute sie alle der Reihe nach über ihre Brille hinweg an, den Lehrer, die Kinder und die Tiere.

Ferien mit Oma

von
Ilse Kleberger

Illustrationen
von
Friedrich Dohrmann

Aus dem Inhalt

Da raschelt was 149
Der grüne Wagen 165
Oma hat eine Idee 183
Zigeunerleben 189
Die Schloßbesichtigung 210
Kochkünste 223
Camping 245
Der Zirkus 262
Ein Streich und seine Folgen 275
Die Kunst, ein Mann zu werden 290
Wieder daheim 296

Da raschelt was

Es war mitten in der Nacht. Jan schlich auf Zehenspitzen durch den dunklen Flur. Sein Herz klopfte zum Zerspringen. Eine Diele knarrte. Erschrocken hielt er an und lauschte. Noch zwei rasche Schritte, dann hatte er das Schlafzimmer der Eltern erreicht, die gerade verreist waren. Oma schlief dort mit dem Baby. Leise öffnete er die Tür und hörte erleichtert Omas beruhigendes Schnarchen. Er rüttelte sie sanft am Arm.

„Oma, wach auf, in der Küche ist was los, da raschelt was!"

Oma setzte sich schlaftrunken im Bett auf. „Nun mein Junge, reg dich nicht auf, das wird deine Schildkröte sein oder Brigittes Kaninchen oder eine von Peters Mäusen."

„Nein, nein, das ist bestimmt ein Einbrecher!" rief Jan. „Soll ich meinen Pfeil und den Bogen holen?"

„Pst, schrei nicht so, sonst wacht das Baby auf! Pfeil und Bogen laß bitte im Schrank. Wenn es wirklich ein Einbrecher ist und du schießt auf ihn, könntest du ihn verletzen."

Oma schwang die Beine aus dem Bett. „Komm, wir wollen erst mal nachsehen."

„Aber Oma, wenn er uns nun was tut?"

149

Doch Oma hörte nicht mehr. Sie ergriff ihren Regenschirm, der in der Ecke stand, und ging in ihren Pantoffeln lautlos voran. Jan folgte ihr zögernd. Vor der Küchentür blieben sie stehen und lauschten. Von drinnen ertönte Rascheln, Schaben und Kratzen und das Keuchen eines Menschen. Oma öffnete die Tür einen

Spaltbreit und spähte hinein. Jan guckte unter ihrem Arm hindurch. Die Küche war leer und dunkel. Alles war still. Doch plötzlich ertönte wieder das Rascheln und Scharren. Zwei Hände schoben sich von draußen über das Fensterbrett. Wie ein schwarzer Scherenschnitt tauchte vor dem grauen Nachthimmel der Kopf und dann der Oberkörper eines Mannes auf. Ein Bein wurde ins Zimmer geschwungen und dann das andere

nachgezogen. Keuchend saß der Mann auf dem Fensterbrett. Er war dünn und klein.

Oma öffnete die Küchentür weit. Der Mann erstarrte. „Himmel, Herrgott, Donnerwetter nochmal!" rief er und schwang sich rückwärts nach draußen. Gleich darauf erklang ein Schrei, und die Hände suchten wieder Halt.

Oma lief ans Fenster. „Was machen Sie denn da?" rief sie ärgerlich. „Wie kann man nur so leichtsinnig sein!"

Der Mann sah Oma mit entsetzten Augen an. „Ich hänge fest, verflixt nochmal, ich hänge unten irgendwo fest. Eine Stange piekt in mein Bein, und wenn ich loslasse und runterfalle wird sie mein Bein durchbohren, ah, oh, aua!"

Oma beugte sich aus dem Fenster und packte den Mann unter den Armen, aber sie konnte ihn nicht hereinziehen, er war zu schwer.

„Jan", rief sie über die Schulter, „lauf nach unten und sieh nach, ob du den Einbrecher befreien kannst. Ich halte ihn solange fest."

Jan verschwand. „Einbrecher", keuchte der Mann, „ich bin doch kein Einbrecher, verdammt nochmal."

„Hören Sie auf zu fluchen", befahl ihm Oma. „Wollten Sie etwa nicht bei uns einbrechen?"

„Ja, ja, aber — Himmel, Herrgott, Donnerwetter nochmal, tut das Bein weh!"

„Also", sagte Oma, „wenn Sie noch einmal fluchen, passiert etwas. Ich erschrecke dabei nämlich immer sehr, das nächste Mal lasse ich Sie bestimmt fallen."

152

„Nein, bitte nicht, liebe Dame", jammerte der Mann. „Ich meine es ja gar nicht so, es fährt mir nur immer so raus."

„Dann beißen Sie gefälligst die Zähne zusammen", sagte Oma. „Sie müssen bedenken, daß Sie mit Ihrem Mund sehr dicht an meinem Ohr sind, und ich bin fluchen nicht gewöhnt."

Unterdessen war Jan im Garten angekommen. „Er hängt in den Stangenbohnen", rief er hinauf. „Eine Stange ist ihm ins Hosenbein gefahren und — au ja, er blutet, die Hose ist ganz naß."

„Versuch ihn frei zu machen", rief Oma, „und dann hol die Leiter. Wenn er mit dem verletzten Bein nach unten springt, kann es noch schlimmer werden."

Der Einbrecher sagte nichts mehr. Er preßte die Zähne fest zusammen und zischte und stöhnte nur manchmal vor sich hin. Mit viel Mühe hatte Jan schließlich die Stange abgebrochen und aus der Hose gezogen. Dann lief er zum Schuppen, holte die Leiter heraus und schob sie unter den Mann, der aufatmend darauf Halt suchte. Er stieß einen kurzen Schmerzenslaut aus, als er mit dem verletzten Bein auftrat. Oma ließ ihn los. Er stand einen Augenblick und blickte sie aus trüben, ängstlichen Augen an. „Na, dann auf Wiedersehen oder — nein, vielleicht lieber nicht. Und vielen Dank auch!" Er fing an, die Leiter abwärts zu steigen.

Oma beugte sich aus dem Fenster. „Wo wollen Sie denn hin? Kommen Sie zurück!"

153

„Ach nein, ich glaube, ich werde lieber gehen."

„Sie kommen sofort zurück!" befahl Oma streng. „Ich habe mit Ihnen zu reden."

Zögernd kletterte der Einbrecher die Leiter hinauf und schwang sich in die Küche. „Jan", rief Oma aus dem Fenster, „bring die Leiter wieder in den Schuppen, bevor du raufkommst." Sie wandte sich dem Mann zu. „Ich gewöhne die Kinder schon frühzeitig an Ordnung, sonst lernen sie es nie." Sie schob ihm einen Stuhl hin und knipste Licht an.

Der kleine Mann blinzelte ängstlich und verwirrt in die Helle. Er hatte ein spitzes, unrasiertes Gesicht und trug einen schmutzigen, grauen Anzug. Aus einem Hosenbein, das zerrissen war, tropfte Blut auf den Fußboden.

Oma betrachtete ihn mißbilligend. „Sagen Sie mal, warum sind Sie eigentlich so leichtsinnig aus dem Fenster gesprungen, wo Sie nun schon mal drin waren?"

Der Einbrecher biß sich auf die Lippen, dann murmelte er: „Als ich da so saß und plötzlich die Küchentür aufging und Sie da standen, so still in dem langen weißen Nachthemd, mit dem Schirm in der Hand, da habe ich gedacht — verflucht nochmal." Oma runzelte die Stirn. „Da habe ich gedacht mm, mm, mm, das sieht ja fast wie ein Gespenst aus, verschwinde man lieber!"

Oma blickte an sich hinab. „Ach ja, ich werde mir einen Morgenrock überziehen. Hören Sie, ich komme gleich zurück, verbinde Ihr Bein und mach' uns einen Tee. Dann werden wir uns mal ein bißchen unter-

154

halten." In diesem Augenblick steckte Jan den Kopf zur Tür herein. Oma nickte ihm zu. „Ich bin gleich wieder da, leiste du dem Herrn solange Gesellschaft."

Als Oma im Morgenrock mit Verbandsstoff, Alkohol und Schere zurückkehrte, saß Jan auf dem Küchentisch und baumelte mit den Beinen. „Oma", rief er aufgeregt, „der Einbrecher ist vom Zirkus. Früher war er Seiltänzer und jetzt zaubert er, und er hat einen richtigen Wagen mit einem Pferd, mit dem fährt er von einem Ort zum andern."

„Soso", sagte Oma. „Jetzt hilf mir aber erst einmal." Sie gab Jan das Verbandszeug zu halten. Geschickt schnitt sie das zerfetzte Hosenbein auf und säuberte die Wunde mit Alkohol.

„Aua, verdammt nochmal, aua!" rief der Einbrecher. Oma sah vorwurfsvoll zu ihm auf. „Ach, ich hab' mir das Fluchen doch nun mal so angewöhnt", stotterte er. „Was soll ich denn nur machen?"

Oma dachte nach. „Könnten Sie statt dessen nicht vielleicht ‚o weh' sagen?" Sie nahm einen neuen Wattebausch, tauchte ihn in Alkohol und säuberte sorgfältig die Wundränder.

„Aua, o weh, oh, oh, oh, o weh!" schrie der Einbrecher.

„Seien Sie nicht so laut", ermahnte ihn Oma. „Sonst wecken Sie die Kinder auf. Wie gut, daß mein Sohn und meine Schwiegertochter verreist sind. Mein Sohn hört jedes Geräusch im Haus."

Die Wunde schien Gott sei Dank nicht tief zu sein, aber sie war zerfetzt und verschmutzt. Nachdem Oma

155

sie gesäubert hatte, machte sie einen hübschen, weißen Verband. Jan mußte eine Fußbank aus ihrem Zimmer holen, damit der Einbrecher sein Bein darauf legen konnte.

„Das Baby brüllt", berichtete Jan.

„Sehen Sie", Oma sah den Einbrecher ärgerlich an, „nun haben Sie es geweckt mit Ihrem unbeherrschten Geschrei. Wir müssen es holen, sonst weckt es noch das ganze Haus auf."

Wenig später hantierte Oma am Herd, kochte Tee und wärmte einen Rest vom Mittagessen auf, denn der Einbrecher hatte den ganzen Tag noch nichts gegessen. Jan deckte den Tisch, und der Einbrecher hielt das Baby auf dem Schoß. Wenn es zu weinen anfing, kitzelte er es, dann mußte es lachen. Schließlich steckte es den Finger in den Mund und betrachtete friedlich und nachdenklich das Bein des Einbrechers in dem leuchtend weißen Verband. Eigentlich war es schon zwei Jahre alt, aber weil alle es immer nur ‚Baby' nannten, konnte es sich die Babymanieren noch nicht abgewöhnen.

Es wurde richtig behaglich in der Küche, als Oma schließlich eine Tasse Tee vor sich hatte und der Einbrecher seine Suppe löffelte. Er saß ein bißchen ungeschickt da, weil er das Baby nicht hergeben wollte. „Lassen Sie es nur bei mir, bis es eingeschlafen ist, meine Dame", sagte er. Jan knabberte eine Handvoll Kirschen und spuckte die Kerne in kunstvollen Bögen durchs offene Fenster in den Garten hinaus.

Endlich war das Baby eingeschlafen, und der Einbrecher hatte seine Suppe aufgegessen. Oma schob ihm eine Tasse Tee und eine Schale mit Keksen hin, nahm ihm das Kind aus dem Arm und trug es in sein Bettchen. Dann setzte sie sich wieder an den Tisch und sagte: „So, nun erzählen Sie mal, warum Sie bei uns einbrechen wollten."

Es war eine traurige Geschichte, die sie zu hören bekamen. Der Einbrecher hieß Mario Müller. Er war ein Zirkuskind und hatte schon mit sechs Jahren auf dem Drahtseil gestanden. Seine Eltern waren berühmte Drahtseilartisten und arbeiteten hoch oben unter dem Zeltdach ohne Netz. Als Mario zehn Jahre alt war, verfehlte seine Mutter eines Abends eine Schaukel und stürzte in die Tiefe. Ihr Mann, der sie noch halten wollte, wurde mit hinabgerissen. Die Mutter starb. Der Vater erlitt so schwere Verletzungen, daß er nicht mehr auftreten konnte. Nun sollte Mario seine Stelle einnehmen, aber nach dem schrecklichen Erlebnis hatte er Angst auf dem Seil. Er ging zu einem Zauberer in die Lehre und arbeitete schließlich beim Zirkus als Zauberkünstler.

Nachdem zehn Jahre später auch sein Vater gestorben war, machte er sich selbständig und tat sich mit Marietta, einer jungen Kunstreiterin, zusammen. Sie heirateten, kauften sich ein Pferd und einen grünen Wohnwagen und zogen damit über Land. Ihre Kollegen lachten sie aus und sagten: „Die Leute wollen lieber einen großen Zirkus sehen oder ins Kino gehen." Aber sie irrten sich. Mario und Marietta waren bald

157

beliebt und bekannt. Im Sommer traten sie auf Schulhöfen und Dorfplätzen auf. Marietta führte akrobatische Kunststücke auf dem Pferderücken vor, und Mario zauberte den Leuten ihre Uhren aus der Tasche und wieder hinein, holte aus einem leeren Zylinderhut Blumen, Tücher oder ein lebendes Kaninchen. Im Winter trat Mario in Gemeinde- und Dorfgasthäusern auf und Marietta reichte ihm Gegenstände zu, ließ sich von ihm verzaubern oder sogar in der Mitte durchsägen. Sie waren bei den Dorfleuten sehr beliebt. Was sie zum Leben brauchten, verdienten sie, und wenn der Verdienst nicht so war wie erwartet, sie sich ein paar Tage lang keine richtige Mahlzeit leisten konnten oder am Wagen etwas entzwei ging, nahmen sie es nicht tragisch. „Morgen wird's wieder besser", sagte dann die hübsche Marietta und lachte. Nur manchmal gab es Schwierigkeiten. Marietta putzte sich gern und verlor ihre gute Laune, wenn Mario ihr nicht jedes halbe Jahr ein neues Kostüm für ihre Kunstritte kaufen konnte. Auch wenn ihr in einem Schaufenster ein Hut oder ein Kleid gar so gut gefiel und Mario nicht genug Geld dafür hatte, wurde sie zornig. Eines Tages trafen sie wieder mit ihrem alten Zirkus zusammen. Die Freude des Wiedersehens war groß. Dem Direktor fehlte eine Schulreiterin. Er versprach Marietta kostbare Kostüme, womit sie das Publikum bezaubern könnte, wenn sie wieder beim Zirkus bliebe. Für Mario war allerdings kein Platz; einen Zauberkünstler hatten sie schon. Marietta konnte schließlich nicht widerstehen. Sie blieb beim Zirkus und ließ ihren Mann allein weiterziehen. Er war traurig und so zornig, daß er all ihre Briefe ungeöffnet an sie zurückgehen ließ. Er zog von nun an allein auf die Dörfer und zauberte, aber es wollte ihm nicht mehr so recht gelingen. Ihm fehlte seine Assistentin, und er hatte seinen Humor verloren. Manchmal kam es sogar vor, daß ihm ein Trick mißlang und er ausgelacht wurde. Es ging immer mehr bergab mit ihm, und er hatte Mühe, sich und das Pferd zu ernähren. Jetzt hatte er seit acht Tagen so wenig verdient, daß es nur gerade zum Heu für das Pferd reichte. Der Hunger hatte ihn dazu getrieben, sich an Pieselangs Haus zu schleichen und durchs offene Fenster einzusteigen. Tatsächlich hatte er auch gerade die Küche erwischt und wäre wohl zu seinem Ziel gekommen, wenn Jan nicht so indianerscharfe Ohren gehabt hätte.

„Sie haben gehungert, um dem Pferd Heu kaufen zu können?" fragte Jan. Der Einbrecher erschien ihm immer mehr als ein Held.

„Nun", sagte Oma, „Hunger ist immer noch kein Grund zum Einbrechen. Sie haben Jan und mich erschreckt. Sie hätten etwas zerbrechen oder fortnehmen können, was wir morgen dringend brauchen, zum Beispiel die Milch für das Baby. Glauben Sie nicht, daß es besser gewesen wäre, wenn Sie am Tag um etwas zu essen gebeten hätten?"

„Ich bin doch kein Bettler!" murrte der Mann.

Oma schüttelte mißbilligend den Kopf. „Ist ein Einbrecher etwa besser als ein Bettler?"

Der Mann sah sie unsicher an. „Ich glaube, ich werde mich jetzt zurückziehen", murmelte er. Er wollte aufstehen, sank aber mit einem Schmerzenschrei auf den Stuhl zurück. „Au, verd — — —, o weh, o weh, o weh — — — das tut ja verfl — — — mächtig weh!"

Oma stand auf. „Hilf mir, im Fremdenzimmer das Bett zurecht zu machen", sagte sie zu Jan.

„Warum?" fragte Jan erstaunt.

„Der Einbrecher wird hier übernachten."

„Einbrecher, Sie sagen immer Einbrecher, ich bin doch kein richtiger Einbrecher!" jammerte der Mann.

„Sie sind ein Einbrecher!" sagte Oma bestimmt.

Mario Müller biß die Zähne zusammen. „Haben Sie Angst vor mir gehabt?" fragte er dann.

„Ach nein", sagte Oma. „Als ich Sie auf dem Fensterbrett sitzen sah, merkte ich gleich, daß Sie nur eine halbe Portion sind."

Das schien dem Einbrecher auch nicht zu gefallen. „Was soll nur mit Max werden?" fragte er schließlich leise.

„Wer ist Max?"

„Mein Pferd."

„Das werden wir holen. Wir haben einen Stall, in dem nur eine Ziege ist, darin kann es übernachten."

„Es wird nicht mit Ihnen gehen", meinte Mario.

„Es wird", sagte Oma. „Ich kann mit Pferden umgehen. Ich stamme von einem Gut."

Mario wiegte zweifelnd den Kopf. „Können Sie Trompete spielen?"

„Lassen Sie diese albernen Scherze. Dazu haben wir jetzt keine Zeit."

„Das ist kein Scherz. Wenn Marietta früher ihre Reiterkunststücke machte, habe ich als Musikclown immer auf der Trompete ‚Hopp, hopp, hopp, Pferdchen lauf Galopp' gespielt. Wenn Max das hört, setzt er sich in Bewegung."

„Ich kann nicht Trompete spielen und Jan auch nicht, aber wir werden das Pferd schon herbekommen. Wo steht es?"

Mario beschrieb es ihnen. Sie richteten ihm das Bett im Fremdenzimmer, halfen ihm hinein, nahmen eine Taschenlampe und machten sich auf den Weg.

Draußen war es stockdunkel. Jan hielt sich dicht neben Oma. Ihm war ein bißchen unheimlich zumute, trotzdem war er glücklich. Wie gut, daß er den Einbrecher gehört hatte! Wenn Mario sich unbemerkt in der Küche etwas zu essen geholt hätte, wäre Jan dies aufregende Abenteuer entgangen.

Nachdem sie sich an die Dunkelheit gewöhnt hatten, gingen sie auf der Straße schnell voran und fanden an der bezeichneten Stelle am Waldrand den Wagen. Das Pferd stand mit hängendem Kopf und schien zu schlafen. Oma faßte es am Zügel und versuchte, es fortzuziehen. Aber es schüttelte unwillig den Kopf und machte sich frei.

„Komm, komm mit", sagte Oma und gab ihm einen Klaps aufs Hinterteil. Aber das Pferd stand, als wäre es aus Eisen.

„Max", rief Jan, „komm mit, Max!"

Das Pferd spielte mit den Ohren und sah Jan und Oma im Licht der Taschenlampe aufmerksam an, aber es rührte sich nicht.

„Wir müssen doch Trompete blasen", meinte Jan. „Mario sagte, sie hängt im Wagen an der Wand. Ich hole sie."

Oma schüttelte den Kopf. „Unsinn, wenn wir nicht spielen können, nützt sie uns nichts."

Plötzlich machte Jan einen Luftsprung. „Ich hab's, ich blase auf dem Kamm. Ich bin der beste Kammbläser

in der Schule." Er holte aus seiner Hosentasche einen Kamm, der ziemlich schmutzig war, spannte ein zerknittertes Seidenpapier darüber und blies „Hopp, hopp, hopp, Pferdchen lauf Galopp". Oma faßte in die Zügel. Tatsächlich setzte sich das Pferd in Bewegung und zog mit einiger Mühe den Wagen auf die Straße. Es blieb noch ein paarmal stehen, aber immer, wenn Jan auf dem Kamm blies, trottete es weiter. Schließlich kamen sie todmüde zu Hause an.

Oma spannte das Pferd aus und führte es in den Stall. Die Ziege betrachtete es mit neugierigen Augen. Als Oma das Licht löschte, legte sie sich wieder zum Schlafen hin, während das Pferd im Stehen einschlummerte.

Den Wagen ließen Jan und Oma auf dem Hof hinter Pieselangs Häuschen stehen und gingen zu Bett. Oma schlief sofort ein, während Jan vor Aufregung noch keine Ruhe fand. Wie würden die Geschwister morgen staunen, Brigitte und Peter und Heiner, der große Bruder! Wie würden sie ihn bewundern, daß er als einziger den Einbrecher gehört hatte!

Der grüne Wagen

Jan hatte am anderen Morgen als erster aufstehen wollen, aber nach der aufregenden Nacht schlief er bis tief in den Vormittag hinein. Als er endlich aufwachte, verschwendete er nicht viel Zeit mit waschen, schlüpfte in Hemd und Hosen, streifte die Sandalen über und lief zur Küche. In der Tür stieß er fast mit Brigitte zusammen, die ein volles Tablett trug. „Paß auf, du Dussel!" rief sie.

Jan beachtete diesmal die beleidigende Anrede nicht. „Du, ich muß dir was erzählen", sagte er wichtig.

„Hab' keine Zeit", erwiderte Brigitte und drängte sich an ihm vorbei.

„Also, hör doch mal, es ist was ganz Tolles."

„Hab' keine Zeit", wiederholte Brigitte. „Ich muß dem Einbrecher sein Frühstück bringen." Sie öffnete mit dem Ellenbogen die Tür zum Fremdenzimmer und schob sich mit dem Tablett hinein.

Sie wußte also schon, was passiert war. Jan war enttäuscht. Er ging in die Küche, wo Oma gerade Waffeln backte. Sie schob ihm einen Teller mit dem goldbraunen Gebäck hin. „Tu dir Sirup drauf", sagte sie.

165

Jans Stimmung besserte sich wieder. Er setzte sich an den Küchentisch und begann, die Waffeln zu essen. Schließlich hatte er noch mehr Geschwister. Gleich nachher wollte er dem kleinen Peter von dem Einbrecher erzählen. Was würde der für Augen machen!

„Wo ist Peter?" fragte er.

„Im Wagen", antwortete Oma und kratzte den letzten Teig aus der Schüssel.

Jan hörte auf zu kauen. „Wo?"

Oma zeigte mit dem Teiglöffel zum Fenster. „Im Zirkuswagen."

Mit einem Satz war Jan am Fenster. Ja, dort auf dem Hof stand der Wagen, an der gleichen Stelle, wo sie ihn gestern nacht gelassen hatten. Jetzt, im hellen Tageslicht, konnte man ihn erst richtig betrachten. Er war leuchtend grün angestrichen, hatte zwei winzige Fenster mit weißen Gardinen und eine gelbe Tür, zu der eine kleine Treppe hinaufführte. Er sah lustig und gemütlich aus. Eben tat sich die Tür auf und Heiner, Jans großer Bruder, kam heraus. Unter dem Arm hatte er einen Buschen Heu. Er ging die Treppe hinab, als wäre das gar nichts Besonderes, überquerte den Hof und verschwand im Stall. Jan ging langsam zu seinen Waffeln zurück. Obgleich sonst seine Lieblingsspeise, wollten sie ihm nicht so recht schmecken. Alle im Haus wußten schon, was geschehen war. Er konnte niemandem sein großes Abenteuer erzählen. Als er mit dem Frühstück fertig war, blieb er sitzen und malte mit der Gabel Figuren auf den Tisch.

Oma sah ihn von der Seite an. „Willst du dem Einbrecher nicht guten Morgen sagen?" fragte sie.

Jan schüttelte stumm den Kopf. Eine Weile klapperte Oma mit Geschirr. Schließlich sagte sie: „Ach bitte, geh in den Wagen und sag Peter, er soll sofort herkommen und frühstücken. Er hat seine Milch noch nicht getrunken."

Nun, es war ganz gut, mit einem Auftrag in den Wagen zu gehen und nicht zu zeigen, daß man neugierig war, ihn von innen anzuschauen. Daß die Geschwister ihn vor Jan in Besitz genommen hatten, schmerzte ihn. Langsam ging er das Treppchen hinauf und öffnete die Tür. In dem dämmrigen Raum standen ein winziger Kochherd, ein Stuhl und ein Tisch zwischen zwei Betten. Eigentlich waren es vier Betten, denn jedes bestand aus einem oberen und einem unteren Stockwerk. Auf dem rechten Oberbett saß Peter, umgeben von mindestens fünfzehn Stofftieren.

„Du sollst zu Oma kommen, frühstücken", sagte Jan und wollte zu ihm hinaufklettern.

„Nein, nein", schrie Peter, „das ist mein Bett, bleib unten."

„Puste dich nicht so auf", sagte Jan ärgerlich. „Dann nehme ich eben das andere."

„Das andere Oberbett gehört Brigitte", piepste Peter. Wirklich spreizte sich auf dem Kopfkissen Brigittes Puppe Heidi und starrte Jan mit ihren dummen Glasaugen an.

„Du sollst sofort zu Oma frühstücken kommen", rief Jan wütend, packte Peter an einem Bein und

167

wollte ihn vom Bett herunterziehen. Peter schrie, als ob er am Spieß steckte, und krallte sich in Jans Borstenhaar fest. Schließlich landete er mit einem Krach auf dem Tisch und verließ heulend, sich ein Bein reibend, den Wagen, um sich bei Oma über Jan zu beklagen.

Jan warf sich auf eins der unteren Betten. Manchmal war es eine Last, Geschwister zu haben. Sie taten so, als ob der grüne Zirkuswagen ihnen gehörte. Dabei gehörte er doch dem Einbrecher und ein bißchen vielleicht Jan und Oma, besonders Jan, weil er den Einbrecher aus großer Gefahr gerettet hatte und auf die gute Idee gekommen war, dem Pferd Max auf dem Kamm „Hopp, hopp, hopp", vorzuspielen. Sonst würde es wahrscheinlich jetzt noch mit dem Wagen am Waldrand stehen.

Plötzling sprang Jan auf. Er mußte sehen, wie es dem Pferd ging. Im Stall klapperten Eimer. Heiner war dabei, die Ziege zu melken. Sonst machte das die Mutter, aber weil sie mit Vater verreist war und Oma schon genug zu tun hatte, hatte Heiner diese Pflicht übernommen. Die Ziege ließ sich heute nur widerwillig melken. Sie war unruhig und versuchte immer über die hölzerne Trennwand zu gucken, hinter der sich das Pferd befand, das man heute nacht hier einquartiert hatte. Max stand dort, als hätte er schon immer da gestanden, gar nicht fremd. Er sah sich nur flüchtig nach Jan um und steckte dann seine Nase wieder in das Heu in der Futterraufe.

168

„Na", sagte Heiner, „ihr seid ja vielleicht komisch, daß ihr uns ein Pferd in den Stall stellt. Wer soll es denn striegeln? Ich vielleicht? Ich will auch was von meinen Ferien haben. Und woher nehmen wir mehr Heu? Den Rest von dem Heu aus dem Wagen habe ich gerade in die Futterraufe getan. Jetzt ist nichts mehr da."

Was für ein ärgerlicher Morgen! Wie anders hatte Jan sich diesen Tag vorgestellt. „Ich werde für das Pferd sorgen", sagte er und ging mit hocherhobenem Kopf aus dem Stall.

Drüben im Zirkuswagen schien sich allerlei zu begeben. Man hörte ein Rumoren, und aus der geöffneten Tür fuhr ab und zu ein Besenstiel. Schließlich schaute Brigitte heraus. „Jan, hilfst du mir?" rief sie. „Peter stellt sich so dumm an. Der Wagen ist innen süß, aber schrecklich dreckig. Komm, wir machen ihn erst mal sauber, dann können wir prima drin spielen."

Bald waren die drei Kinder eifrig beschäftigt. Sie wischten den Fußboden auf, hängten die herumliegenden Kleider an einige Haken hinter einem bunten Vorhang und putzten die kleinen Fenster, wodurch der Raum gleich viel heller wurde. Zum Schluß wuschen sie zusammen schmutziges Geschirr ab, das in einer Ecke stand. Komisch, zu Hause drückten sie sich immer vor dem Abwaschen, aber hier machte es ihnen richtig Spaß. Schließlich war alles sauber. Brigitte lief ins Haus, bat Oma um eine karierte Tischdecke und pflückte im Garten einen Strauß Margeriten, den sie in einem Wasserglas auf den Tisch stellte. Dann setz-

169

ten sich alle drei einträchtig oben auf Brigittes Bett und betrachteten ihr Werk. Hübsch und gemütlich sah es jetzt aus. Eine winzige Puppenwohnung mit allem, was man brauchte, mit Betten zum Schlafen, einem Tisch, um daran zu essen, Geschirr in der Kiste und einem Herd, um darauf zu kochen. An der Wand hingen eine Trompete und das Bild einer jungen Dame, die in einem mit Flitter benähten Röckchen und einem Bänderkopfputz auf Max ritt. Das Pferd sah ganz anders aus, als sie es kannten. Es hielt stolz den Kopf hoch und seine Augen blitzten.

Brigitte stieß Jan in die Seite. „Nun erzähl mal, wie das war heute nacht." Und Peter piepste: „Stimmt es wirklich, daß du ganz allein durchs Haus gelaufen bist, als du den Einbrecher hörtest? Hu, ich hätte Angst gehabt."

Jan fand plötzlich, daß es doch manchmal sehr nett ist, Geschwister zu haben, und er erzählte. Brigitte und Peter hörten ihm mit großen Augen zu. Als er fertig war, kletterte Peter vom Bett herab.

„Wo willst du hin?"

„Ich will nur meine Mäuse holen. Mit den Mäusen ist es gemütlicher. Und dann mußt du noch mal alles von vorn erzählen."

„Bring auch meine Schildkröte mit", rief Jan ihm nach.

„Und mein Kaninchen", rief Brigitte.

Bald kehrte Peter zurück. Seine Hosentasche war ausgebeult, und ab und zu angelte eine Schildkrötenpfote hervor. Unter dem rechten Arm trug er ein

170

zappelndes Kaninchen und in jeder Hand eine Maus. Nun war es wirklich noch gemütlicher als vorher. Während Brigitte ihr Kaninchen streichelte, die Mäuse auf Peter herumturnten und Jans Schildkröte hinter ihnen auf dem Bett raschelte, erzählte Jan die ganze Geschichte noch einmal. Als er fertig war, sagte Peter: „Noch mal."

„Ach, jetzt wißt ihr ja schon alles. Wollen wir nicht lieber den Einbrecher besuchen?"

Peter schüttelte den Kopf. „Der Doktor war gerade bei ihm und hat ihm eine Spritze gegeben, und nun muß er schlafen. Oma hat gesagt, wir sollen ihn nicht stören. Also, erzähl noch mal."

Jan erzählte die Geschichte noch einmal. Aber wehe, wenn er etwas ein bißchen anders erzählte als vorher oder etwas ausließ! „Du hast vergessen, daß Oma gesagt hat, ‚da rascheln Peters Mäuse‘ ", rief Peter empört. Oder: „Es stimmt ja gar nicht, daß das Baby auf dem Schoß vom Einbrecher gleich eingeschlafen ist. Erst hat es genuckelt und sich sein Bein angeguckt."

Jan war es ganz lieb, als Oma schließlich zum Essen rief. Nach dem Mittagessen durften sie Mario Müller besuchen. „Stiehlt ein Einbrecher auch kleine Kinder?" fragte Peter ängstlich.

„Angsthase, Angsthase!" riefen Jan und Brigitte und zogen ihn mit sich fort.

Der Einbrecher sah wirklich etwas furchterregend aus mit seinem blassen, unrasierten Gesicht auf dem weißen Kopfkissen. Aber als sich sein Mund zu einem gutmütigen Grinsen verzog, kam auch Peter hinter

Brigitte hervor. Die Kinder standen verlegen herum und wußten nicht recht, was sie sagen sollten. Der Einbrecher fuhr sich mit der Hand über die Bartstoppeln und blinzelte Brigitte zu. „Ich bin eigentlich gar nicht in der Form, Damen zu empfangen. Könntet ihr mir vielleicht aus dem Schubfach im Tisch in meinem Wagen das Rasierzeug holen?"

Jan brachte das Gewünschte herbei und Brigitte holte ein Schälchen mit Wasser. Bald standen sie um das Bett. Brigitte hielt die Schale, Jan ein Handtuch, Peter den Spiegel, und der Einbrecher rasierte sich. Es sah lustig aus, wie er zuerst mit einem Pinsel dicken weißen Seifenschaum in sein Gesicht schmierte und ihn dann mit einem Messer wieder abkratzte, wobei er die herrlichsten Grimassen schnitt. Jan seufzte ganz entzückt. „Ich werde mich jetzt auch jeden Morgen rasieren."

Als Mario fertig war, sah er ganz verändert aus. Er hatte ein schmales, freundliches Gesicht mit einem großen Mund, in den er jetzt eine Zigarette steckte.

„Einbrecher", fragte Peter, „haben Sie keine Angst, wenn Sie nachts in fremde Häuser einsteigen?"

Mario verzog das Gesicht, als ob er Zahnschmerzen hätte. „Oh, oh, ich kann das Wort Einbrecher nicht mehr hören. Ich habe es doch nur ein einziges Mal getan, und ich werde es nie, nie, nie mehr tun. Darauf könnt ihr euch verlassen. Ich bin zu sehr erschrocken, als die gnädige Frau Oma da plötzlich in der Tür stand, und nachher hab' ich mich zu sehr vor ihr ge-

172

schämt. Könntet ihr euch dazu entschließen, mich nicht mehr Einbrecher, sondern Mario zu nennen?"

In diesem Moment hörte man Omas Schritte auf dem Flur näher kommen. Plötzlich war die Zigarette, die Mario eben noch im Mund gehabt hatte, verschwunden. Oma trug ein Tablett mit Essen herein. Als sie es absetzte, sagte sie ärgerlich: „Mario, ich hab' Ihnen doch gesagt, daß Sie nicht rauchen sollen. Es ist ungesund und verpestet die Luft."

„Aber ich rauche doch gar nicht", erwiderte Mario unschuldig.

Oma schnupperte mißtrauisch. Kaum war sie aus der Tür, da hatte Mario die Zigarette wieder im Mund.

„Wo haben Sie denn die Zigarette solange versteckt?" fragten die Kinder erstaunt.

Mario lächelte stolz. „Zauberei, ich bin doch ein Zauberer." Nachdem er zu Ende geraucht hatte, ließ er sich das Mittagessen schmecken. „Eure Großmutter ist eine wunderbare Frau, und wie gut sie kochen kann!" sagte er anerkennend.

Das hörten die Kinder gern, denn sie waren sehr stolz auf ihre Oma. Sie erzählten ihm, daß Oma nicht nur gut kochen, backen und nähen konnte, sondern sogar Rollschuh lief und daß alle Kinder im Ort die Pieselangs um ihre sportliche Oma beneideten. Als Mario aufgegessen hatte, brachte Brigitte das Tablett in die Küche.

„Einen schönen Gruß von Oma", sagte sie, als sie zurückkam. „Und Sie brauchen in Ihren Hosentaschen nicht nach Zigaretten zu suchen. Es sind keine mehr drin. Oma läßt Ihnen sagen, daß sie auch zaubern kann."

Nun war Mario müde. Jan, Peter und Brigitte gingen auf den Hof. Dort sahen sie zwei kleine Gestalten, die ganz versunken den grünen Wagen betrachteten. Es waren Jans Freund, der dicke Frieder, und die kleine Karoline von der Hühnerfarm. Die Pieselang-Kinder führten sie stolz in das Innere, und Jan mußte noch einmal seine Geschichte erzählen.

Der Zauberer konnte wunderbar zaubern. Er zeigte es ihnen, als alle etwas später um sein Bett herum saßen, Oma mit einem Strickzeug in einem Lehnstuhl, Frieder, Karoline und die Pieselang-Kinder teils auf Stühlen, teils auf der Erde sitzend. Nur Heiner fehlte. Er kam sich zu erwachsen vor für „solchen Kinderkram", wie er sagte. Er war überhaupt der einzige im Haus, der sich nicht über den Gast freute. Aber mit Heiner war in diesen Tagen sowieso nicht gut zu reden. Er hatte schlechte Laune, weil der Vater ihm verboten hatte, mit einem wohlhabenden Freund im Auto nach Frankreich zu fahren.

Die anderen Kinder fanden, daß er viel versäumte. Der Zauberer ließ Jans Armbanduhr verschwinden und zauberte sie Karoline ans Handgelenk. Er holte aus seinem Zauberkasten ein Kartenspiel und machte mit ihm die tollsten Kunststückchen. Dann ließ er sich aus dem Wagen einen Zylinderhut bringen. Er zeigte den Kindern, daß er leer war, breitete ein schwarzes Tuch darüber, sagte „Hokuspokus fidibus" und holte nacheinander daraus hervor: Einen Apfel, eine brennende Zigarette, die er sich grinsend in den Mund steckte, obwohl Oma ihm mit der Stricknadel drohte, sechs bunte Seidentücher, einen chinesischen Sonnenschirm und einen Strauß Papierblumen. Schließlich zog er Omas Wellensittich Paulchen heraus, Peters Mäuse, Jans Schildkröte, Brigittes Kaninchen und am Schluß den sich sträubenden und fauchenden Kater Friedolin. Die Kinder waren ganz aufgeregt, lachten und schrien durcheinander.

„Wie macht man das, wie zaubert man?" rief Jan. „Kann ich es bei Ihnen lernen? Ich will auch Zauberer werden."

„Wie kommt es, daß der Kater in dem Hut nicht den Wellensittich gefressen hat?" fragte Brigitte zur gleichen Zeit.

„Haben Sie auch manchmal kleine Kinder im Hut?" rief Peter und rückte von dem Zauberer fort in Omas Nähe.

Karoline rutschte auf ihrem Stuhl hin und her und piepste: „Können Sie auch eine Babypuppe zaubern? Ich wünsche mir so sehr eine Babypuppe."

Sogar der dicke Frieder, der sonst nicht leicht aufzuregen war, schob seinen Kaugummi in die andere Backe und murmelte: „Toll der Mann, toll." Paulchen hatte sich auf Omas Schulter geflüchtet und krähte „Hokuspokus!"

Der Zauberer schaute sich stolz in der Runde um. „Ihr seid ein verdammt nettes Publikum", sagte er zufrieden.

Oma ließ das Strickzeug sinken und blickte verträumt vor sich hin. „Als ich klein war, waren die Zauberer immer sehr feine Herren, sehr vornehm. Ein Fluch wäre ihnen nie über die Lippen gekommen."

Beschämt senkte der Zauberer den Kopf und murmelte: „Ich will mich bessern."

Brigitte erzählte ihm stolz vom Großreinemachen im grünen Wagen. „Ja", sagte er, „der hatte es nötig. Ich bin nicht dazu gekommen und hatte auch keine rechte

176

Lust aufzuräumen. Früher hat das immer die Marietta gemacht. Sie hat auch Blumen auf den Tisch gestellt."

„Warum haben Sie denn vier Betten in Ihrem Wagen?" fragte Jan.

Der Zauberer seufzte. „Ich hatte mir das so schön vorgestellt. Ich hätte später gern zwei Kinder gehabt, einen Jungen und ein Mädchen. Dafür brauchte ich doch vier Betten. Aber nun ist alles anders geworden."

Auf einmal sah der Zauberer ganz traurig aus. Er lehnte sich still zurück und hatte keine Lust mehr zum Plaudern. Jan überlegte krampfhaft, wie er ihn wieder aufheitern könnte. Plötzlich sprang er auf. „Ich hol' Ihre Trompete. Sie müssen uns etwas vorspielen."

„Au ja, fein, bitte", riefen die Kinder durcheinander. Jan lief und holte das Instrument. Der Zauberer zierte sich ein wenig. „Ich kann doch gar nicht richtig spielen." Aber dann hob er die Trompete doch an den Mund und blies die Backen auf. Zuerst kam ein Ton, der klang, als wenn man Friedolin auf den Schwanz getreten hätte. Dann folgten zwei drei Töne, die sich anhörten wie eine verrostete Kellertür. Aber schließlich kam eine richtige Tonleiter zustande. Mancher Ton saß zu hoch, mancher zu tief, doch man hörte schon, was es sein sollte.

„Und nun bitte ein Lied!" riefen die Kinder.

„Ich kann nur eins", sagte der Zauberer.

„Spielen Sie's bitte, spielen Sie's!"

„Hopp, hopp, hopp, Pferdchen lauf Galopp", erscholl es. Und weil es das erste Mal noch nicht so ganz richtig klang, spielte der Zauberer es noch einmal und dann noch einmal. Plötzlich hörten sie im Haus die Vordertür knarren, und etwas stampfte gewaltig den Flur entlang.

„Warum macht denn der Heiner so gräßlichen Lärm?" fragte Oma. Aber dann hörten sie, daß es mehr als zwei Beine waren, die daherkamen und vor dem Fremdenzimmer anhielten. Jetzt war es draußen mucksmäuschenstill und drinnen auch, weil alle angestrengt lauschten.

„Mach mal die Tür auf", sagte Jan zu Brigitte, die der Tür am nächsten saß.

Brigitte schauderte. „Ach nein, lieber nicht."

Schließlich erhob sich Oma und öffnete die Tür, eine Stricknadel wie eine Waffe in der hocherhobenen Hand. Aber sie brauchte keine Waffe. Vor ihr stand das Pferd Max und blickte mit seinen sanften Augen in das Zimmer.

„Ach du liebe Zeit!" rief der Zauberer. „Ich hab' nicht dran gedacht, daß er uns hören könnte. Er ist es vom Zirkus her so gewöhnt, daß sein Auftritt kommt, wenn ich dieses Lied spiele."

„Was nun?" Oma versuchte, das Pferd rückwärts zu drängen, aber es stemmte die Vorderhufe auf den Fußboden, machte ein entschlossenes Gesicht und rührte sich nicht.

„Nee, rückwärts geht der nicht", sagte der Zauberer.

Hinter dem Pferd tauchte jetzt Heiner auf. „Was ist denn hier los?" murrte er. „Man kann nicht mal seine Mittagsruhe halten." Er versuchte, Max am

178

Schwanz zurückzuziehen, mußte aber zur Seite springen, weil das Pferd kurz und kräftig nach hinten ausschlug. Er murrte. „Das habt ihr nun davon. Was sollen wir mit dem Vieh machen? Wenn Vater das wüßte, der würde schön schimpfen!"

„Sei still", rief Oma über das Pferd zu ihm hinüber. „Laß uns lieber nachdenken." Schließlich faßte sie Max entschlossen am Zügel und versuchte, ihn vorwärts zu ziehen. Er rührte sich nicht. So mußte Jan wieder seinen Kamm aus der Tasche holen und „Hopp, hopp, hopp", spielen. „Aber wo willst du mit ihm hin?" fragte er.

„Den Gang geradeaus bis zu meinem Zimmer, im Zimmer einmal herum, dann wieder zur Tür heraus, den Gang hinunter und aus dem Haus."

Und so geschah es. Omas Zimmer, in dem sie, um dort Rollschuh laufen zu können, fast keine Möbel hatte, eignete sich gut dazu, das Pferd zu wenden. Jan spielte sein „Hopp, hopp, hopp, Pferdchen lauf Galopp", worauf sich Max gehorsam in Bewegung setzte. Jan, Oma und das Pferd entschwanden den Blicken der anderen. Nur einen kurzen Aufenthalt gab es in Omas Zimmer. „Brigitte", rief sie, „hol bitte Handfeger und Müllschippe, Max hat etwas fallen lassen. Feg's auf und tu es dann auf die Azaleen. Pferdemist ist gut für Azaleen." Mit Stampfen und „Hopp, hopp, hopp"-Geblase kamen sie wieder am Fremdenzimmer vorbei. Max warf noch einen wehmütigen Blick auf seinen kranken Herrn und trottete dann brav hinter Jan und Oma her nach draußen.

Als Jan und Oma zurückkamen, lehnte Heiner in der Tür und fragte unwirsch: „Was sollen wir dem Biest denn heute abend zu fressen geben? Es ist kein Heu mehr da."

Alle sahen sich ratlos an. Schließlich stand der dicke Frieder auf und verkündete: „Ich nehm' ihn mit und tu ihn auf die Weide."

Aber schnell sprang die kleine Karoline vom Stuhl und rief: „Nein, ich will ihn mitnehmen!"

Der dicke Frieder schnaufte verächtlich. „Willst du ihm vielleicht Hühnerfutter zu fressen geben? Ihr habt doch gar keine Weide. Uns macht so'n bißchen Futter nichts aus. Mein Vater ist der reichste Bauer im Ort." Nach dieser ungewöhnlich langen Rede ging er hinaus. Wenig später sahen die Kinder ihn vom Fenster aus mit Max am Zügel, der geduldig hinter ihm her trottete. Frieder verstand besser als alle anderen mit Pferden umzugehen. Nach diesem aufregenden Tag waren alle rechtschaffen müde und gingen früh zu Bett. Aber gerade, als Oma sich hingelegt hatte, klopfte jemand zaghaft an ihr Fenster. Karoline stand draußen und reichte ein Körbchen mit Eiern hinauf. „Damit der Zauberer morgen ein Frühstücksei essen kann", sagte sie.

Auch Jan und Peter fanden nicht gleich Ruhe. Als sie im Bett lagen, sagte Peter schläfrig: „Und nun erzähl noch mal, wie ihr den Einbrecher entdeckt habt."

Jan hatte es heute dreizehnmal erzählen müssen. Jetzt hätte er lieber geschlafen. Aber da Peter keine

181

Ruhe gab, begann er seufzend: „Ich hörte ein Geräusch..."

„Nicht ein Geräusch, ein Rascheln", murmelte Peter.

„Also, ich hörte ein Rascheln." Aber ehe Jan weitererzählen konnte, merkte er an tiefen Atemzügen, daß Peter eingeschlafen war. Erlöst drehte er sich auf die Seite und schloß die Augen.

Oma hat eine Idee

Peter wandelte rund um den Hof. Er hatte einen Blumentopf auf dem Kopf, eine alte karierte Decke um die Schultern und einen Kochlöffel in der Hand.

„Peter", rief Brigitte, „wollen wir Hopse spielen?"

„Peter ist nicht da, der ist gerade mal weggegangen", sagte Peter.

Brigitte schnaufte ärgerlich. „Quatsch, du bist doch Peter!"

Peter schüttelte den Kopf, so daß der Blumentopf beinahe herabgefallen wäre. „Ich bin der König. Wenn du mit mir redest, mußt du ‚Majestät' sagen."

Brigitte stöhnte. „Na gut, Majestät, willst du mit mir Hopse spielen?"

Wieder schüttelte Peter den Kopf, diesmal etwas vorsichtiger. „Hast du schon mal einen König gesehen, der Hopse spielt?"

„Aber was wollen wir dann spielen?"

„Du könntest meine Schleppe tragen oder vor mir niederknien und meine Befehle erwarten."

Aber dazu hatte Brigitte keine Lust. Sie suchte Jan. Schließlich fand sie ihn hinter dem Stall. Er hatte sich mit Frieder in eine Ecke hinter dem Holzstoß gedrückt. Als die beiden Brigitte sahen, verbargen sie hastig etwas und Jan sagte böse: „Geh weg, Weiber haben hier nichts zu suchen!"

Brigitte schnupperte. „Hach, ihr raucht, das werd' ich Oma sagen."

„Weiber müssen immer petzen", sagte Jan, nahm nun ganz offen seine Zigarette hervor, saugte den Rauch tief ein und ließ ihn mit einem triumphierenden Blick auf Brigitte aus der Nase herausquellen.

Den Tränen nahe ging Brigitte zu Oma in die Küche. Oma war gerade beim Abwaschen. „Komm, trockne ab", sagte sie. Auch das noch! Brigitte arbeitete eine Weile lustlos und schweigend. Oma beobachtete sie. Schließlich fragte sie: „Was fehlt dir?"

Jetzt konnte Brigitte die Tränen nicht mehr zurückhalten. „Es ist alles so schrecklich langweilig. Peter will nicht mit mir spielen und Jan — — — und Jan — — —"

„Hockt hinter dem Schuppen und raucht", vollendete Oma.

Brigitte nickte schluchzend. „Und er sagt, ich bin ein Weib und eine Petze, und Karoline ist verreist und der Zauberer ist im Krankenhaus, weil sein Bein schlimmer geworden ist, und alle aus meiner Klasse sind verreist. Die Susi ist in Italien und der Hans in Österreich und die Bärbel in der Schweiz und sie wird einen ganz hohen Berg besteigen und alle werden sie so viel erzählen, wenn sie zurück sind, nur wir nicht, weil wir gar nicht verreisen. Huuu." Und nun heulte sie richtig laut mit vielen Tränen.

Oma nahm ihr das Tuch aus der Hand und trocknete die letzten Gläser ab. „Nun hör mal auf, dich zu bemitleiden", sagte sie. „Diesmal war es wichtiger, daß deine Eltern verreisten, sie hatten es nötiger als ihr. Da muß man auch mal verzichten können."

Brigitte antwortete nicht. Sie ging in ihr Zimmer und warf sich aufs Bett. Sie fühlte sich verlassen von der ganzen Welt. Selbst Oma verstand sie nicht.

Als Oma zum Essen rief, stand sie auf, wischte die Tränen ab und putzte sich die Nase. Weinen machte sie immer hungrig, und es roch aus der Küchengegend appetitlich nach Erbsensuppe. Jan und Heiner hatten schon die Löffel in der Hand. Oma stellte die große Suppenschüssel auf den Tisch, öffnete das Fenster und rief: „Majestät, es ist serviert."

Peter betrat mit feierlich langsamem Schritt den Raum. „Was werden wir heute speisen?"

„Pfauenschwanzsuppe", sagte Oma.

Der König setzte sich an den Tisch und fing an zu löffeln. Er war etwas behindert durch die Blumentopfkrone auf seinem Kopf. Durch das Fenster sahen sie, wie der Briefträger auf seinem Fahrrad angefahren kam. Jan lief hinaus und kam mit einer Postkarte und einem Brief zurück.

185

Die Karte war von den Eltern. Sie zeigte eine alte Burg vor einem leuchtend blauen Himmel. „Wir machen schöne Spaziergänge und erholen uns prächtig", schrieben Vater und Mutter.

Der Brief war von Ingeborg, der großen Schwester, die in der Stadt Tiermedizin studierte. „Liebe Oma", schrieb sie, „in ein paar Tagen komm' ich nun nach Hause. Ich freu mich auf euch alle. Aber ich muß in den Ferien meine Semesterarbeit machen, damit ich ein Stipendium bekomme."

„Stipendium?" fragte Peter. „Was ist das für ein Tier?"

„Das ist kein Tier, das ist Geld, das Ingeborg von der Universität zum Studium bekommt, wenn sie ganz besonders fleißig ist. Aber hört weiter, was sie schreibt."

„Hoffentlich sind die Kinder nicht so laut, wenn ich arbeiten muß. Sie toben manchmal so arg durchs Haus. Und wenn sie sich zanken, habe ich bestimmt keine Ruhe. Könntest du ihnen nicht sagen, daß sie ..." Oma konnte nicht weiterlesen. Ihre Stimme ging in einem Sturm der Entrüstung unter.

Jan rief: „Wir sollen wohl den ganzen Tag auf Zehenspitzen rumschleichen. Was fällt ihr denn ein?"

„Die gibt ja reichlich an mit ihrer Arbeit", brummte Heiner.

Brigittes Tränen fingen wieder an zu kullern. „Wir verreisen nicht, und wir dürfen nicht spielen und nicht herumtoben und überhaupt nichts."

Peter aber brüllte, so laut er konnte: „Könige sind überhaupt nie laut!"

Danach löffelten alle schweigend und verärgert ihre Suppe. Selbst Oma, die sonst meist ein begütigendes Wort fand, sagte nichts. Nachdenklich blickte sie vor sich hin. Nach dem Essen stülpte sie ihren Hut auf den Kopf, nahm den Regenschirm in die Hand und machte sich auf den Weg in die Stadt. „Wo gehst du hin?" riefen die Kinder. Aber sie antwortete nicht.

Was für ein ärgerlicher Tag! Was für langweilige und ärgerliche Ferien! Die Kinder lungerten lustlos im Hof und Haus herum. Wenn wenigstens Oma da wäre! Sie hatte immer eine Idee, was man spielen könnte. „Außerdem wollte sie mir eine echt goldene Pappkrone machen", murrte Peter.

Endlich sahen sie Oma die Landstraße heraufwandern. Sie marschierte fröhlich voran und sang. Jan, Brigitte und Peter liefen ihr entgegen. „Wo warst du?"

„Ich war im Krankenhaus beim Zauberer. Er läßt euch grüßen. Es geht ihm besser, aber es wird ungefähr noch vier Wochen dauern, bis das Bein heil ist."

„Kann er denn nicht wieder zu uns kommen?" fragte Brigitte.

„Der Arzt möchte das Bein jeden Tag sehen, und außerdem hätte Mario ja hier keine Pflege, weil niemand da ist."

„Aber wir sind doch da", rief Jan.

Oma schüttelte den Kopf. „Wir sind nicht da, weil wir verreisen."

187

Die drei Kinder blieben stehen und starrten Oma an. Jan hatte sich zuerst gefaßt. „Wir verreisen? Aber wann und wohin? Oma, sag doch, schnell!"

„Ja, Oma, los sag doch!" riefen Peter und Brigitte.

„Nun", sagte Oma, „Ingeborg muß Ruhe zum Arbeiten haben, und euch tut ein bißchen Luftwechsel ganz gut. Ehrlich gesagt hat mich auch die Reiselust gepackt. Aber weil wir nur das Wirtschaftsgeld haben, muß unsere Reise billig sein. Da hatte ich heute mittag eine Idee. Bei meinem Krankenbesuch habe ich den Zauberer gefragt, ob er uns für ein paar Wochen den grünen Wagen und das Pferd borgt. Er tut es gern, und so können wir ein wenig in der Gegend herumkutschieren." Die Kinder waren überwältigt. Sie lachten und schrien durcheinander.

„Wie die Zigeuner!" rief Peter.

„Aber gehen wir denn alle in den Wagen rein?" fragte Brigitte und zählte an den Fingern ab: „Du, Heiner, Jan, ich, Peter, die Ziege, der Wellensittich, der Kater, mein Kaninchen, die Schildkröte, Peters Mäuse und das Baby."

„Heiner will mit einem Freund eine Radfahrt machen", sagte Oma. „Das Baby, die Ziege und den Kater lassen wir bei Ingeborg. Sie machen nicht viel Lärm. Und wir andern werden schon Platz haben."

Die Kinder versuchten sich alle drei auf einmal bei Oma unterzuhaken und führten sie im Triumph nach Hause. Den ganzen Nachmittag schwatzten und lachten sie und kamen mit immer neuen Plänen. Was war das für ein herrlicher Tag!

Zigeunerleben

Jan saß vorn auf dem Bock und spielte auf der Mundharmonika „Lustig ist das Zigeunerleben". Die Pferdehufe trappelten auf der Landstraße den Takt dazu. Neben Jan saß Oma in ihrem langen schwarzen Kleid mit dem lila Strohhut auf dem Kopf und hielt in ihren kleinen Händen die Zügel. Er mußte immer wieder staunen, wie gut sie damit umgehen konnte. Man merkte, daß sie auf dem Land aufgewachsen war. Sie sang zu Jans Spiel, und auch aus dem Innern des Wagens, wo Brigitte herumkramte, ertönte Gesang. Nur von Peter war nichts zu hören. Er hockte hinten auf dem Rückbrett und sah still in die Landschaft mit den gelben Kornfeldern hinaus. Es war ein leuchtender, strahlender Sommertag. Ab und zu fuhr ein Auto an ihnen vorbei. Die Leute lachten, winkten, riefen und freuten sich über den lustigen grünen Wagen mit den blankgeputzten Fenstern. Das Pferd Max war froh, daß es nicht mehr im Stall stehen mußte, und trabte munter voran. Paulchen, der Wellensittich, dessen Käfig vorn am Wagen schaukelte, schrie vergnügt: „Hau ruck, hau ruck, hau ruck!"

Mittags hielten sie auf einer Waldwiese. Max durfte grasen, und Oma kochte auf dem Spirituskocher im Wagen eine Suppe. Sie löffelten, im Grase sitzend, ihre Teller leer, lachten und schwatzten. Nur Peter war schweigsam und ernst.

„Was ist, Liebling?" fragte ihn Oma. „Hast du Bauchweh?"

Peter schüttelte den Kopf.

„Möchtest du noch etwas Suppe haben, Peter?" fragte Brigitte etwas später.

„Ich bin nicht Peter."

„Na gut", sagte Brigitte ungeduldig. „Majestät, willst du noch Suppe?"

„Ich bin kein König", brummte Peter.

„Ja, was bist du dann?"

„Ich bin ein Grafenkind, das von Zigeunern gestohlen worden ist."

Nun konnten sich die andern endlich sein stilles und trauriges Wesen erklären. „Also iß", sagte Oma rauh. „Wir haben dich nicht gestohlen, damit du von Kräften kommst und nur herumsitzt. Du sollst in ein paar Tagen auf dem Seil tanzen."

Mit einem anklagenden Blick auf Oma ließ sich Peter den Teller noch einmal füllen. Aber so war es richtig, Oma hatte gleich begriffen, daß sie jetzt keine liebe Oma sein durfte, sondern böse und streng mit ihm sein mußte, damit er sich so recht als heimatloses kleines Grafenkind fühlen konnte.

Nach dem Essen nahm Oma ihr Strickzeug vor, und die Kinder durchstreiften den Wald. In der Mittagshitze duftete es nach Tannen und Pilzen. Brigitte entdeckte ein Gebüsch mit reifen Himbeeren. Die Kinder aßen sich satt und zerkratzten sich Arme und Beine, um die größten und schönsten Beeren zu erreichen, die sie Oma brachten.

„Wo fahren wir nun hin?" fragte Jan.

Oma packte ihr Strickzeug zusammen und stand auf. „Ins Blaue."

Und so geschah es. An jeder Wegkreuzung wurde abgestimmt, und sie fuhren nur die Wege entlang, die ihnen gefielen, zwischen dichten dunklen Tannen, wo

die Zwerge zu wohnen schienen, durch Wiesen, auf denen bunte Kühe grasten, und durch Dörfer mit Storchennestern auf den Dächern.

Gegen Abend mußten sie ihre lustige Fahrt ins Blaue unterbrechen, denn Oma wollte in einem Städtchen Lebensmittel einkaufen. Die Straße, die sie nun nahmen, war sehr belebt. Die Reihe der entgegenkommenden Autos riß nicht ab. Peter, der wieder auf dem Rückbrett saß, beobachtete, wie hinter ihnen ein

eleganter roter Sportzweisitzer unruhig versuchte, Pieselangs Wagen zu überholen, aber es gelang ihm nicht, weil zwischen den entgegenkommenden Wagen keine Lücke entstand. Peter tat er fast ein wenig leid. Solch ein Sportauto war zum Dahinbrausen geschaffen und mußte sich nun dem Zotteltrab von Max anpassen. Der Herr am Steuer trug eine Golfmütze und eine Lederjacke. Er trommelte nervös mit den Fingern auf dem Lenkrad und redete aufgeregt auf eine Dame mit einer Sonnenbrille ein, die gelangweilt neben ihm lehnte. Er hupte böse und anhaltend. Aber wenn Oma es vorne auf dem Bock auch hörte, so konnte sie doch nicht ausweichen, weil es keine Möglichkeit dazu gab. Peter sah interessiert zu, wie der Herr sich immer mehr aufregte. Er war ganz rot im Gesicht und drohte Pieselangs Wagen sogar mit der Faust. Nun hatte Peter kein Mitleid mehr mit ihm. Er steckte dem Herrn schnell ein bißchen die Zunge heraus. Darauf wurde dieser noch röter. Er schlug mit der Hand auf das Steuerrad, blickte auf die Uhr, schüttelte den Kopf, und es sah ganz so aus, als wollte er gleich aus der Haut fahren. Peter hoffte, daß er das noch erleben würde.

Hinter dem roten Sportwagen hatte sich nach und nach eine ganze Schlange von Autos angesammelt. Alle mußten so langsam fahren, wie der müde Max lief, und alle waren so ungeduldig und aufgeregt wie die Ziegen im Dorf, wenn sie aus dem Stall gelassen wurden und sich schubsten und drängelten, weil jede die erste auf der Weide sein wollte.

Schließlich gab es doch einen kleinen Seitenpfad. Oma lenkte Max hinein. Auf der Straße jagte die Meute der Autos befreit vorbei. Nur der Herr mit der Golfmütze fuhr hinter Pieselangs her. Oma stieg vom Bock und rief die Kinder. „Schaut mal, weshalb ich hierher gefahren bin. Habt ihr so was schon gesehen?"

Nein, das hatten sie nicht. Staunend betrachteten sie einen mannshohen Ameisenhaufen, auf dem es kribbelte und wimmelte. „Ein Ameisenhochhaus", sagte Jan.

Oma nickte. „Und sie bauen noch immer dran."

Wirklich führten viele Straßen zu dem Haufen, auf denen fleißige kleine Ameisenarbeiter Baumaterial herbeischleppten.

Plötzlich fuhren Oma und die Kinder zusammen. Bremsen kreischten. Der Herr mit der Golfmütze sprang aus seinem Wagen. „Was fällt Ihnen ein, solange den Verkehr lahmzulegen!" schrie er Oma an. „Wie kann man mit einem so vorsintflutlichen Gefährt, an dem kein vernünftiges Auto vorbei kann, in der Gegend herumfahren? Das müßte verboten werden."

„Warum?" erwiderte Oma sanft. „Unser Wagen fährt doch ganz gut."

„Fahren nennen Sie das", kreischte der Mann, „fahren? Der kriecht ja wie eine Schnecke."

Oma nickte freundlich. „Ja, das ist sein Vorteil. Man sieht dabei Dinge, die man aus einem schnellfahrenden Auto heraus niemals bemerkt, zum Beispiel diesen Ameisenhaufen. Ist er nicht sehenswert?"

Der Mann schnaufte. „Was interessiert mich Ihr Ameisenhaufen! Ich muß um sechs Uhr in Goldbach sein, und das haben Sie verhindert."

„Das tut mir leid", sagte Oma. „Aber Sie sollten nicht immer nur Geschäften nachjagen, sondern auch mal Urlaub machen." Sie sah ihn besorgt an. „Sie sehen nicht sehr gesund aus."

„Aber ich mache ja gerade Urlaub."

Oma runzelte die Stirn. „Warum haben Sie es dann so eilig?"

„Himmel, haben Sie eine Ahnung! Mein Urlaub ist genau vorbereitet. Überall sind Quartiere bestellt, und

196

ich muß pünktlich dort sein. Heute in Goldbach, morgen in Hinterfeldberg und übermorgen in Eisenstadt — — —. Aber das geht Sie ja gar nichts an." Er sprang in sein Auto, neben die immer noch gelangweilt aussehende Dame mit der Sonnenbrille, und schlug die Tür zu. „Übrigens", rief er, während er schon auf den Anlasser drückte, „sagen Sie Ihrem Bengel, der hinten auf dem Wagen saß, daß ich ihm den Hintern versohle, wenn er mir noch einmal die Zunge rausstreckt. Na, Gott sei Dank werden wir uns ja wohl nicht wiedersehen!"

Aufheulend fuhr das Auto los, so daß der Kies spritzte. Oma und die Kinder wandten sich wieder dem Ameisenhaufen zu und beobachteten, wie die Ameisen auf den kleinen Straßen sich gegenseitig halfen, schwere Lasten zu tragen. Peter kam aus dem grünen Wagen heraus, in den er sich vorsichtshalber verzogen hatte. Er schämte sich ein bißchen. Sicher streckten Grafenkinder nie jemandem die Zunge heraus.

Eine halbe Stunde später fuhren sie in das Städtchen ein. Sie erregten viel Aufsehen. Die Leute auf den Straßen blieben stehen und sahen ihnen nach. Kinder liefen rufend und lachend nebenher. Sie kamen in dem dichten Straßenverkehr nur langsam vorwärts, und es dauerte lange, ehe sie einen Parkplatz fanden. Oma dirigierte Max und den grünen Wagen in eine Lücke zwischen einem Opel und einem Mercedes. Max blickte melancholisch auf die Reihen von Autos, zwischen denen er eingeklemmt stand, und trat unruhig von einem Bein aufs andere.

Oma hängte ihm den Hafersack um. „Einer von uns muß bei ihm bleiben, damit er sich nicht so einsam fühlt", sagte sie. Peter erklärte sich dazu bereit. Oma, Brigitte und Jan liefen schnell, um die nötigen Einkäufe zu machen, denn es war kurz vor Ladenschluß.

Als sie mit Tüten beladen zurückkamen, stand eine kleine Menschengruppe um Max und Peter herum. Sogar ein Schutzmann war dabei, und beim Nähertreten sahen sie, daß er Peter an der Hand hielt.

„Was ist mit ihm?" fragte Oma. „Hat er etwas angestellt?"

Der Schutzmann antwortete, während er Oma durchbohrend ansah. „Er nicht!" Dann beugte er sich zu Peter hinab und fragte leise: „Ist das die Frau?"

Peter nickte ernst, faßte die Hand des Schutzmanns fester und blickte mit seinen großen Augen flehend zu ihm auf. Er sah zart und hilflos aus. Die Menschen, die sie umstanden, wandten sich Oma, Jan und Brigitte zu und starrten sie vorwurfsvoll an. Ein dicker Mann im schwarzen Mantel und Hut stellte sich dicht hinter Oma und rief: „Sie bleiben hier!"

Als wenn Oma die Absicht gehabt hätte fortzulaufen! „Nun sagen Sie bitte, was Sie von uns wollen", sagte sie energisch zu dem Schutzmann.

Der räusperte sich. „Das Kind wurde von diesen Herrschaften beobachtet, wie es seufzend auf den Stufen des merkwürdigen Wagens hier saß."

„Ja", ergriff eine Frau das Wort und ihre Stimme schnappte vor Aufregung fast über. „Dann haben wir das arme Hascherl gefragt, warum es so traurig ist,

198

und es hat uns erzählt", sie schluckte, „daß Zigeuner es von wohlhabenden Eltern gestohlen hätten."

„Stimmt das?" donnerte der Schutzmann Oma an. „Wollten Sie sich durch das Kind ein Lösegeld verschaffen?"

Oma sah betreten zu Boden. „Na gut, wenn Sie es schon wissen, dann nehmen Sie ihn mit und geben ihn seinen Eltern wieder", sagte sie schließlich. Peter wurde blaß.

„Jawohl, wir werden ihn seinen Eltern zurückgeben", rief der Schutzmann zornig. „Aber Sie kommen mit und müssen erst einmal ins Gefängnis, bis die Sache geklärt ist."

Das war zuviel für Peter. „Ins Gefängnis?" rief er entsetzt. „Oma soll ins Gefängnis? Nein, nicht, bitte bitte nicht, Herr Schutzmann!"

Der Schutzmann sah ihn verwirrt an. „Aber willst du denn nicht, daß die böse Frau eingesperrt wird?"

„Nein", schluchzte Peter, „nein, nein, sie ist doch meine liebe Oma!"

Dem Schutzmann dämmerte etwas. „Dann bist du wohl gar kein gestohlenes Grafenkind?" fragte er streng.

Unter Tränen schüttelte Peter den Kopf. „Nein, ich hab' das doch bloß gespielt. Muß ich nun ins Gefängnis?" Er heulte lauthals.

„Zeigen Sie mir Ihren Ausweis", sagte der Schutzmann wütend zu Oma.

Sie holte den Ausweis aus ihrer Tasche und sagte lächelnd: „Ich bin Ihnen sehr dankbar, Herr Wacht-

200

meister, daß Sie sich so um den Jungen gekümmert haben. In einem Land, in dem die Polizei ihre schützende Hand über die Kinder hält, kann man wirklich ruhig leben."

Der Schutzmann räusperte sich verlegen und gab ihr den Ausweis zurück. Hastig verließen sie den Parkplatz und das Städtchen. Peter hatte sich vorn auf den Bock zwischen Jan und Oma geklemmt. Als Jan ihn ein wenig puffte, erhob er nicht wie sonst ein Geschrei, sondern schmiegte sich nur noch dichter an Oma. „Na, Grafenkind", hänselte ihn Jan, „ist dir die Bank hier vorne nicht zu hart, wo du doch gewöhnt bist, auf Samt und Seide zu sitzen?"

„Laß ihn in Ruhe", sagte Oma.

„Beinahe hätte er dich ins Gefängnis gebracht", murrte Jan.

„Es wäre vielleicht ganz interessant gewesen, auch mal so etwas kennenzulernen", meinte Oma.

Doch Jan war noch nicht zu beruhigen. „Und was wäre dann aus unserer Reise geworden?"

Wie gut, daß sie gerade abgelenkt wurden! Am Straßenrand stand der rote Sportzweisitzer. Seine Kühlerhaube war hochgeklappt. Von dem Herrn in der Lederjacke sah man nur das Hinterteil; der Oberkörper steckte im Bauch des Wagens. Die junge Dame mit der Sonnenbrille saß im Straßengraben, rauchte eine Zigarette und sah noch gelangweilter aus als vorher.

„Au fein, die haben eine Panne", rief Jan. „Geschieht denen ganz recht. Fahr weiter, Oma!"

„Ja", rief auch Peter, „wenn der Mann mich kriegt, wird er mich verhauen, weil ich ihm die Zunge rausgestreckt habe. Fahr weiter, Oma!"

Oma hielt Max an und fragte: „Können wir Ihnen helfen?"

Die junge Dame nahm die Sonnenbrille ab und sah gleich viel hübscher aus. „Friedrich-Wilhelm!" rief sie.

Der Oberkörper des Herrn tauchte aus dem Auto auf. „Was ist?" Sein Haar war zerzaust, sein Gesicht wieder sehr rot, und er hatte einen Schmutzfleck auf

der Stirn. Seine Hände waren ölverschmiert. Die junge Dame zeigte mit der Sonnenbrille auf den grünen Wagen, und Oma fragte noch einmal: „Können wir Ihnen helfen?"

Als der Herr den grünen Wagen sah, mußte er erst einmal nach Luft schnappen. Die junge Dame sagte mit einer angenehmen Stimme: „Sechs Autos sind schon vorbeigefahren, obgleich wir winkten. Sie sind der erste Wagen, der anhält. Es ist wohl das beste, wenn ich mit Ihnen in die nächste Stadt fahre, um einen Mechaniker zu holen. Du wirst es allein wohl doch nicht schaffen, nicht wahr, Friedrich-Wilhelm?"

Der Mann trommelte wütend mit der Hand auf die Kühlerhaube. „Ich finde nicht, was los ist. Dabei haben sie ihn in der Werkstatt gerade erst durchgesehen. Man kann sich eben auf keinen Menschen mehr verlassen." Dann wandte er sich an Oma: „Es wäre nett, wenn Sie meine Braut bis zur nächsten Werkstatt mitnähmen. Ich wäre Ihnen sehr verbunden, meine Dame. Wir haben es nämlich sehr eilig. Heute abend müssen wir in Goldbach sein, morgen in Hinterfeldberg und — — — Daisy, wo müssen wir übermorgen sein?"

„In Eisenstadt", sagte Oma.

„Woher wissen Sie denn das?" fragte der Herr.

Oma lächelte. „Bei unserem letzten Beisammensein haben Sie uns darüber aufgeklärt."

Der Herr räusperte sich verlegen. „Nun ja — — —, aber ich danke Ihnen für Ihre Hilfsbereitschaft."

„Jan und Peter", sagte Oma, „laßt das Fräulein auf den Bock."

Aber noch ehe die beiden Jungen absteigen konnten, rief die Dame: „Ach bitte, darf ich vielleicht hinten im Wagen fahren?" Mit einem Sprung verschwand sie durch die von Brigitte geöffnete Tür und setzte sich mit einem kleinen Jubelschrei auf eins der Betten. Sie war gar nicht mehr gelangweilt, sondern ließ sich von Brigitte alles zeigen und hatte immer neue Fragen. „Wer von euch schläft in den oberen und wer in den unteren Betten? Worauf kocht ihr? Wo habt ihr euer Geschirr?" Sie war ein wenig entsetzt über Peters Mäuse, die in einem kleinen Drahtkäfig auf einem Tretrad herumkullerten. Aber Brigittes Kaninchen ließ sie sich auf den Schoß setzen und wollte nicht aufhören, sein weiches Fell zu streicheln.

„Eine Schildkröte haben wir auch", erzählte Brigitte stolz. „Die hat Jan in seiner Hosentasche."

Das Fräulein war von allem begeistert. „Und die alte Dame ist eure Oma, und sie erlaubt es, daß ihr all die Tiere mit auf die Reise nehmt, und sie fährt mit euch in einem Zigeunerwagen herum? Solche Oma hätte ich auch haben mögen!"

„Wie war denn Ihre Oma?" fragte Brigitte.

„Ach, sie wollte immer, daß ich hübsche Kleider anziehe, und ich mußte immer saubere Hände und Fingernägel haben und gekämmte Haare, und ich sollte nie widersprechen und nie herumtoben, und ich durfte kein Eis essen, weil man davon Bauchweh bekommen kann, und keine Brauselimonade trinken, und ich durfte keine Tiere haben, weil man davon krank werden könnte."

204

Brigitte sah sie mitleidig an. „Aber jetzt sind Sie erwachsen und können alles machen, was Sie wollen."

Die junge Dame schüttelte den Kopf. „Die anderen Erwachsenen würden es komisch finden, wenn ich mit schmutzigen Fingernägeln und ungekämmten Haaren herumliefe, und mein Verlobter würde mich auslachen, wenn ich statt Wein Brauselimonade trinken wollte. Und Tiere kann er auch nicht leiden."

Der Wagen hielt vor einer Autoreparaturwerkstatt. Die junge Dame sprang ab. Bevor sie sich verabschiedete, ging sie in ein Geschäft neben der Werkstatt. Bepackt kam sie wieder heraus und gab jedem der Kinder eine Tafel Schokolade und Oma eine riesengroße Schachtel Konfekt mit einem Rosenbild und einer dunkelroten Schleife. Sie winkte dem grünen Wagen noch lange nach.

Nun wollte Brigitte neben Oma sitzen, und die beiden Buben mußten auf den Rücksitz. Brigitte war recht schweigsam. Plötzlich umarmte und küßte sie Oma heftig, so daß Oma fast die Zügel aus der Hand gefallen wären.

„Was ist denn los?" fragte sie erschrocken.

„Ach, mir war grad so", sagte Brigitte.

Was war das für ein erlebnisreicher Tag! Als sie nach dem Abendbrot auf der Wiese an einem Waldsee saßen, konnten sie nicht fertig werden, über alles zu schwatzen. Über den Herrn im roten Auto und die hübsche Dame, über die lange Autoschlange, den großen Ameisenhaufen, über die viele Schokolade, die die junge Dame ihnen geschenkt hatte und über Peter, das arme Grafenkind, und daß Oma beinahe ins Gefängnis gekommen wäre.

„Im Gefängnis gibt es nur Wasser und Brot", sagte Jan.

„Und Kohlrübensuppe", rief Brigitte.

„Keine Kohlrübensuppe!"

„Doch Kohlrübensuppe!"

Peter fing jämmerlich an zu schluchzen. „Aber ich mag doch keine Kohlrübensuppe!"

„Du hättest ja keine gekriegt, sondern Oma."

Peters Schluchzen wurde stärker. „Aber Oma soll doch auch nicht essen, was ich nicht mag."

Oma machte dem Streit ein Ende. „Jetzt hört mal auf mit euerm Geschwätz und paßt auf, was der Wald uns erzählt."

Sie schwiegen und schauten auf den glatten, von der Abendsonne beschienenen See. Ab und zu sprang ein Fisch in die Höhe. Im Walde zwitscherte leise ein Vogel, es raschelte und knackte. Plötzlich traten am anderen Ufer zwei Rehe aus dem Dickicht, um zu trinken. Die Sonne traf ihr Fell, so daß es rot aufleuchtete. Brigitte mußte niesen. Die Rehe hoben die Köpfe, schauten mit ihren großen Augen herüber und sprangen dann anmutig ins Gebüsch zurück.

Ganz in ihrer Nähe hörten sie plötzlich ein Klopfen. Ein großer, grüner Vogel mit einem roten Mützchen hüpfte an einem Baum hinauf und hackte mit seinem spitzen Schnabel in die Rinde.

„Ein Grünspecht", rief Jan. „Ich werde ihn fangen." Er sprang auf und näherte sich dem Baum. Der Vogel

kehrte ihm den Rücken zu und schien Jan nicht zu bemerken. Aber plötzlich hüpfte er auf die Rückseite des Baumes und guckte nach kurzer Zeit mit gestrecktem Hals hinter dem Baum hervor, um zu sehen, ob sich Jan noch in der Nähe befand. Als Jan wieder einen Schritt näher ging, flog der Specht mit lautem Gelächter auf eine alte Eiche hinauf.

„Er lacht dich aus", jubelte Brigitte.

Unterdessen war der Vogel in ein Loch im alten Eichbaum geschlüpft. „Das wird seine Schlafhöhle sein", sagte Oma.

„Da wird er sich jetzt gemütlich ins Bett legen", meinte Peter.

Oma schüttelte den Kopf. „Er wird sich gemütlich an die Wand hängen. Ein Specht schläft so, wie wir ihn vorhin bei der Nahrungssuche am Baum hängen sahen."

Peter machte große Augen. „Ob ich das heute nacht auch mal versuche?"

„Baut er sich die Schlafhöhle selbst?" fragte Brigitte. Oma nickte. „Er hat nicht nur eine, sondern mehrere Schlaf- und Bruthöhlen, und weil er viele Höhlen baut, aber nicht alle benutzt, ziehen dort andere Vögel ein, die nicht selbst bauen können."

„Dann ist er ja ein Zimmermann", rief Brigitte.

„Ja, aber er hat noch einen anderen Beruf. Er ist Wächter. Bei Gefahr stößt er einen kreischenden Schrei aus, durch den die Tiere im Wald gewarnt werden."

„Vorhin hat er sich Würmer aufgepickt?" fragte Jan.

Oma nickte. „Er pickt mit dem Schnabel Löcher in die Rinde und steckt dann seine lange, klebrige Zunge hinein. Die Zunge ist so lang und so beweglich, daß er damit sogar um Ecken langen kann."

„Hat der's gut", meinte Jan. „Solch eine Zunge müßte man haben, zum Beispiel zum Eisessen."

Die Schloßbesichtigung

„Da geht's zu einem Schloß", sagte Brigitte. „Wollen wir es nicht besichtigen?"

„Au ja", riefen die anderen im Chor. Die Pieselangs besichtigten, im Gegensatz zu den meisten Kindern, sehr gern.

Oma nickte erfreut und lenkte Max in eine Allee, die von riesigen, geheimnisvoll rauschenden Pappeln gesäumt war. Hinter einer Biegung tauchte das Schlößchen auf, kremgelb, mit vielen Erkern und Türmchen, von dunkelroten Rosen umrankt. Eine Gruppe von mehreren älteren Damen, einem streng aussehenden Herrn mit Brille und einem beleibten Ehepaar mit einem dicken Jungen wartete vor dem Eingang und betrachtete den grünen Wagen verblüfft. Oma führte Max in den Schatten einer großen Eiche und hängte ihm den Hafersack um. Dann schlossen sich die Pieselangs der wartenden Gruppe an. Auf einem Schild an der Tür stand „Führung um elf Uhr".

Im Garten war eine Sonnenuhr. Als der Schatten des Zeigers auf die Elf fiel, öffnete sich das Schloßportal und ein spindeldürres Männchen mit einer viel zu großen Schirmmütze auf dem Kopf trat heraus. Er rasselte mit dem Schlüsselbund, räusperte sich gewaltig und versuchte, seinem dünnen Stimmchen möglichst viel Kraft zu geben. „Bitte eintreten, die Herrschaften, und bitte beachten Sie, daß in diesem herrrrlichen Schloß des Fürsten Heinrich nichts angefaßt werden darf, und bitte, ziehen Sie die Pantoffeln dort an!"

Mit einem Jubelschrei stürzten sich die Pieselang-Kinder auf die riesigen Filzpantoffeln, die in einer Reihe an der Wand standen.

„Und bitte, seien Sie nicht laut!" sagte der Führer streng. „Und bitte, treten Sie hierher!" Gehorsam scharte sich alles um ihn. Er räusperte sich noch einmal und fing an: „Dieses herrrrliche Schloß des Fürsten Heinrich wurde in den Jahren 1560 bis 61 in fünfhundertsechsundsechzig Tagen erbaut. Es hat fünfundzwanzig Räume. Diese Halle hier ist fünfzehn Meter hoch, und die herrrrliche Treppe, die dort nach oben führt, hat hundert Stufen."

Alle Blicke folgten seinem zeigenden Finger. „Und nun gehen wir in den herrrrlichen Speisesaal." Auf ihren Pantoffeln schlurfte die Gruppe hinter ihm her. „Dieser Speisesaal ist fünfzehn Meter lang und acht Meter breit. Die Einrichtung stammt von 1575, bis auf den großen Eßtisch, der aus dem 13. Jahrhundert stammt. Die Familie des Fürsten bestand 1575 aus vier Personen und sie hatten dreißig Bedienstete."

„Warum brauchten die für vier Personen einen so langen Tisch und dreißig Diener?" fragte Jan.

Der Führer warf ihm einen strafenden Blick zu, aber Oma antwortete: „Sie haben damals in großem Luxus

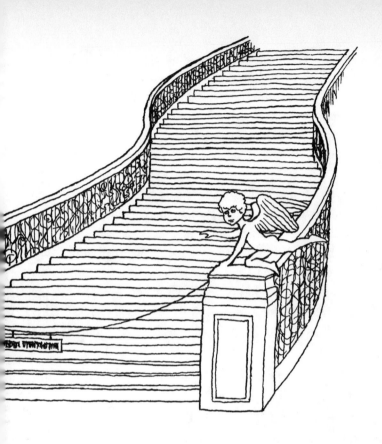

gelebt und hatten oft viele Gäste. Wenn Gäste da waren, wurde das Essen nicht einfach so auf den Tisch gestellt wie bei uns. Das Auftragen der Speisen war besonders festlich, etwa so: Zuerst erschien ein Herold, ein Mann in einem bunten Anzug, der mit einem Stock auf die Erde schlug und ankündigte, was es alles zu essen und zu trinken geben würde. Das Hauptgericht war meist eine Überraschungspastete. Nach dem Herold kamen sechs Diener mit Flaschen voll der edelsten Weine, dann kam ein Koch, eine hohe weiße Mütze auf dem Kopf, mit einer riesigen goldenen Suppenschüssel, dann vier Küchenjungen, die große silberne Platten trugen, auf denen gekochte Fische lagen mit Rosen im Maul. Dann kamen vier besonders starke Männer, die auf einer mit Edelsteinen besetzten Schüssel eine mächtige Pastete hereinschleppten, dann zwei hübsche Mädchen mit goldenen und silbernen Körben voller Früchte, Mandeln, Rosinen und Zukkerzeug. Während des Einzuges spielte die ganze Zeit eine kleine Musikkapelle. Die starken Männer setzten die Überraschungspastete auf den Tisch, der Deckel der Pastete hob sich, und ein kleiner Mohrenknabe sprang heraus."

„Haben sie den Mohrenknaben dann auch gegessen?" fragte Peter.

Oma lachte. „Aber nein, Dummchen, natürlich nicht. Der mußte sich neben die Fürstin setzen und wurde von ihr mit Hühnerbeinen und Süßigkeiten gefüttert. Außer ihm waren nämlich noch Hühnerbeine in der Pastete."

Nicht nur die Pieselang-Kinder, sondern auch alle anderen hatten sich zu Oma umgewandt und ihr interessiert zugehört.

„So speisten sie natürlich nicht alle Tage, nur wenn sie ein großes Fest feierten", sagte Oma, als sich der kleine Führer wieder gewaltig räusperte.

214

Er machte seine Stimme so stark wie möglich. „Und nun gehen wir in den nächsten Raum, das herrrrliche Wohnzimmer der Fürstin." Wütend sah er Oma an und ging entschlossen voran. „Dieses Zimmer ist acht Meter lang und fünf Meter breit, es hat vier Fenster, und wir blicken durch sie in den Garten, in dem fünfundzwanzig verschiedene Sorten von herrrrlichen Rosen wachsen."

Jan fing herzhaft an zu gähnen, was ihm wieder einen strengen Blick des Führers eintrug. „Und nun gehen wir in den herrrrlichen Spiegelsaal, das größte Kleinod des Schlosses", fuhr er fort.

Da rief Oma: „Kinder, guckt mal, was ich hier entdeckt habe. Das haben die Fürstenkinder ihrer Mutter gebastelt." Sie zeigte auf einen dreiteiligen Wandschirm, der dicht mit Bildchen beklebt war. Manchmal waren die Kinderhände beim Ausschneiden der Bilder etwas ungeschickt gewesen, aber alles war lustig und bunt. Da gab es kleine Soldaten, die auf feurigen Rappen dahersprengten, Hündchen und Kätzchen, die mit Bällen spielten, einen Clown mit einer roten Nase, eine zierliche Tänzerin im weißen Röckchen, Blumenkörbe und Früchte und sogar einen Zigeuner mit einem Tanzbären. Nicht nur die Kinder, auch die Erwachsenen der Gruppe drängten sich um den Schirm. Oma sagte: „Stellt euch vor, wie die Kinder an regnerischen Nachmittagen die Bildchen ausschnitten und aufklebten. Schließlich brachten sie stolz und glücklich der Mama das fertige Kunstwerk. Sie hat es dann zwischen ihre teuren Kostbarkeiten gestellt, wie ihr seht."

Ein gewaltiges Räuspern unterbrach sie. Der Führer hatte die Augen weit aufgerissen und sah so zornig und schrecklich aus, wie ein so kleiner Mann nur aussehen kann. „Wer macht hier die Führung, Sie oder ich?" herrschte er Oma an. Er drehte sich wütend um und ging der Gruppe voran, die wie Schafe bei Gewitter ängstlich hinter ihm herdrängte. Seine Stimme zitterte ein wenig, als er fortfuhr: „Und dies ist also der Spiegelsaal, das größte Kleinod des Schlosses. Er ist zwanzig Meter lang und sieben Meter breit, dazu sechs Meter hoch. Er ist mit fünfundzwanzig Spiegeln ausgestattet, aber es sieht aus, als wären es zweihundertfünfzig und mehr."

Wirklich war das ein seltsamer Anblick. Weil die Spiegel zum Teil einander gegenüber angebracht waren und sich gegenseitig endlos fortspiegelten, hatte man den Eindruck riesiger Zimmerfluchten. Brigitte betrachtete sich im Spiegel. Da stand sie in dem großen Raum, und dahinter stand eine zweite, etwas kleinere Brigitte und dahinter wieder eine kleinere und so fort und fort. Es schien unendlich viele Brigitten zu geben.

„Beachten Sie die herrrrlichen Leuchter in diesem Raum. Sie stammen aus dem Jahre 1570 und wurden benutzt, wenn ein großes Fest war. Es brannten in ihnen dann hundert Kerzen, aber durch die Spiegel sah es aus, als wären es tausend."

Der Herr mit der Brille unterdrückte ein Gähnen, mehrere Damen bekamen glasige Augen. Der dicke Junge schien die Kunst zu verstehen, im Stehen zu schlafen.

Plötzlich aber wurde die Schläfrigkeit der Gruppe durch einen gellenden Schrei aufgestört. Eine der Damen starrte mit weit aufgerissenen Augen in eine Ecke des Raumes, dann rief sie: „Eine Maus!" und sprang auf einen neben ihr stehenden Sessel.

„Gehen Sie dort herunter", kreischte der Führer. „Was fällt Ihnen ein! Der Sessel ist aus dem Jahre 1566 und wurde 1715 renoviert!"

„Aber da ist doch eine Maus", wimmerte die Dame. Im gleichen Augenblick rief Peter: „Susi!"

Oma versuchte die aufgeregte Dame zu beruhigen. „Haben Sie keine Angst, es ist eine zahme Maus. Sie gehört meinem Enkel, und sie beißt nicht."

Die andern Reisenden hatten sich ängstlich zusammengedrängt. Da schrie eine zweite Dame: „Hu, da ist noch eine!"

„Adele", rief Peter. „Wie sind die denn rausgekommen? Ich hatte sie doch ganz fest in der Hosentasche."

Bei den Damen drohte eine Panik auszubrechen, denn eine dritte schrie: „Viele Mäuse, ganz viele!" Sie zeigte auf den gegenüberliegenden Spiegel, in dem sich Susi und Adele zahllose Male spiegelten, so daß es aussah, als ob ein Heer von Mäusen umherhuschte.

Nun hatte sich der Führer zusammengerafft. „In diesem herrrrlichen Schloß dürfen keine Mäuse herumlaufen", schrie er. „Ich werde sie totschlagen!" Mit erhobenem Schlüsselbund lief er auf die Ecke zu, in der sich Susi befand.

„Nein!" schrie Peter entsetzt. Zum Glück schlüpfte Susi durch die Tür in den nächsten Raum. Adele folgte ihr schnell.

„Fang sie ein!" rief Oma, und Peter sauste los. Er benutzte seine Schloßpantoffeln wie Schlittschuhe und flitzte auf dem spiegelblanken Fußboden wie auf einer Eisbahn dahin.

Jan sah ihm neidisch nach. Plötzlich erhellte sich sein Gesicht. „Zwei Mäuse kann er nicht allein fangen. Ich werde ihm helfen." Und schon sauste er hinterher.

„Ich auch", rief Brigitte und war ebenfalls durch die Tür verschwunden.

„Ich muß aufpassen, daß die Kinder keinen Unsinn machen", rief Oma, und fort war sie hinter den andern her.

Die Zurückgebliebenen sahen ihnen verblüfft nach. Der Führer war stöhnend in einen anderen Sessel aus dem Jahre 1566 gesunken. Die Damen und die dicke Familie blickten ihn betreten an. Nur der Herr mit der

Brille platzte plötzlich heraus. Er lachte und lachte. Er sperrte den Mund auf vor lauter Lachen und mußte die Brille abnehmen, um sich die Lachtränen aus den Augen zu wischen.

Die Pieselang-Familie sauste hinter den Mäusen her durch immer neue Zimmerfluchten. Bis auf Peter, der

Angst um seine Mäuse hatte, genossen es alle sehr. Das Parkett war so glatt wie eine Eisbahn, und da sie alle, besonders Oma, gute Rollschuh- und Schlittschuhläufer waren, kamen sie schnell und leicht voran. In einem Raum, an dessen Wänden viele Bücher und Atlanten standen, waren die Mäuse plötzlich verschwunden. „Nun sind sie weg", schluchzte Peter.

„Seid mal ganz still", sagte Oma. Sie standen mucksmäuschenstill, und da hörten sie es in einer Ecke zwischen alten Handschriften rascheln. Mit einem Sprung war Peter dort. Er sah ein rosa Schwänzchen unter einem Papier hervorlugen und zog Susi daran hervor. Adele steckte bald ihr neugieriges Schnäuzchen heraus, um zu sehen, wo Susi geblieben war. Peter ließ die beiden Ausreißer rechts und links in seine Jackenärmel schlüpfen, wo sie es immer am gemütlichsten fanden und von wo sie nie ausrissen.

Die Pieselangs suchten ihren Weg zurück zu der Reisegruppe und dem Führer. In den größeren Räumen fuhren sie auf ihren Pantoffeln erst noch ein paar Schleifen und Bögen, wobei Oma mit flatternden Rökken die schönsten Pirouetten drehte. Als sie zu der Gruppe zurückkamen, sagte Oma fröhlich: „Es ist alles in Ordnung, wir haben sie." Und den ganz vernichtet aussehenden Führer fragte sie: „Ach, mein Herr, mich würde brennend interessieren, aus welcher Zeit die Einrichtung der herrrrlichen Bibliothek dort hinten ist und wie viele Bücher dort gelagert sind."

Der Führer erhob sich und sagte streng: „Sie müssen Geduld haben, meine Dame. Wir besichtigen vorher noch ein paar andere Räume. Wenn wir in der Bibliothek ankommen, werde ich Ihnen alles Wissenswerte darüber mitteilen."

Von jetzt an ging die Führung ohne Störungen weiter, nur der Herr mit der Brille benahm sich nicht sehr gut. Er kicherte immer vor sich hin und platzte manchmal mitten in die ernstesten Erklärungen des Führers mit einem lauten Lachen hinein.

Kochkünste

Jan, Brigitte und Peter badeten im Fluß. Jan und Brigitte schwammen in die Mitte, ließen sich ein Stück von der Strömung flußabwärts tragen und kamen am Ufer zurückgelaufen. Dann stürzten sie sich erneut mit lautem Geschrei und Gekreisch ins Wasser.

„Paßt doch auf, ihr macht mich ja ganz naß!" rief Peter, der noch nicht schwimmen konnte und in einer flachen Bucht herumplanschte. Alle drei waren braun wie die Indianer. Am Ufer saß Oma mit einem Kreuzworträtsel auf den Knien. Neben ihr stand der Käfig mit Paulchen. Der Wellensittich spähte mißtrauisch durch die Stäbe zu den badenden Kindern hinüber. Max graste auf einer Wiese. Oma hatte ihm gegen die Sonne einen großen Strohhut gekauft und Löcher für die Ohren hineingeschnitten. Er wirkte ganz fremd-

ländisch mit dem Kopfputz, unter dem die schwarzen Ponyfransen hervorguckten, und seine großen dunklen Augen blickten noch melancholischer als sonst.

Jan und Brigitte kamen gerade wieder am Flußufer angestürmt. Sie schüttelten sich wie nasse junge Hunde, so daß Oma und Paulchen von einem Tropfenschauer übersprüht wurden. „Pfui Teufel!" schrie Paulchen empört.

„Das hat er vom Zauberer gelernt", sagte Oma mißbilligend. Sie wischte die Tropfen von ihrem Rätselheft. „Ich krieg' dieses Rätsel nicht raus, es ist zu schwer." Seufzend packte sie Heft und Bleistift zusammen. „Ich werde aufhören zu raten und ins Dorf gehen, um etwas zum Mittagessen einzukaufen."

„Was gibt's heute?" riefen Jan und Brigitte. Auch Peter verließ seine Schlammburg, an der er gerade baute, und näherte sich interessiert.

Oma erhob sich. „Ich dachte zuerst an eine Gulaschsuppe aus der Tüte."

„Och", rief Brigitte, „das labrige Zeug!"

„Nach der Gulaschsuppe wollte ich Würste braten", fuhr Oma fort.

„Immer Bratwurst! Weißt du nicht mal was anderes?" fragte Jan.

„Zu der Bratwurst wollte ich wegen der Vitamine frischen, grünen Salat zurechtmachen."

„I, Salat!" schrien alle drei durcheinander. „Immer das olle Grünzeug! Wir sind doch keine Ziegen!"

Oma überlegte einen Augenblick. „Wißt ihr was?" sagte sie dann. „Wollt ihr heute nicht mal kochen?"

Zuerst waren die Kinder ein wenig verdutzt, aber dann sprang Jan in die Höhe und rief: „Au ja, das machen wir!" Oma setzte sich wieder hin und zog ihr Kreuzworträtsel hervor.

„Aber was kochen wir?" fragte Brigitte.

„Pudding", schlug Peter vor.

„Nein, Rührei", rief Brigitte.

„Ach Quatsch, Koteletts", übertönte Jan sie.

„Oma, was sollen wir kochen?" fragte Brigitte.

„Einen menschlichen Körperteil", sagte Oma.

„Was?" Die Kinder starrten sie erstaunt an.

„Ich suche im Rätsel einen menschlichen Körperteil mit vier Buchstaben", sagte Oma.

„Arm", meinte Peter.

„Blödsinn", rief Brigitte, „Arm hat ja nur drei Buchstaben. Kopf hat vier."

Aber ‚Kopf' war nicht das richtige Wort. „Ich weiß einen, aber ich sag's nicht", kicherte Jan.

Schließlich fand Oma es selbst heraus. „ B e i n ", buchstabierte sie.

„Oma, wir können uns nicht einigen, was wir kochen sollen", sagte Brigitte.

„Nun", meinte Oma, ohne von ihrem Rätsel aufzuschauen, „dann kocht jeder von euch an einem anderen Tag, Brigitte heute, Peter morgen und Jan übermorgen."

„Peter kann doch nicht kochen", sagte Brigitte.

„Klar kann ich kochen", rief Peter, dem Weinen nahe. „Wirst ja sehen, wie ich kochen kann!"

Während Jan sich wieder im Fluß vergnügte und Oma sich mit dem Rätselheft in den Schatten einer Weide gesetzt hatte, ging Brigitte zum Einkaufen in das nahegelegene Dorf. Peter begleitete sie. Am Dorfeingang stand ein Eiswagen.

„Kauf mir ein Eis", bettelte Peter.

Aber Brigitte schüttelte den Kopf. „Ich werde doch nicht das Wirtschaftsgeld verschleudern." Sie kaufte Eier und Margarine. Kartoffeln hatten sie in einer Kiste im Wagen. Als sie zurückkamen, wollte ihr Peter in den Wagen folgen. Vielleicht könnte er ihr etwas abgucken, dachte er. Er war doch ein bißchen unsicher

226

geworden, ob er eine richtige Mahlzeit zustande bringen würde.

Aber Brigitte wies ihn streng zurück. „Zum Kochen braucht man Ruhe, sonst wird nichts draus." Mit wichtigem Gesicht verschwand sie im Innern des Wagens. Eine Weile herrschte mittägliche Stille auf der Wiese. Peter hockte sich neben Oma in den Baumschatten, Jan lag im tiefen Gras und las in einem Indianerbuch. Plötzlich ertönte aus dem Wagen ein spitzer Schrei. Brigitte kam aus der Tür gestürmt, den Daumen der rechten Hand hoch erhoben. Blut tropfte von ihm herab.

Oma, Jan und Peter umringten sie. „Das Kartoffelschälmesser war so scharf", jammerte Brigitte. Oma holte den Verbandskasten, säuberte die Wunde mit Jod und machte einen festen Verband um den Daumen.

„Haste auch'n bißchen Fleisch mit abgeschnitten?" stichelte Jan. „Dann haben wir zu deinen Rühreiern wenigstens 'ne Fleischbeilage."

Schmollend verzog sich Brigitte wieder in den Wagen, während Oma und Peter zu dem Rätselheft unter dem Baum und Jan zu dem Indianerbuch zurückkehrten.

Noch einmal steckte Brigitte ihren Kopf aus der Wagentür. „Oma, wieviel ist eine Prise Salz?"

Oma zuckte mit den Achseln. „Eine Prise ist eine Prise, mein Kind. Die muß man nach dem Gefühl bestimmen."

„Gibt's bald was zu essen?" rief Jan. „Ich habe einen Mordshunger."

„Ich auch", sagte Peter.

Brigittes Kopf verschwand, und wirklich rief sie nach einer Weile: „Das Essen ist fertig."

„Gerade habe ich mein Rätsel zu Ende geraten", sagte Oma erfreut. „Wie schön, einmal von den Hausfrauenpflichten befreit zu sein!"

Im Wagen war der Tisch hübsch mit Blumen gedeckt. Eine Schüssel mit dampfenden Kartoffeln stand bereit. „Hab ich Kohldampf!" rief Jan. Brigitte hatte hochrote Wangen und zerzaustes Haar. Während Oma sich Kartoffeln auffüllte, bot Brigitte Jan eine Schüssel mit Rührei an.

„Danke", sagte er und stellte sie vor sich hin.

„Tu dir auf und gib weiter", sagte Brigitte.

Jan blieb der Mund offenstehen. „Was, das ist für uns alle? Ich dachte, es wäre für mich allein."

„Ich habe für jeden ein halbes Ei genommen, das muß doch genügen", sagte Brigitte gekränkt. „Du kannst ja Kartoffeln essen, wenn du solchen Hunger hast, davon sind genug da."

Als Jan die erste Kartoffel in den Mund steckte, verzog er sein Gesicht. „Du liebe Zeit, wieviel Salz hast du denn da hineingeschüttet?"

„Nur eine Prise", sagte Brigitte, den Tränen nahe.

„Nun, nun", beschwichtigte Oma, „das Rührei schmeckt sehr gut. Die Kartoffeln sind zwar etwas versalzen, aber das erste Mal kann beim Kochen nicht alles restlos gelingen."

„Jawohl", trumpfte Brigitte auf, „wir wollen mal sehen, was du uns kochst, Jan."

Darauf schwieg Jan. Er hoffte auf den Nachtisch. Vielleicht konnte er sich daran satt essen. Aber den Nachtisch hatte Brigitte vergessen.

„Kein Pudding", jammerte Peter. „Nichts Süßes, gar nichts?"

Nun fing Brigitte wirklich an zu weinen. „Aber ich habe doch schon so viel Mühe mit dem anderen Essen gehabt. Wie sollte ich da noch Pudding kochen?"

Zum Abendbrot stellte Oma einen Berg belegter Brote, doppelt so hoch wie sonst, auf den Tisch. Kein Krümchen davon blieb übrig.

Peter wälzte sich unruhig im Bett herum. Morgen würde er kochen müssen. Was nur und wie? Wenn er nichts zustande brächte, würden die Geschwister ihn auslachen, und Brigitte würde sagen: „Siehst du, du kannst doch noch nicht kochen, du bist noch zu klein." Aber plötzlich hatte er eine Idee, eine wunderbare Idee, und nun schlief er beruhigt ein.

Am anderen Morgen war er als erster wach. Er schlüpfte aus dem Bett und rüttelte Oma sanft am Arm. „Oma, steh auf", flüsterte er.

„Aber warum, Liebling?" fragte, nach einem Blick auf die Uhr, Oma schlaftrunken. „Es ist doch noch so früh."

„Du mußt mir eine Kochmütze machen", sagte Peter. „Ohne Kochmütze kann ich nicht kochen."

Während des Vormittags bastelte Oma an einer hohen weißen Kochmütze.

„Borgst du mir dein Kochbuch?" fragte Peter. „Ich weiß zwar schon, was ich kochen will, aber vielleicht

229

fällt mir noch was Besseres ein." Dann lag er neben Oma im Gras auf dem Bauch und buchstabierte mühsam: „L-a-m-m-s-t-e-a-k m-i-t C-h-a-m-p-i-g-n-o-n-s." Da Peter erst ein Jahr zur Schule ging, fiel ihm das Lesen noch recht schwer und er bat Brigitte, ihm vorzulesen. Sie hockte sich neben ihn und las: „Jedes gute Menü soll mindestens drei Gänge haben."

„Muß man da beim Essen spazierengehen?" fragte Peter.

Aber Oma erklärte: „Ein Menü ist ein Essen, bei dem hintereinander mehrere Speisen, die sogenannten Gänge, aufgetragen werden, zum Beispiel Suppe oder Vorspeise, Hauptgericht und Nachtisch."

„Ich werde ein Menü kochen", sagte Peter entschieden.

Während Oma an der Mütze arbeitete, las Brigitte aus dem Buch Rezepte vor. Als die Mütze fertig war, hatte Peter sich noch nicht ganz entschieden, ob er Szegediner Gulasch, eine Wildschweinkeule oder Truthahn mit Ananas kochen sollte. Brigitte blickte zweifelnd auf die Sonne, die schon recht hoch stand. „Wenn du bis Mittag fertig werden willst, mußt du dich aber beeilen", sagte sie.

„Ich werde fertig", sagte Peter bestimmt. „Ich koche doch lieber das, was ich mir schon vorher ausgedacht habe." Er setzte sich die hohe Kochmütze auf und trabte zum Einkaufen ins Dorf.

Pünktlich zur Mittagszeit steckte er den weißbemützten Kopf zur Wagentür heraus und rief zum Essen. Er strahlte.

„Was gibt's Gutes, Peter?" fragte Jan.

„Ich bin nicht Peter", erwiderte Peter ernst.

Jan seufzte: „Jetzt fängt das schon wieder an. Was gibt's zu essen, Koch?"

„Du mußt Herr Koch sagen, weil ich der Oberkoch bin. Es gibt ein Menü mit drei Gängen."

Jan schlug ihm auf die Schulter. „Prima, Herr Koch, dann werden wir wenigstens satt."

Der erste Gang war schon aufgetragen. „Ah!" riefen Jan und Brigitte. Auf jedem Teller lag eine hübsche Portion Vanilleeis. Die Pieselangs ließen es sich schmekken.

„Prima Idee", meinte Jan anerkennend. Brigitte war ein bißchen eifersüchtig, weil ihre Kochkünste gestern nicht so bewundert worden waren. Schnell waren die Teller leergeputzt.

„Und nun den zweiten Gang, Herr Koch", sagte Oma.

Peter kletterte aus dem Wagen. „Wo willst du denn hin?"

„Ich komme gleich wieder", rief er wichtig. „Ich muß das Hauptgericht aus dem Kühlschrank holen."

Der ‚Kühlschrank' bestand aus dem Schatten unter dem Wagen. Peter holte einen Topf und tat jedem mit strahlendem Gesicht eine große Portion Erdbeereis auf den Teller. Es war schon etwas zerflossen.

„Schon wieder Eis?" fragte Brigitte mit langem Gesicht. „Dann hast du ja gar nichts gekocht."

231

„Ach, laß ihn doch", sagte Jan. „An einem so heißen Tag ist kalte Küche ganz gut." Aber das Hauptgericht wurde nicht mit der gleichen Begeisterung verzehrt wie das Vorgericht.

„Und was gibt's als Nachtisch?" fragten Jan und Brigitte.

Peter machte ein geheimnisvolles Gesicht. „Als Nachtisch habe ich mir eine Überraschung ausgedacht. Aber eßt mal etwas schneller, damit er nicht zerfließt."

„Es ist doch nicht etwa — — —", fing Brigitte entsetzt an.

„Schokoladeneis", sagte Peter strahlend. Er verschwand und kam mit einem neuen Topf zurück, in dem eine braune Soße schwamm, das Schokoladeneis, das in der Mittagswärme sanft zerflossen war. Keinem wollte es mehr so recht schmecken, und als sie fertig waren, stöhnte Jan: „Jetzt werde ich mein Leben lang nie mehr Appetit auf Eis haben!"

Am nächsten Tag war Jan schon früh an der Arbeit. In der sandigen Bucht am Fluß hantierte er mit Stangen, die er aus dem Wald herangeschleppt hatte.

„Denkst du auch daran, daß du heute kochen mußt?" fragte ihn Brigitte.

„Eben", sagte Jan, „deshalb mach' ich das ja hier."

„Wieso?" fragte Brigitte spöttisch. „Sollen wir heute Stangen und Steine zum Mittagessen kriegen?"

„Du liebe Zeit", sagte Jan, „siehst du denn nicht, daß ich hier einen Bratspieß baue?" Der Bratspieß brauchte seine Zeit. Er wurde ein paarmal errichtet, wieder eingerissen und neu errichtet. Es war schon spät am Vormittag, als er endlich fertig war.

„Was willst du denn braten?" fragte Brigitte.

„Ich gehe auf die Jagd", sagte Jan. Er holte aus dem Wagen Pfeil und Bogen und machte sich auf den Weg zum Wald.

„Was willst du jagen?" rief Brigitte.

„Na, irgendwas, einen Hasen oder eine Wildtaube oder so."

Peter und Brigitte liefen ihm nach und hängten sich rechts und links an ihn. „Ach nein, mach das nicht", jammerte Brigitte. „Die kleinen Hasen sind so süß."

Jan schüttelte ihren Arm ab. „Uff, ihr Mädchen seid wirklich sentimental", stöhnte er. „Du ißt ja auch Kalbfleisch, ohne an das süße Kälbchen zu denken. Von irgendwas muß man doch leben."

„Nimm mich mit", rief Peter. Aber Jan schüttelte den Kopf und verschwand einsam und stolz im Wald.

Brigitte ging traurig ans Flußufer zurück und starrte auf den Bratspieß. Sie mußte die Tränen hinunterschlucken, wenn sie an die weichen Häschen mit den runden Schwänzchen und den langen, seidigen Ohren dachte, an die Wildtauben mit ihrem glänzenden, graurötlichen Gefieder und dem sanften Gegurre. Nein, sie würde nichts davon essen, keinen Happen. Und sie wollte auch nie wieder Kalbfleisch essen. Doch plötzlich kam ihr eine wunderbare Idee. Vielleicht verfehlte Jan sein Ziel, oder er fand kein Tier, das er jagen konnte. Sie drückte kräftig den Daumen, obgleich er noch durch die Kartoffelschälwunde weh tat, daß Jan kein Jagdglück beschieden sei. Lieber wollte sie heute hungern.

Ihr Daumendrücken schien geholfen zu haben. Gegen ein Uhr erschien Jan mißmutig, Pfeil und Bogen hinter sich herschleifend. „Nichts", brummte er, „kein Hase, kein Reh, nicht mal eine Taube. Der ganze Wald ist wie leergefegt." Als er die fragenden Blicke der anderen auf sich gerichtet sah, meinte er hastig: „Aber macht euch keine Sorgen, ich werde Fische fangen. Wenn sie groß genug sind, können wir sie auch am Spieß braten."

Er brachte Pfeil und Bogen in den Wagen und kam mit seiner Angelrute heraus. „Komm, Peter, hilf mir Regenwürmer suchen!" Es war zwei Uhr, als sie die Schachtel mit Regenwürmern gefüllt hatten. Brigitte beobachtete schaudernd, wie Jan sie auf den Angelhaken spießte. Dann warf er die Schnur mit weitem Schwung in das Wasser. Die Familie war tief beeindruckt, wie

235

fachmännisch er dort stand, mit gespreizten Beinen, den Bauch etwas vorgeschoben, die Angelrute fest in beiden Händen haltend. Ab und zu zog er sie ein. Jedesmal war der Wurm vom Haken verschwunden, aber ein Fisch hing nicht daran.

Zuerst schauten Oma, Brigitte und Peter mit Interesse zu, aber die Zeit verging, die Sonne brannte vom Himmel, Oma fielen die Augen zu und Brigitte gähnte. Schließlich murrte Peter: „Ich hab' Hunger." „Ich auch", jammerte Brigitte. „Du fängst ja doch nichts."

„Weiber haben aber auch nie Geduld", brummte Jan. Aber nach ein paar weiteren Versuchen zog er die Angelschnur ein. Sein Kopf war rot, und er blinzelte ärgerlich.

„Was nun?" fragte Brigitte, und Peter rief: „Gibt's heute denn gar nichts zu essen?"

„Himmel", brauste Jan auf, „seid doch nicht so gierig! Ich werde euch schon was zu essen verschaffen." Er warf die Angelschnur beiseite und verschwand im Wald.

„Geht er wieder jagen?" fragte Brigitte ängstlich.

Oma schüttelte den Kopf. „Er hat ja Pfeil und Bogen zu Hause gelassen." Sie holte aus dem Wagen ihr Strickzeug, setzte sich auf die Stufen und fing wieder an zu stricken. Peter und Brigitte lungerten mit knurrendem Magen am Flußufer herum. Ab und zu jammerte Peter: „Ich hab' solchen Hunger, solchen Hunger! Mein Bauch ist ganz hohl." Und er klopfte sich anklagend mit der Faust auf sein rundes Bäuchlein.

„Meinst du, meiner klingt anders?" knurrte Brigitte ärgerlich.

Plötzlich hörten sie ein Pfeifen. Jan kam aus dem Wald, hocherhobenen Kopfes, mit einem Bündel in seinen Händen. „Da", sagte er und knüpfte sein nicht sehr sauberes Taschentuch auf. Stolz breitete er vor Oma ein Häufchen Pilze aus. Auch aus der Hosentasche holte er welche. „Gib mir den Korb, Oma, dann bring' ich noch mehr. Ich kenne eine Stelle im Wald da wachsen viele davon."

Oma betrachtete die Pilze kritisch. Sie waren weiß und sahen sehr appetitlich aus.

„Ihr könnt schon anfangen, sie zu putzen", sagte Jan. „Wenn ich zurückkomme, werde ich sie in Butter braten."

Peter und Brigitte lief das Wasser im Mund zusammen. Oma sagte: „Und wenn wir sie gegessen

haben, werden wir ziemlich schnell alle für immer einschlafen. Es sind Knollenblätterpilze, die giftigsten Pilze, die es gibt."

Peter und Brigitte traten entsetzt einen Schritt zurück, aber Jan nahm einen Stock und schlug auf die Pilze ein, daß die weißen Fetzen in der Gegend herumflogen. Tränen der Wut liefen ihm über das Gesicht.

„Sammle sie ein und wirf sie dort in den Busch", sagte Oma, „und wasch dir hinterher gründlich die Hände."

Dann schmierte sie jedem eine Schnitte dick mit Butter und Leberwurst. Sie saßen alle vier bedrückt auf den Wagenstufen und verzehrten die Brote heißhungrig. Als der Hunger etwas gestillt war, wachten ihre Lebensgeister wieder auf. Schließlich fragte Brigitte zaghaft: „Oma, kochst du uns heute abend etwas Gutes?"

„Ja, Oma, bitte, bitte", bettelte Peter.

„Hm, du kochst doch am besten", brummte Jan.

Oma nickte. „Was meint ihr zu Gulaschsuppe?"

„Ah!" riefen alle drei im Chor.

„Und Bratwürstchen?"

„Ah!"

„Und grünem Salat?"

„Ah!"

„Ich hab' auch so großen Appetit auf Vitamine", sagte Brigitte noch.

Nach dem Mittagsschlaf ging Oma ins Dorf, um einzukaufen. Die Kinder aalten sich auf der Wiese und träumten von den kommenden Genüssen. Plötzlich ertönte auf der Straße eine Hupe, und als sie sich umsahen, erblickten sie den roten Sportzweisitzer. Die hübsche Daisy saß darin und winkte. Neben ihr thronte Oma. Daisy sprang aus dem Wagen und half Oma heraus. Sofort wurden sie von den Kindern umringt.

„Da staunt ihr, was?" rief Daisy. „Die Reparatur unseres Wagens hat sehr lange gedauert, und so sind wir immer noch hier in der Gegend. Morgen wollen wir weiter. Aber als ich eure Oma eben im Dorf traf, habe ich sie schnell nach Hause gefahren." Sie sah sich um. „Hübsch habt ihr's hier." Dann sprang sie wieder in das Auto und ließ den Anlasser brummen.

„Wollen Sie schon wieder fort?" riefen die Kinder.
„Ich will nur meinen Verlobten holen. Eure Oma hat uns zum Abendessen eingeladen. Ich freu' mich so. Ich hab doch noch nie Würste vom Spieß gegessen." Und fort sauste sie mit ihrem schnellen Wagen. Die Kinder sahen ihr bewundernd nach. Doch plötzlich fiel Jan etwas auf. „Würste am Spieß hat sie gesagt?" Er blickte Oma fragend an.

„Na ja", sagte Oma, „wir müssen doch deinen Spieß benutzen und da dachte ich — — —." Aber sie konnte nicht zu Ende sprechen, weil ein Jubelgeschrei es verhinderte.

Eine halbe Stunde später erschienen Daisy und ihr Verlobter und wurden im Triumph zu der sandigen Bucht geführt. Daisy ließ sich lachend in den Sand fallen, aber ihr Verlobter breitete erst ein großes, blütenweißes Taschentuch auf der Erde aus, ehe er sich setzte. Er sah sich ein wenig unsicher um. „Werden wir uns hier so dicht am Fluß nicht erkälten?"

„Ach, es ist doch heute so warm", rief Daisy. „Ich freu' mich so sehr, daß wir Sie wiedergefunden haben!" Oma brachte in Tassen die Gulaschsuppe, die allen köstlich schmeckte. Unterdessen hatte Jan auf den Steinen unter dem Spieß geschickt ein Feuer angezündet. Es war nicht zu klein und nicht zu groß, gerade richtig. Die Würste wurden auf eine Metallstange geschoben, die Mario zum Zaubern benutzt hatte, und sorgfältig von Jan über dem Feuer gedreht. Sie brutzelten und dufteten, so daß allen das Wasser im Munde zusammenlief. Daisy verbrannte sich fast die Finger, als Jan

241

ihr die erste Wurst vom Spieß reichte. Aber ihr Verlobter war ein Kavalier. Er nahm die Wurst in die Hand und ließ Daisy abbeißen. „Ich wollte heute abend eigentlich mit dir zusammen Entenbraten essen", sagte er etwas vorwurfsvoll. Doch Daisy rief: „Das hier schmeckt viel, viel besser, koste mal." Wirklich ließ sich auch der Verlobte immer noch eine neue Wurst geben. Oma hatte reichlich eingekauft.

Als das Feuer niedergebrannt war, legte sie in die heiße Asche Kartoffeln und ließ sie dort gar werden. „Delikat", sagte der Verlobte. „Gnädige Frau, die Kartoffeln sind wirklich delikat." Zum Schluß brachte Oma Teller mit frischem, grünen Salat. „Noch nie hat es mir so gut geschmeckt", seufzte Daisy.

Peter nickte. „Oma ist die allerbeste Köcherin."

„Köchin", verbesserte Jan. Aber Daisy fragte Peter: „Was kocht sie denn deiner Meinung nach am besten?"

Peter überlegte. „Ich glaube", sagte er dann verträumt, „ich glaube Wäsche." Er hatte es gern, wenn Oma den großen Topf zu Hause mit Wäsche füllte, wenn es brodelte, zischte und dampfte wie in einer Hexenküche.

Plötzlich stand Daisys Verlobter auf, klopfte sich den Sand von der Jacke, zog sich die Bügelfalten gerade und sagte: „Ich fahre schnell mal ins Dorf und hole einen kleinen Nachtisch."

„Was für einen Nachtisch?" fragte Daisy gespannt.

Ihr Verlobter lächelte. „Ich dachte an Eis."

„Nein", schrien die Pieselang-Kinder entsetzt, „kein Eis!"

Der Herr runzelte erstaunt die Stirn. „Kein Eis? Ihr eßt kein Eis? Nun, sehr vernünftig. Man kann sich damit so leicht den Magen erkälten. Wie wäre es mit Pfirsichen?"

Dieser Vorschlag wurde begeistert angenommen. Daisys Verlobter brauste davon und kehrte bald mit einer großen Tüte voll samthäutiger, rotwangiger Früchte zurück.

Sie saßen noch lange um die glimmende Asche herum und plauderten. Sie blieben beisammen, bis die Sterne herauskamen. Oma zeigte ihnen die Sternbilder, das W der Kassiopeia, die schimmernde Milchstraße und den großen Wagen, der mit seinen Sternenrädern durch die Nacht zu rollen schien. „Den hat mir als Kind mein Vater auch gezeigt", sagte Daisys Verlobter.

Camping

Es war glühend heiß. Matt und lustlos zottelte das Pferd dahin. Matt und schläfrig saßen Oma und Brigitte auf dem Bock. Jan und Peter hockten auf dem Rückbrett und zählten ihre Mückenstiche. Die Hitze machte sie streitsüchtig.

„Ich habe zwanzig", sagte Jan.

„Ich zweiundzwanzig", rief Peter.

„Stimmt nicht, du hast viel weniger als ich", brummte Jan.

„Stimmt doch!"

„Stimmt nicht!"

„Jawohl", trumpfte Peter auf. „Ich hab' da hinten noch drei, da, wo du's nicht sehen kannst."

„Zeig her." Jan versuchte, Peter das Hemd aus der Hose zu ziehen, worauf beide fast vom Brett heruntergefallen wären.

Plötzlich hielt der Wagen mit einem Ruck. „Was ist los?" Jan und Peter sprangen vom Rücksitz und liefen nach vorn. Da stand Max, die Beine vorwärts gestemmt und rührte sich nicht. Vergeblich versuchte Oma mit allerlei Künsten, ihn wieder in Bewegung zu bringen. Max wandte nur den Kopf und blickte die Pieselangs unter seinem Strohhut hervor traurig und anklagend an. Jan griff in die Zügel und versuchte zu ziehen. Aber Max schüttelte kräftig den Kopf und riß ihm die Zügel aus der Hand. Nun griff Jan in die Tasche, holte seinen Kamm hervor, legte ein Stück Seidenpapier darüber und blies „Hopp, hopp, hopp, Pferdchen lauf Galopp".

Max machte ein angeekeltes Gesicht und drehte sich von ihm ab. Nun stiegen auch Brigitte und Oma vom Wagen und umstanden mit den anderen das Pferd. Brigitte wedelte mit ihrem Taschentuch die Fliegen von seinem Kopf. Plötzlich reckte Max den Hals nach vorn und setzte sich in Bewegung, doch sobald die Pieselangs wieder auf den Wagen sprangen, blieb er stehen.

Schließlich entdeckte Oma, daß die Straße bergan ging. „Steigt alle ab", rief sie. „Es ist ihm bei der Hitze zuviel, uns zusammen mit dem Wagen den Berg hinaufzuziehen."

Und richtig, als sie abgestiegen waren, zog Max den Wagen brav auf den Hügel. Oben stiegen sie wieder auf, und das Pferd übernahm klaglos seine schwerere Fracht. Aber bei jedem Hügel und schließlich auch bei jedem Hügelchen spielte sich das gleiche ab. Da die Straße bergauf und bergab ging, befanden sich die Pieselangs in einem ständigen Auf- und Absteigen.

„Wir wollen einen Rastplatz suchen", schlug Oma vor. Doch rechts und links von der Straße war felsiges Gelände, das nicht zum Rasten taugte. Schließlich kamen sie an einen schmalen Weg mit einem Wegweiser. Darauf stand „Zum Blausee, Campingplatz". Oma lenkte Pferd und Wagen hinein.

Als sie um eine Kurve bogen, lag das Zeltlager plötzlich vor ihnen. Die gelben, braunen und blauen Zelte standen dicht an dicht am Ufer eines Sees. Aus einer Bretterbude kam ein magerer, dunkelbraun gebrannter Mann in einer Badehose.

„Sie wollen auf den Campingplatz?" fragte er zweifelnd und kratzte sich sein stoppliges Kinn. „Da ist alles besetzt. Sie sehen ja selber, wie die sich drängeln."

„Aber da hinten ist noch Platz." Oma zeigte auf eine Wiese am Seeufer.

„Da ist's zu feucht", sagte der Platzwart, aber plötzlich erhellte sich sein Gesicht. „Ach, Sie können ruhig dahin. Ihnen macht ja Feuchtigkeit nichts aus."

Zwischen den Zelten war es mittäglich still. Aber als sie den breiten Lagerweg entlangfuhren, streckten sich Köpfe aus den Zelttüren, die sie erstaunt betrachteten. Kinder schlüpften heraus, liefen neben ihnen her, schrien und lachten. Plötzlich war Leben und Lärm. Ein paar junge Burschen, die im Schatten einer Weide hockten und rauchten, stießen sich gegenseitig an. „Guckt euch die an, die sind noch aus dem vorigen Jahrhundert."

Oma lenkte den Wagen geschickt zwischen den Zelten hindurch zu der feuchten Stelle am Seeufer hin. Sie stieg vom Bock, schirrte Max los und führte ihn etwas entfernt von den Zelten auf die Wiese, wo er zu grasen begann. Dann legte sie sich zu einer Mittagsruhe aufs

Bett. Brigitte setzte sich auf die Wagenstufen, Jan und Peter streiften durch das Lager.

Vor einem mittelgroßen Zelt lagen zwei Damen auf einem Badetuch. Sie hatten sich große Strohhüte übers Gesicht gelegt, einen roten und einen blauen, und ließen sich von der Sonne verbrennen. Nur einen Augenblick nahmen sie die Hüte fort, um den grünen Wagen zu betrachten, dann sah die Dame mit dem roten Hut auf die Uhr und sagte zu der Dame mit dem blauen: „Wir müssen uns jetzt umdrehen!" Darauf legten sich beide auf den Bauch und ließen die Sonne nun ihren Rücken bescheinen.

Vor einem großen Zelt stand ein Blumenkasten mit Geranien. Eine rundliche Frau begoß sie aus einem silbernen Kännchen. Aus einem noch größeren Zelt kamen nach und nach fünf Jungen, der Jüngste etwa drei, der Älteste ungefähr zwölf Jahre alt. Alle waren rotblond und trugen gestreifte Badehosen. Sie starrten den grünen Wagen und Jan, Peter und Brigitte mit großen Augen an.

„He, ihr Burschen", rief aus dem Inneren des Zeltes eine strenge männliche Stimme, „jetzt wird Mittagsruhe gehalten, genau bis vier Uhr. Legt euch hin, zack, zack!"

Die drei jüngeren verschwanden sofort im Zelt, während die beiden älteren zu einem kleinen Zweimannzelt schlenderten. Jan und Peter musterten es interessiert.

„Na, gefällt's euch?" fragte der größere Junge.

„Ist das euer Zelt? Gehört ihr nicht in das große?" fragte Jan.

„Die Familie wohnt im großen, aber weil wir nicht alle Platz darin haben, zelten wir allein. Wollt ihr's mal sehen?"

Brigitte beobachtete, wie Jan und Peter mit den beiden Jungen im Zelt verschwanden. Eine Weile hörte sie das gleichmäßige Murmeln von Bubenstimmen, doch dann schwollen die Stimmen an und wurden lauter. Es ertönten einzelne wütende Schreie, und auf einmal begann sich das Zelt zu bewegen. Erst beulte sich die eine Zeltwand aus, dann eine andere. Die Zeltstäbe schwankten hin und her wie ein Schiff im Sturm.

„Oma!" rief Brigitte entsetzt. Oma sprang auf. Sie hatte wegen der Radiomusik aus den Nachbarzelten sowieso nicht geschlafen. Als sie vor der Wagentür erschien, sah sie gerade noch, wie das kleine Zelt zusammenstürzte. Unter den Zeltbahnen wand sich ein wildwogender Haufen, wütendes Gebrüll ertönte. Ein gellender Schrei trieb auch den Vater der rotblonden Jungen vor die Zelttür. Nun tauchte ein Bein aus dem Haufen von Leinwand und Zeltstäben auf, ein Bein, dessen rundliche, braune Wade in einer geringelten, grünen Socke Oma bekannt vorkam. Sie packte es und zog daran. Peter kam zum Vorschein.

250

Sein Hemd war zerrissen, seine Backen glühten, seine Augen blitzten. Nach und nach tauchten dann aus dem Leinwandhaufen auch die drei anderen Buben hervor, Jan mit einer Kratzspur über der Nase. Der jüngere Rotschopf hatte eine Zeltbahn wie einen Umschlag um den Hals gewickelt. Seinem älteren Bruder liefen Tränen der Wut und des Schmerzes über die Backen.

„Er hat mich ins Bein gebissen", jammerte er und zeigte anklagend auf Peter. Peter nickte stolz.

Der rothaarige Vater stemmte die Hände in die Hüften. „Du hast dich von einem kleineren verhauen lassen? Schäm dich. Heul nicht, sondern bau lieber das Zelt wieder auf, zack, zack. Ich will jetzt keinen Ton mehr hören. Wir haben Mittagsruhe, verstanden?" Damit verschwand er im Zelt.

Der größere Junge versuchte, sich das Weinen zu verbeißen. Er wollte aufstehen, knickte aber wieder in sich zusammen.

„Zeig mal her!" Oma zog ihn auf die Wagenstufen und schob sich ihre Brille auf die Nase. In der glatten, braunen Haut der Wade sah man deutlich die Abdrücke von Peters Zähnen, es quoll sogar ein bißchen Blut hervor. „Aber, Peter", sagte Oma, „du bist doch kein wilder Hund!"

„Laß man, er hat's verdient", sagte Jan.

„Natürlich hat er's verdient", rief Peter. Jan wollte ihn am Weitersprechen hindern, aber Peter sprudelte zornig hervor: „Er hat doch gesagt, du wärst 'ne komische alte Schachtel."

Der rotblonde Junge wollte aufstehen und sich davonmachen, aber Oma hielt ihn fest. „Halt, ich will dir doch deine Wunde verbinden. Wie heißt du?"

„Helmut. Aber sind Sie denn nicht beleidigt, weil ich Sie eine alte Schachtel genannt habe?"

„Ach", sagte Oma, „das ist doch keine Beleidigung. Es gibt sehr hübsche alte Schachteln." Sie wandte sich an ihre Enkelkinder. „Zum Beispiel die Schachtel, in der ich immer die Weihnachtskekse aufbewahre, ihr wißt doch, die mit Silber- und Goldpapier beklebt ist.

Alte Schachteln sind oft geheimnisvoll und voller Überraschungen." Oma holte den Verbandskasten aus dem Wagen, säuberte die Wunden der Krieger und beklebte sie mit Pflaster. Auch Frank, Helmuts jüngerer Bruder und Jan hatten tüchtige Schrammen davongetragen. „Und nun baut ihr alle zusammen das Zelt auf", sagte sie schließlich.

Jan und Peter machten verdrossene Gesichter, aber Oma blieb fest. Schließlich waren alle vier einträchtig an der Arbeit. Helmut und Frank zeigten Jan und Peter, wie man die Zeltstäbe aufrichtet, die Bahnen spannt und die Zeltpflöcke in die Erde schlägt. Sie gaben kein bißchen an, sondern waren kameradschaftlich und freundlich. Als Helmut sagte: „Eure Großmutter ist 'ne prima alte Schachtel", nahmen Jan und Peter das nicht übel, denn sie waren ja jetzt Freunde und der Ausspruch war nur freundschaftlich gemeint.

Oma bekam unterdessen einen neuen Patienten. Als sie ihren Verbandskasten einräumte, hörte sie jemand hinter dem Wagen schluchzen. Die Dame mit dem blauen Strohhut hockte zusammengekrümmt vor ihrem Zelt und jammerte. Die Tränen liefen ihr übers Gesicht. Sie war rot wie ein gesottener Krebs, und auf ihrem Rücken bildeten sich dicke Blasen. Die Dame mit dem roten Strohhut stand hilflos davor.

„Wein doch nicht, Lottchen", rief sie, „wein doch nicht!"

Oma betrachtete sich den Schaden. „Einen Augenblick, das werden wir gleich haben." Sie verschwand im Wagen und kehrte kurz darauf mit Verbandsstoff

253

zurück. Die beiden Damen beobachteten sie mit hoffnungsvollen Augen. Mit einer ausgeglühten Nadel stach Oma die dicksten Blasen auf, streute dann kühlenden Puder auf den kranken Rücken und legte eine Lage Verbandmull darüber, den sie an den Rändern festklebte.

„Wie geschickt Sie das machen", sagte die Dame im roten Strohhut anerkennend.

„Es tut schon gar nicht mehr so sehr weh", flüsterte die andere. Kurz darauf saßen beide mit . Oma im grünen Wagen und tranken Kaffee. Sie hatten sich als „Geschwister Bertel" vorgestellt.

„Sagen Sie", fragte Oma, „warum haben Sie sich nur so sehr von der Sonne verbrennen lassen?"

„Wir müssen doch braun werden", antwortete Gretchen Bertel. „Wenn wir nach Hause kommen und nicht braun sind, denken alle Leute, wir hätten uns im Urlaub nicht gut erholt."

„Aber von jetzt an verzichte ich auf das Braunwerden", sagte Lottchen Bertel bestimmt.

Die Hitze schien immer mehr zuzunehmen, obgleich blauschwarze Wolken die Sonne verdeckten. „Es wird ein Gewitter geben", sagte Oma. Eine elektrische Spannung lag in der Luft, die die Menschen unruhig und nervös machte. Aus den umliegenden Zelten ertönte Streit und Kindergeschrei. Man sah mißmutige und verärgerte Gesichter.

Nur die rundliche Dame mit den Geranien vor ihrem Zelt winkte Oma freundlich zu. „Wollen Sie mal hereinkommen?" Stolz zeigte sie Oma, wie vollständig

254

ihr Zelt eingerichtet war. Da gab es einen Kochherd, einen Eisschrank und einen Schrank mit einer Menge Geschirr. Auf dem Fußboden lag ein Teppich. Ein Tisch mit drei bequemen Stühlen und einer breiten Couch war zu sehen, Blumenvasen mit Blumen, Kissen, Tischdecken und sogar ein kleiner Fernsehapparat. „Ist es nicht ganz wie zu Hause?" fragte die Dame strahlend.

Ihr Mann kam im Bademantel herein. „Schmidt", stellte er sich vor. „Sie staunen wohl, wie wir das alles hierher bekommen haben, nicht wahr? Es war auch eine Lastwagenfuhre dazu nötig, aber" — er tätschelte die Wange seiner Frau — „wir wollten's doch ganz wie zu Hause haben."

In diesem Augenblick fuhren alle drei zusammen. Ein mächtiger Donnerschlag krachte. Oma lief schnell und holte Max von der Weide. Sie stellte ihn an die windabgewandte Seite des Wagens unter das über-hängende Dach und legte ihm eine wetterfeste Decke über. Peter und Brigitte, die Angst vor Gewitter hatten, hockten im Wagen auf ihren Betten. Sie atmeten auf, als Oma hereinkam. „Wo ist Jan?" fragte sie. Ehe sie antworten konnten, krachten neue Donnerschläge, Blitze zuckten, Windstöße peitschten, und Ströme von Wasser schossen vom Himmel herunter. Oma schaute durch die stiebenden Wasserschleier nach Jan aus, aber sie sah nur zusammenbrechende Zelte und schreiende, durcheinanderlaufende Menschen, die fortgewirbelten Gegenständen nachliefen oder irgend etwas davon-

255

schleppten. Eine junge Frau kam mit einem kleinen weinenden Mädchen vorbei.

„Geben Sie mir das Kind", rief Oma. Nach und nach wurden noch mehr Kinder im Wagen abgegeben. Die oberen Betten füllten sich mit Buben und Mädchen; sie sahen bald wie zwei Körbe voll piepsender Küken aus. Peter und Brigitte versuchten für Ordnung zu sorgen.

Immer mehr Menschen kamen herein. Zuerst die Geschwister Bertel mit aufgeweichten Strohhüten. „Unser Zelt ist zusammengebrochen", jammerten sie. Auch aus dem Zelt der Schmidts ertönte Jammern und Weinen. Herr Schmidt bemühte sich, die schadhaften Stellen des Zeltes abzudichten. Als ihm das nicht mehr gelang, lief er mit den wertvollsten Sachen zu seinem Auto, um sie darin unterzustellen. Nun entdeckte Oma auch Jan, der mit einem Ölgemälde unter einem Arm und dem Fernsehapparat unter dem anderen vorbeistürmte. „Ich helf ihm", rief er. Da er nur die Badehose anhatte, machte ihm der strömende Regen nichts aus. Im Gegenteil, er sprang trotz seiner Last übermütig wie ein junger Bock davon.

Das große Zelt der rothaarigen Familie schien standzuhalten. Man hörte knappe, energische Befehle des Vaters. „Zack, zack", rief er, und an allen Ecken sah man Buben in Badehosen eifrig losgerissene Zeltschnüre befestigen, Zeltpflöcke neu in die Erde einschlagen und gefährdete Stellen abstützen.

Frau Schmidt kam schluchzend aus ihrem Zelt, das kurz vor dem Zusammenbruch war. Sie hielt den

Blumenkasten mit den Geranien an die Brust gedrückt.

„Kommen Sie doch herüber!" rief Oma.

„Aber meine Geranien, meine Geranien gehen im Regen kaputt."

Oma ergriff ihren großen Regenschirm, spannte ihn auf, raffte den Rock hoch und stapfte durch das gurgelnde Wasser zu Frau Schmidt hinüber. Wohlbehalten brachte sie die schluchzende Dame mit ihren Geranien unter ihrem breiten Regendach ins Trockene.

Der grüne Wagen füllte sich immer mehr. Paulchen, der Wellensittich, dessen Käfig von der Decke baumelte, begrüßte jeden mit einem aufmunternden „Hallo". Oma kochte einen großen Topf Tee, und jeder Ankommende bekam erst einmal eine Tasse zum Aufwärmen. Ein tolles Stimmengewirr herrschte im Raum. Jeder wollte zuerst erzählen, was er verloren hatte, was ihm beschmutzt oder durch die Nässe unbrauchbar geworden war. Jan kam mit Herrn Schmidt in den Wagen. Er war naß wie ein Fisch, aber stolz, daß sie die wertvollsten Sachen in dem großen Auto sicher verstaut hatten. Nachdem er sich mit einem Handtuch abgetrocknet hatte, sagte Oma: „Jan, kannst du uns nicht etwas vorzaubern?"

Jan hatte vom Zauberer ein paar Kartenkunststücke gelernt und führte sie nun vor. Es gelang ihm, die durchnäßten und betrübten Menschen etwas von ihrem Kummer abzulenken. Ein Herr mit einer Brille kannte auch ein Zauberkunststück, und Oma erzählte eine lustige Geschichte. Während der Regen auf das Dach trommelte, fing man schließlich an, Rätsel zu raten.

259

Fast jeder wußte ein oder zwei Rätsel, und die Stimmung wurde richtig gemütlich.

„Laßt mich mal ein Rätsel sagen", rief Peter. „Was ist blau?"

„Manchmal der Himmel, der See", riefen Stimmen durcheinander.

Peter schüttelte den Kopf. „Ein Pfläumchen", sagte er stolz. „Aber ich weiß noch ein Rätsel. Was ist blau?"

Den anderen wollte gar nichts Blaues mehr einfallen.

„Der Himmel", sagte Peter. „Aber ich weiß noch eins. Was ist blau?"

„Der See", rief alles im Chor.

„Wie habt ihr das so schnell rausgekriegt?" fragte Peter enttäuscht.

Als keiner mehr Rätsel wußte, fing Oma an zu singen. Nach und nach stimmten die anderen ein. Sie sangen alle Volkslieder, die sie kannten. Die Kinder aus den oberen Betten piepsten mit ihren hellen Stimmchen. Oma, Brigitte und die Damen Bertel übernahmen die zweite Stimme, und Herr Schmidt brummte mit einem tiefen, volltönenden Baß. Jan blies die Begleitung dazu auf der Mundharmonika, und Peter schlug ab und zu mit zwei Topfdeckeln aufeinander, nicht zu laut und nur, wenn Oma ihm ein Zeichen gab. Es klang wunderschön.

Jetzt drängten sich auch Leute, deren Zelte heilgeblieben waren, an der Tür, um mitzusingen. Es war im Wagen so gemütlich und fröhlich, daß sie lange Zeit nicht merkten, daß es aufgehört hatte zu regnen.

Nun wurden die Zelte wieder aufgebaut. Jan, Peter und die rothaarigen Jungen halfen tüchtig dabei. Oma und Brigitte hüteten währenddessen die kleinen Kinder.

Es war spät, als sie zur Ruhe kamen, doch dann schliefen sie nach all den Aufregungen fest. Nur Jan konnte nicht gleich einschlafen. Immer wieder betrachtete er voller Freude einen alten Fotoapparat, der von seiner Bettstange herabbaumelte. Herr Schmidt hatte ihn Jan für seine Hilfe geschenkt. Sogar ein Film war darin. Jan träumte davon, was er für schöne Aufnahmen damit machen würde.

Am nächsten Morgen schien die Sonne. Das Lager sah sehr unordentlich aus mit den vielen Kleidern und Gegenständen, die zum Trocknen aufgehängt oder ausgelegt worden waren. Als die Pieselangs in ihrem grünen Wagen den Lagerweg entlangfuhren, wurden sie nicht mehr ausgelacht. „Schade, daß ihr schon wegfahrt", rief man ihnen zu. „Kommt wieder! Und schönen Dank für die Hilfe!"

Der Zirkus

Oma backte Eierkuchen. Brigitte hockte, ihr Kaninchen auf dem Schoß, neben dem Herd und sah ihr zu. Wie hübsch es aussah, wenn Oma den goldgelben Teig in die Pfanne laufen ließ! Es knisterte und brutzelte. Wenn die Unterseite fest geworden war, ergriff Oma den Pfannenstiel und warf den Kuchen mit einem Ruck in die Luft. Zischend landete er mit der anderen Seite in der Pfanne. Brigitte schnupperte. Es roch köstlich. Oma war eine berühmte Pfannkuchenbäckerin.

Plötzlich stürmte Jan herein. „Max ist verschwunden", rief er aufgeregt. Oma ließ den Pfannkuchen auf einen Teller gleiten, zog die Pfanne vom Feuer und trat vor den Wagen.

Der sandige Platz, auf dem sie ihn abgestellt hatten, war recht häßlich und lag am Rande einer größeren Stadt. Die Pieselangs hatten hier aus einem bestimmten Grund übernachtet. Am Abend vorher hatten sie an den Straßenbäumen große Plakate gesehen. „Zirkus Bellona" stand darauf. „Letzte Vorstellung morgen." So hatten sie denn beschlossen, in der Nähe des Zirkus zu bleiben, um die Abschiedsvorstellung mitzuerleben.

262

Oma blickte über den kahlen Platz zu einer kleinen Wiese mit ein paar verkümmerten Bäumchen hin. Dort hatte sie Max zuletzt gesehen, aber nun war er fort. Jan hatte schon die nähere Umgebung abgesucht, doch nichts gefunden. Ein Mann in Arbeitskleidung mit einer Pfeife im Mund kam des Weges daher.

„Entschuldigen Sie bitte", sagte Oma, „haben Sie vielleicht ein Pferd mit einem Strohhut gesehen?"

Der Mann nickte und nahm bedächtig die Pfeife aus dem Mund. „Ich hab' gerade in meinem Garten gearbeitet, da kam es vorbei. Ich hab' mich noch gewundert, ein Pferd mit einem Hut! Na, hab' ich gedacht, das wird wohl vom Zirkus sein. Und richtig s'ist auch in der Richtung zum Zirkus weitergelaufen." Er steckte seine Pfeife wieder in den Mund, betrachtete etwas mißbilligend den grünen Wagen und ging weiter.

„Lauf Max nach und hol ihn", sagte Oma zu Jan. „Aber mach schnell! Ich bin gleich fertig mit den Pfannkuchen."

Jan trabte davon. Oma backte weiter. Sie hatte schon einen stattlichen Berg Kuchen fertig, als ihr auffiel, daß Jan immer noch nicht zurück war. Sie rief Peter, der auf den Wagenstufen saß und mit seinen Mäusen spielte. „Lauf zum Zirkus und hol Jan und das Pferd. Wir wollen Mittag essen."

Peter verzog das Gesicht. Widerwillig steckte er seine Mäuse in die Tasche und trottete davon. „Lauf schneller", rief Oma, aber er schien es nicht gehört zu haben. Sie kratzte den letzten Teig aus der Pfanne und backte noch ein paar besonders goldgelbe und knusprige Kuchen.

Als Brigitte den Tisch gedeckt hatte und es nichts mehr zu tun gab, waren das Pferd und die Jungen immer noch nicht zurück. „Meine schönen Eierkuchen werden kalt und schmecken dann nicht mehr", sagte Oma ärgerlich. „Brigitte, lauf geschwind und hol die Jungen."

Brigitte nahm ihr Kaninchen unter den Arm und lief los.

„Warum nimmst du denn das Kaninchen mit?" fragte Oma.

„Es braucht frische Luft", rief Brigitte über die Schulter zurück. Sie lief nun aber wirklich geschwind, denn sie hatte Hunger.

Zehn Minuten vergingen. Oma wartete. Niemand kam. Zu ihrem Ärger fielen die Kuchen zusammen und verloren ihre schöne gelbe Farbe. „Na wartet, ich werde euch holen!" sagte sie empört. Mit dem Teiglöffel in der Hand eilte sie den Weg entlang, auf dem die anderen verschwunden waren. Sie brauchte gar nicht weit zu laufen. Am Ende des Weges sah sie das große, graue Zelt. Davor war ein Zaun, und an dem Zaun standen nebeneinander Max, Jan, Peter und Brigitte mit dem Kaninchen und blickten hingerissen auf den Platz vor dem Zelt, wo eine Akrobatengruppe übte. Es waren Chinesen. Sie liefen auf Händen, drehten Saltos, sprangen sich gegenseitig auf die Schultern und bauten schließlich eine hohe Pyramide aus Menschen, die einander auf Schultern und Köpfen standen.

Zu alleroberst balancierte ein winziges Chinesenmäd-
chen in einem bunten Seidenkleid mit einem langen
Zopf, und hoch oben auf der wackligen Pyramide
lächelte sie sogar noch. Oma vergaß, weshalb sie her-
gekommen war, stellte sich neben Brigitte und schaute
ebenfalls zu. Ein Mann klatschte in die Hände, die
Pyramide purzelte in sich zusammen, aber niemand
kam dabei zu Schaden. Schwatzend gingen die Chinesen in ihre Wagen. Diese sahen ähnlich aus wie der
grüne Wagen, wurden aber nicht von Pferden, sondern
von Autos gezogen.

„Kommt jetzt, wir wollen Mittag essen“, wollte
Oma gerade sagen, aber sie vergaß es, denn eine wun-
derhübsche junge Dame in einem schwarzen Trikot
kam auf einem Schimmel auf den Platz geritten. Zierlich und elegant saß sie auf dem großen Pferd und
beachtete die Pieselangs nicht. Zuerst ritt sie im Schritt,
dann im Galopp und schließlich stellte sie sich auf den
Sattel und ritt so mit ausgebreiteten Armen im Kreis
herum.

Auf einmal geschah etwas Seltsames. Max legte den
Kopf zurück und wieherte, daß es den Pieselangs durch
Mark und Bein ging. Die junge Reiterin hielt den
Schimmel mit einem Ruck an, sprang ab und lief auf
Max zu. Das Pferd streckte den Kopf weit über den
Zaun, und schon hing sie ihm lachend und schluchzend
am Hals.

„Max“, rief sie, „Max, wo kommst du denn her?“
Max rieb seinen Kopf an ihrer Schulter und schnoberte
dann an ihrer Jackentasche. Die junge Dame lachte

265

unter Tränen. „Ach, du Schlauer, hast du nicht vergessen, daß ich immer Zucker für dich hatte?" Sie holte aus der Tasche ein paar Zuckerstücke und hielt sie Max auf der flachen Hand hin. Dann wandte sie sich Oma zu.

„Wo haben Sie das Pferd her? Hat Mario es Ihnen verkauft?"

Ehe Oma antworten konnte, rief Jan: „Sie sind Marietta, nicht wahr?" Es gab ein großes Erzählen. Marietta konnte nicht genug von Mario hören. Als sie von seiner Krankheit erfuhr, mußte sie wieder weinen.

Unterdessen war ein würdiger, älterer Herr zu ihnen getreten. Marietta stellte ihn als den Herrn Zirkusdirektor vor.

Plötzlich leuchteten ihre Augen auf. „Direktor, ich werde heute abend nicht auf Sultan reiten, ich werde auf Max reiten."

Der Direktor betrachtete Max zweifelnd. Neben dem stattlichen Schimmel machte das magere braune Pferd keine sehr gute Figur. „Aber Kindchen", sagte der Direktor, „heute ist Galavorstellung. Der Herr Bürgermeister kommt und andere einflußreiche Leute. Heute muß alles wie am Schnürchen laufen. Ein fremdes Pferd kann alles durcheinander bringen."

Mariettas dunkle Augen blitzten zornig. „Ich will aber!" rief sie.

„Aber Kindchen...", fing der Direktor wieder an.

Marietta stampfte mit dem Fuß auf. „Nun gut, dann trete ich heute abend überhaupt nicht auf!"

Hilflos zuckte der Direktor die Achseln. „Also mach was du willst, aber du trägst die Verantwortung dafür, wenn etwas schiefgeht."

Marietta stieß einen kleinen Juchzer aus, fiel erst dem Direktor um den Hals und dann Max und sagte unter Lachen und Weinen: „Es wird nichts schiefgehen, Direktorchen. Ich werde den ganzen Nachmittag mit

267

ihm proben. Sie werden sehen, was für ein feuriges Roß er heute abend ist!"

Als die Pieselangs endlich ohne Max zu ihrem Wagen zurückkehrten, waren die Pfannkuchen kalt geworden und schmeckten wie Leder. Aber niemandem fiel das auf. Alle waren sehr aufgeregt und freuten sich auf den Abend.

In dem großen, grauen Zelt summte es wie in einem Bienenhaus. Marietta hatte den Pieselangs Plätze in der ersten Reihe reserviert. Dort saßen sie dicht an der Rampe und konnten alles ganz genau sehen; die dressierten Löwen, die Clowns, die Jongleure und die chinesische Akrobatengruppe, die radfahrenden Affen und den Zauberer. Als der Zauberer seinen Zaubertisch fortgeräumt hatte, betraten zwei Clowns die Manege, ein großer dünner und ein kleiner dicker. Der große dünne spielte Mundharmonika, während er kopfstand, der kleine dicke blies dazu auf einer Trompete. Das war dem langen dünnen gar nicht recht. Er sprang auf die Füße und jagte den dicken davon. Der spielte immer weiter, während sie um die Manege herumliefen. Schließlich hatte der dünne ihn erwischt, ergriff einen Eimer mit Seifenwasser und goß den Inhalt in die Trompete. „Blupp" machte es, „Blupp" und Seifenblasen stiegen aus dem Trichter empor. Dann kippte der dicke das Seifenwasser aus der Trompete und setzte sie wieder an den Mund. Während sich der dünne die Ohren zuhielt, spielte er. Es klang etwas feucht und etwas falsch, aber doch deutlich erkennbar „Hopp, hopp, hopp, Pferdchen lauf Galopp".

In diesem Augenblick ritt eine junge Dame herein, eine richtige Zirkusprinzessin, in einem leuchtend blauen, mit glitzernden Steinen besetzten Kleid, mit einer funkelnden Krone auf den schwarzen Locken. Sie war wunderschön mit ihren großen dunklen Augen und den roten Wangen. Schön war auch das Pferd, auf dem sie ritt. Stolz hielt es den Kopf hoch. Seine dunkelbraune Mähne und der Schwanz waren mit silbernen Bändern durchflochten, der Sattel und die Zügel aus rotem Leder. In einem leichten Galopp ritt sie um die Manege. Die Pieselangs trauten kaum ihren Augen. Das schöne, stolze Pferd war Max, und die Zirkusprinzessin war Marietta. Die beiden schienen niemals getrennt gewesen zu sein, so wunderbar waren sie aufeinander eingespielt. Marietta ließ Max marschieren, über Hürden springen und schließlich Walzer tanzen. Danach sprang sie mit den Füßen auf seinen Rücken, ritt im Stehen, dann auf einem Bein und sogar im Handstand. Der dünne Clown hielt ihr einen großen Reifen hin. Sie sprang vom Pferderücken hindurch und landete sicher und graziös wieder auf dem Sattel. Zum Schluß stellte Max sich auf die Hinterbeine, ohne seine zierliche Last aus dem Sattel zu verlieren, und blickte mit hoch erhobenem Kopf in die Runde. Der Beifall prasselte. Brigitte mußte vor Rührung schlucken, und Oma wischte sich die Augen. So schön war es.

Am nächsten Morgen wollte Marietta Max zu Pieselangs zurückbringen. Jan, Brigitte und Peter warteten gespannt, bis sie das Klappern von Hufen hörten. Aber nicht das Pferd erschien zuerst, sondern Marietta, die einen breiten Kinderwagen vor sich her schob. Sie sah in ihrem einfachen, blauen Rock und der weißen Bluse nicht mehr wie eine Zirkusprinzessin aus, sondern wie eine hübsche, junge Mutter, was sie auch war. Voll Stolz zeigte sie den erstaunten Pieselangs in dem Kinderwagen ein reizendes Zwillingspärchen. Sie lagen, die Rücken einander zugekehrt, rund und rosig und schliefen. „Das sind Alex und Alexandra", sagte Marietta, „ein Vierteljahr alt." Erst nachdem die Pieselangs die Zwillinge genug bewundert hatten, entdeckten sie Max. Er stand, von einem Negerjungen am Zügel gehalten, und sah wieder melancholisch und ein wenig verdrossen aus. Nichts erinnerte mehr an das stolze Roß vom Abend vorher.

„Trotzdem", sagte Brigitte, „ich kann ihn gar nicht mehr so einfach mit ‚Max' anreden. Wenn man weiß, wer er wirklich ist . . ."

Jan nickte. „Was meinst du", sagte er nach kurzem Überlegen, „wollen wir ihn von jetzt an ‚Herr Max' nennen?" Brigitte war einverstanden.

Während Brigitte die Zwillinge hütete und Peter und Jan sich mit dem Negerjungen unterhielten, trank Oma mit Marietta im Wagen eine Tasse Kaffee. Gerührt feierte Marietta mit allen Gegenständen im Wagen Wiedersehen. Zärtlich strich sie über die Betten und den Tisch, sie drückte einen Kuß auf die Trompete und betrachtete mit Tränen in den Augen ihr Bild an der Wand.

„Daß er das Bild hat hängen lassen! Ich dachte, er würde es fortwerfen, nachdem ich ihn verlassen hatte.

Hat Mario Ihnen von mir erzählt? Ist er noch immer sehr böse auf mich?"

Oma schüttelte den Kopf. „Er hat nur liebevoll und herzlich von Ihnen gesprochen."

„Wirklich?" Marietta schien es kaum zu glauben. „Er war immer der allerbeste Mann. Hätte ich ihn nur nicht verlassen."

„Haben Sie ihm von den Zwillingen geschrieben?" fragte Oma.

Marietta seufzte. „Ich hatte ihm geschrieben, daß er einen Sohn und eine Tochter bekommen hat, aber er war so zornig auf mich, daß er alle meine Briefe ungeöffnet an mich zurückgehen ließ. Er weiß also nichts von den Kindern, und ich muß alleine für sie sorgen."

Eine Weile schwiegen sie. Marietta betrachtete mit träumerischen Augen die Gegenstände im Wagen, und Oma rührte nachdenklich in ihrer Kaffeetasse. „Soll ich ihm schreiben?" fragte sie plötzlich.

Marietta fuhr zusammen. „Sie? Er wird den Brief zerreißen oder fortwerfen."

„Ganz bestimmt nicht. Er wird sich freuen." Oma holte Tinte, Federhalter und Papier und machte sich gleich an die Arbeit.

Auf den Wagenstufen saßen Jan, Peter und Jonny, der Negerjunge. Jonny erzählte, daß er als Pferdepfleger beim Zirkus arbeitete. „Später will ich reiten Kunst", sagte er in seinem gebrochenen Deutsch. „Ihr könnt reiten?"

Peter schüttelte den Kopf, aber Jan nickte. Peter blickte ihn erstaunt an. Er hatte Jan noch niemals auf einem Pferderücken gesehen.

„Zeig mal", sagte Jonny und wies auf das Pferd.

Etwas unsicher ging Jan auf Max zu. Er tätschelte ihm den Hals und flüsterte ihm ins Ohr: „Herr Max, seien Sie nett und lassen Sie mich auf Ihnen reiten!"

Max sah Jan von der Seite an, rührte sich aber nicht. Jan versuchte, ein Bein über den Pferderücken zu schwingen, aber er schaffte es nicht. Dann legte er den Oberkörper über das Pferd und zog ein Knie an. Aber auch so wollte es ihm nicht gelingen, Max zu besteigen. Schließlich holte er sich einen Küchenstuhl und bestieg von ihm aus das Pferd. „Nimm den Stuhl weg!" rief er Peter zu. Obgleich Max immer noch still wie ein Denkmal stand, war Jan doch etwas unheimlich zumute. Er saß so hoch oben, wußte nicht recht, wo er sich festhalten und was er jetzt überhaupt machen sollte. „Hopp", rief Jonny, und Max setzte sich in Bewegung. Jan verlor das Gleichgewicht und griff in die Mähne. Das schien Max nicht zu gefallen. Er stellte sich, genau wie gestern abend, auf die Hinterbeine und ließ Jan wie auf einer Rutschbahn von seinem Rücken herabgleiten. Dann stand er wieder still wie aus Eisen, ohne sich um seinen Reiter zu kümmern.

Mit rotem Kopf ging Jan zu seinen Zuschauern auf der Treppe, aber ehe er etwas sagen konnte, meinte Jonny bedauernd: „Ist ein wildes Biest, läßt nur Marietta auf sich reiten, nicht wahr?"

Bevor sich Marietta von ihnen verabschiedete, machte Jan mit seinem neuen Fotoapparat von ihr und den Zwillingen eine Aufnahme. Marietta nahm rechts und links ein Kind in den Arm. Leider waren die Babys böse darüber, daß man sie geweckt hatte, und brüllten aus voller Kehle. Oma und Brigitte versuchten sie zu beruhigen, indem sie sie herumtrugen und ihnen etwas vorsangen, aber es wollte nichts nützen. Da Marietta zum Zirkus zurück mußte, fotografierte Jan sie mit den brüllenden Babys. Als sie wieder im Wagen lagen, waren sie sofort still.

Marietta nahm tränenreichen Abschied. Oma bekam einen Kuß und Brigitte einen und Peter und sogar Jan, der sich daraufhin verwirrt und mit rotem Kopf in den Wagen zurückzog. Den längsten Kuß bekam Max auf seine Nase, und an seinem Hals weinte Marietta noch ein Weilchen. Dann riß sie sich los, winkte noch einmal und verschwand mit dem Kinderwagen und Jonny auf dem Wege zum Zirkus.

Ein Streich und seine Folgen

Der Wald duftete nach Tannen, Eicheln und Pilzen. Das Moos war wie ein dicker grüner Teppich, darin wuchsen viele Pilze. Oma zeigte den Kindern, welche eßbar waren und welche nicht. Sie fanden kleine Familien von leuchtend gelben Pfifferlingen, Grünlinge, Birkenpilze und Steinpilze mit kräftigen braunen Hüten. Bald kannten die Kinder die Pilze so gut, daß sie keine giftigen mehr sammelten. Oma und Brigitte hatten schon einen ganzen Korb voll. Die Jungen waren nicht so fleißig. Sie hockten eine Weile vor einem Fuchsbau, in der Hoffnung, daß der Fuchs sich blicken ließe, liefen einem Hasen nach, der hoppelnd im Gebüsch verschwand, und gerieten schließlich an ein Brommbeergebüsch, wo sie sich an den süßen, fast schwarzen Früchten satt aßen.

Als sie ein Eichhörnchen verfolgten, trafen sie auf einer Lichtung Oma und Brigitte, die sich auf den Stamm einer gestürzten Eiche gesetzt hatten. Alle vier beobachteten das Eichhörnchen, das zierlich und flink auf den Ästen einer Buche herumturnte.

„Wie süß!" rief Brigitte.

„Eigentlich müßte man es abschießen, weil es ein Schädling ist", meinte Jan.

„Du spinnst wohl", sagte Brigitte zornig. „Das ist doch kein Schädling. Das ist doch viel zu niedlich dazu."

„Es ist ein Schädling", beharrte Jan. „Unser Lehrer hat gesagt, daß es junge Bäume kaputt macht, weil es die Triebe anknabbert und die Rinde abbeißt, und es frißt junge Vögel. Es ist ein ganz böses Tier, nicht wahr, Oma?"

„Böse?" meinte Oma zweifelnd. „Ist ein Tier böse, wenn es sich ernährt?"

„Eben", rief Brigitte. „Jan, du bist ja auch ein Schädling, für die Kühe nämlich. Du ißt ihr Fleisch, und von den Kühen aus gesehen ist das bestimmt böse."

Jan tippte sich mit dem Finger an die Stirn, aber Oma sagte: „Das ist gar nicht so falsch. Es kommt darauf an, ob man die Welt als Eichhörnchen, als Kuh oder als Mensch sieht. Wenn ein Tier etwas tut, was uns nicht gefällt, können wir höchstens sagen, es schadet den Vögeln, den Bäumen oder den Menschen, aber wir können nicht sagen, daß es böse ist."

Jan sagte nichts, aber im Grunde war er froh, daß er sich nun auch an dem hübschen Tierchen freuen konnte. Brigitte betrachtete seinen Plastikbeutel, der nur ein paar Pfifferlinge und Birkenpilze enthielt. Peter hatte einen einzigen Steinpilz gefunden. „Ihr wart aber faul!" tadelte sie.

„Wir werden schon noch mehr finden", sagte Jan. „Während ihr euch hier ausruht, suchen wir weiter." Die beiden Jungen winkten mit ihren blau verschmierten Händen und verschwanden wieder im Wald. Es wurde still auf der Lichtung. Ab und zu gurrte eine Taube, sonst war nichts zu hören. Brigitte hatte Heidekraut gepflückt und begann einen Kranz daraus zu winden. „Wie friedlich alles ist", dachte Oma.

Jan und Peter streiften kreuz und quer umher, aber Pilze fanden sie nicht. Immer weiter und weiter liefen sie. Plötzlich war der Wald zu Ende, und sie kamen an eine Landstraße, die von Obstbäumen gesäumt war. Auf der anderen Straßenseite stand ein Haus wie aus einem Bilderbuch. Jan und Peter gingen hinüber, um es sich näher anzusehen. Es hatte ein spitzes, leuchtend rotes Dach, grüne Fensterläden und eine himmelblaue Haustür. Über der Tür war ein Schild, auf dem von einer sorgfältig gemalten Blumengirlande eingerahmt in verschnörkelten Buchstaben „Malermeister Pfeifer" stand.

Das Lustigste aber war der Garten. Ein niedriger, brauner Staketenzaun grenzte ihn zur Straße ab. Üppig blühende gelbe Dahlien rahmten eine Wiese ein, durch die ein Bächlein floß. An seinem Ufer war eine winzige Wassermühle aufgebaut, deren Rad vom sprudelnden Bach gedreht wurde. Am anderen Ufer stand ein Gartenzwerg und hielt eine Angel in den Bach. Überall auf der Wiese verstreut waren Gartenzwerge. Einer schob eine Schubkarre, ein anderer hockte auf einem Fliegenpilz und las in einem Buch, ein dritter

hatte sich lang ausgestreckt, einen Ellbogen aufgestützt, und rauchte ein Pfeifchen, ein vierter hielt eine Harke geschultert. Alle trugen rote Mützen und hatten verschmitzte Gesichter.

Jan und Peter konnten nicht widerstehen. Sie mußten sich die Herrlichkeit näher ansehen. Mit einem Satz sprang Jan über den Zaun und half Peter hinüber. Jetzt entdeckten sie zwischen den Dahlien noch mehr Gartenzwerge, ein tönernes Reh und einen Frosch mit einer goldenen Krone auf dem Kopf.

Während Jan untersuchte, wie die kleine Wasser-mühle funktionierte, schlenderte Peter um das Haus. Plötzlich blieb er erschrocken stehen. Sechs Augen-paare starrten ihn an, leuchtend blaue, braune und graue.

„Jan", rief er, „komm schnell her!"

Als Jan um die Ecke kam, mußte er laut auflachen. Peter stand wie erstarrt vor einem Brett, auf dem sechs frisch bemalte Puppenköpfe zum Trocknen auf-gestellt waren. Sie hatten noch keine Haare. Unter den nackten rosa Schädeln wirkten die Augen doppelt groß und starr.

„Sehen sie nicht schrecklich aus?" flüsterte Peter.

„Na, du brauchst doch keine Angst zu haben", lachte Jan. Er entdeckte neben dem Brett einen Topf mit brauner Farbe, tunkte einen danebenliegenden Pinsel hinein und malte der ersten Puppe eine hübsche Pony-frisur. Jetzt sah sie nicht mehr furchterregend, son-dern eher ein bißchen albern aus. Peter kicherte. Jan packte künstlerischer Eifer. Er malte der nächsten Puppe Zöpfe über die Wangen und der dritten einen Mittelscheitel.

„Laß mich auch mal!" rief Peter. Dann malte er der vierten Puppe einen schönen breiten Schnurrbart auf die Oberlippe. Jan und Peter lachten so sehr, daß ihnen die Tränen in die Augen traten und sie sich die Bäuche hielten.

Doch plötzlich ertönte in ihr Lachen hinein ein Grollen wie das entfernte Brüllen eines Löwen. Sie schwiegen erschrocken. Ein Mann schoß um die Ecke.

Er war klein und dick. Ein weißer, mit Farbe beschmierter Kittel flatterte um ihn herum. Auf seinem runden Kopf trug er ein bunt besticktes Käppchen. Mit seinem spitzen Bart hätte er selber fast wie ein Gartenzwerg ausgesehen, wenn er nicht so furchtbar böse gewesen wäre.

„Was macht ihr in meinem Garten?" schrie er, und als er die verzierten Puppenköpfe sah, brüllte er nun wirklich wie ein Löwe.

„Lauf", rief Jan Peter zu, „schnell!" Behende sprang er davon, stieß im Garten ein paar Zwerge um, hüpfte über den Bach und war mit einem Satz über den Zaun. Peter folgte ihm und lief, so schnell er konnte. Wahrscheinlich wäre er auch entkommen, weil der alte Mann hinkte, aber er stolperte über das Tonreh, geriet mit einem Fuß in den Bach und fiel lang hin. Wasser spritzte, und schon war der Alte über ihm, packte ihn am Arm und riß ihn hoch.

„Jan", rief Peter kläglich, „hilf mir, Jan!"

Jan hatte von der anderen Seite der Straße her entsetzt zugesehen. Der Alte schüttelte Peter, daß ihm Hören und Sehen verging.

„Lassen Sie meinen Bruder los!" rief Jan vom Waldrand herüber. „Sie dürfen ihm nichts tun!"

„So, ich darf nicht?" lachte der Mann höhnisch. „Ich werde aber! Ich werde ihn übers Knie legen und grün und blau schlagen."

Die letzten Worte gingen in Peters Gebrüll unter. „Jan", schrie er, „Oma, Oma, Jan!" Der Mann fing wieder an zu schütteln.

280

„Lassen Sie ihn los!" rief Jan und schluchzte nun auch. „Sonst hol' ich meine Oma."

„Na, dann hol mal deine Oma", sagte der Mann. „Ich werde ihr erzählen, was sie für böse Bengel als Enkel hat, die einem ehrlichen Mann sein Tagewerk zerstören." Er hatte aufgehört, Peter zu schütteln, hielt aber seinen Arm immer noch wie mit Eisen umspannt.

Jan blieb ungewiß stehen, aber es war wohl wirklich besser, Oma zu holen. „Hab keine Angst", rief er Peter zu. „Ich bin gleich wieder da." Und er verschwand zwischen den Bäumen.

Peter schluchzte und wimmerte leise vor sich hin. Er wagte es nicht mehr, laut zu brüllen, weil der alte Mann ihn dann sofort wieder schüttelte.

Es dauerte nicht lange, bis Jan, Oma und Brigitte am Waldrand erschienen. Auf Jans dramatische Schilderung hin waren sie auf dem schnellsten Wege herbeigeeilt. Ein Zopf Brigittes war aufgegangen; der Heidekrautkranz saß ihr schief auf dem Kopf. Auch Omas Frisur begann sich aufzulösen. Ihr Rock war voller Tannennadeln und Spinnweben. Aber trotz der Hast, mit der sie durch den Wald geeilt war, hatte sie keine Pilze aus ihrem Korb verloren.

Als sie über die Straße gingen, glättete Oma mit der Hand ihr Haar und strich sich die Tannennadeln vom Rock. Mit energischem Schritt betrat sie durch die Pforte den Garten.

„Oma", schrie Peter, riß sich von dem alten Mann los und versteckte sich hinter ihrem Rücken.

281

Ehe Oma etwas sagen konnte, grollte der Alte: „Kommen Sie mit und sehen Sie sich an, was Ihre Lümmel angestellt haben!" Er ging ums Haus herum. Oma folgte ihm mit dem schluchzenden Peter an der Hand; Jan und Brigitte zockelten kleinlaut hinterdrein. Der alte Mann blieb stehen und zeigte anklagend auf die verunzierten Puppenköpfe. Als Brigitte hinter Oma hervorlugte und die bärtige Puppe sah, mußte sie kichern. Aber Oma blieb ernst.

„Da", sagte der alte Mann, „sehen Sie sich die Schandtat an! Heute abend muß ich die Puppenköpfe in der Spielzeugfabrik abliefern, diese hier und noch mehr. Ich hätte es so schon kaum geschafft, weil meine Frau plötzlich krank geworden ist und ins Krankenhaus mußte. Nun schaff' ich es bestimmt nicht. Und wenn ich der Spielzeugfabrik nicht pünktlich liefere, werden sie sich einen anderen Maler nehmen." Er sah gar nicht mehr zornig aus, sondern verzweifelt. „Verstehen Sie nun, warum ich so wütend war?"

Oma nickte. Sie stellte den Korb mit den Pilzen hin, griff hinter sich und zog mit der linken Hand Jan und mit der rechten Peter zu sich heran, und sie packte fast so eisern zu wie der alte Mann. „Ihr seid wirklich Schädlinge", sagte sie. „Aber wir werden den Schaden wiedergutmachen."

„Wie wollen Sie das tun?" fragte der Alte. „Wenn Sie mir den Schaden auch bezahlen, so werde ich doch meine Stellung verlieren."

„Wir werden Ihnen bei der Arbeit helfen", erklärte Oma. „Ich bin ganz geschickt im Malen und werde die

282

Puppenköpfe in Ordnung bringen, und die Kinder können sicher auch etwas tun."

Der alte Mann betrachtete sie nachdenklich. „Na ja, vielleicht können Sie wirklich was tun." Er nahm das Brett mit den Köpfen und ging ins Haus. Sie folgten ihm und kamen in einen Raum mit einem großen Tisch in der Mitte. Darauf standen zwischen einem Durcheinander von halbfertigem Spielzeug Farbtöpfe und Pinsel. Wenn die Kinder nicht so bedrückt gewesen wären, hätten sie laut aufgejubelt. Da waren Wetterhäuschen, deren Dächer bemalt werden mußten, Kukkuckspfeifen, deren Kuckucke auf ihr graues Gefieder warteten, zahllose Puppenköpfe, noch blaß, ohne Augen und Mund, kleine Rehe, die noch kein braunes Fell hatten, und ein ganzes Regiment von Gartenzwergen ohne bunte Mützen und Bärte. Mit einer hilflosen Bewegung zeigte der Meister darauf hin. „Wie soll ich das alles bis heute abend schaffen?"

Oma überblickte den Tisch wie ein Feldherr. „Nun", sagte sie, „ich sehe, daß wir Ihnen helfen können. Jan kann den Wetterhäuschen die Dächer anmalen und Peter den Gartenzwergen die Bärte, weil er das ja schon draußen geübt hat. Brigitte malt besonders gut, der können Sie schon etwas Schwierigeres anvertrauen."

Der Meister sah ungewiß aus. „Werden die Kinder nicht noch mehr Unfug anstellen?"

„Im Gegenteil, sie werden sich große Mühe geben." Oma wandte sich an Jan und Peter. „Bevor ihr anfangt, entschuldigt euch aber noch bei dem Herrn."

Peter war gleich dazu bereit. Er stellte sich vor den alten Mann, machte eine Verbeugung und sagte: „Entschuldigung, ich will es nie wieder tun."

Jan dagegen wandte sich ab, machte seinen Nacken steif und preßte die Lippen zusammen. Helfen wollte er gern, aber entschuldigen konnte er sich nicht. Der alte Mann hatte sie ‚Lümmel' genannt. Das waren sie doch wirklich nicht. Sie hatten nur einen Scherz machen wollen und es nicht böse gemeint. Brigitte redete ihm flüsternd zu, aber er schüttelte eigensinnig den Kopf.

„An die Arbeit!" rief Oma, ohne sich weiter um ihn zu kümmern. Sie selbst ging noch einmal fort, um Max und den Wagen zu holen. Als sie zurückkam, saßen die anderen friedlich um den Tisch und pinselten, Jan möglichst weit entfernt von Meister Pfeifer. Er sah mißmutig und verstockt aus, trug aber sorgfältig die rote Farbe auf die Dächer der Wetterhäuschen auf. Peter mißlangen anfangs ein paar Gartenzwergbärte. Der Meister zeigte ihm, wo er den Zwerg anfassen mußte, um nichts zu verschmieren, und daß er die Farbe nicht zu dick auftragen durfte, damit sie nicht herablief. Peter mußte dazu dicht an den Meister heranrutschen, und er blieb da gleich sitzen, weil der alte Mann ihm geduldig half. Schließlich sagte er: „Nun kannst du's allein, du hast es wirklich schnell gelernt." Wenn Peter jetzt ein besonders schöner Bart gelungen war, zeigte er ihn Meister Pfeifer, und der bewunderte ihn sehr.

Brigitte hatte eine schwierige Aufgabe erhalten. Vor ihr stand eine Reihe von Halbkugeln aus Glas, in denen winzige Landschaften aufgebaut waren, mit Bäumen, Rehen, Hasen und Fliegenpilzen. Wenn man die Kugeln schüttelte, schneite es langsam auf die Bäume, Rehe und Hasen. Es war wunderschön. Auf den Fuß dieser Gefäße mußte Brigitte mit schwarzer Farbe „Beerwalde" schreiben, denn sie sollten Andenken an den Luftkurort Beerwalde sein und dort verkauft werden.

Der Meister selbst reinigte die beschmutzten Puppenköpfe und bemalte sie neu. Alle atmeten auf, als von der Schandtat nichts mehr zu sehen war. Jetzt plauderten Brigitte und Peter eifrig und fröhlich mit Herrn Pfeifer, nur Jan saß am äußersten Ende des Tisches, malte seine Dächer und blickte finster vor sich hin.

Oma band eine Schürze vor, setzte sich an den Tisch und ließ sich vom Meister zeigen, wie man den Puppenköpfen Augen anmalt. Sie stellte sich sehr geschickt dabei an. Schließlich sagte der Meister: „Sie machen das viel besser als ich, fast so gut wie meine liebe Frau. Bei ihr bekommen die Puppen immer solch einen seelenvollen Blick."

„Sie sagten, Ihre Frau sei krank?"

Der Meister nickte niedergeschlagen. „Gestern abend bekam sie plötzlich Leibschmerzen. Der Arzt kam und schickte sie gleich ins Krankenhaus. Er meinte, es wäre eine Blinddarmentzündung. Heute morgen ist sie wahrscheinlich operiert worden. Ich wüßte gern, wie es ihr geht, aber ich kann jetzt nicht weg. Ich muß unbedingt dieses Zeug hier fertigmachen, um es heute abend abzuliefern."

„Können Sie nicht telefonieren?" fragte Oma.

„Ich habe kein Telefon. Früher hatte ich mal eins, als ich noch Stubenmaler war. Da hab' ich gut verdient. Aber vor zwei Jahren bin ich von der Leiter gefallen und hab' mir das Bein gebrochen. Es war ein komplizierter Bruch. Ich habe ein ganzes Jahr im Krankenhaus gelegen. Das ganze Geld ist dabei draufgegangen. Laufen kann ich nicht mehr richtig und werde es nie mehr gut können, und auf eine Leiter klettern kann ich schon gar nicht. Deshalb habe ich die Heimarbeit von der Spielzeugfabrik angenommen. Meine Frau hilft mir dabei. Ich darf die Stelle auf keinen Fall verlieren."

Alle hatten die traurige Geschichte angehört. Jan schluckte ein paar Tränen hinunter. Der arme Mann! So viel Unglück hatte er gehabt, und nun hätten Jan und Peter beinahe verschuldet, daß er seine Stellung verlor. Jetzt hätte sich Jan gern entschuldigt. Aber wie? Er konnte doch nicht plötzlich aufstehen und vor allen andern zu dem Meister hingehen und sich entschuldigen. Auf einmal hatte er eine Idee. Er griff in seine Hosentasche und holte Berta, die Schildkröte, heraus. Mit roter Farbe malte er etwas auf ihren Rücken, setzte sie auf den Tisch und gab ihr einen kleinen Schubs. Sie wackelte langsam zu Brigitte. Brigitte las, lächelte erfreut und gab Berta einen Schubs in Richtung auf Oma. Oma schickte die Schildkröte zu Peter, und der schob sie sanft dem Meister zu. Der alte Mann setzte sich erstaunt die Brille fester auf die Nase und las, was auf dem Panzer der Schildkröte stand. „Verzeihung!

Jan." Der Meister sah über den Tisch hinüber Jan eine Weile an, dann nickte er freundlich. Jan fiel ein Stein vom Herzen.

Zum Mittagessen briet Oma die Pilze, die sie im Wald gesucht hatten. Kartoffeln und etwas Speck fand sie in der Küche. Es wurde eine köstliche Mahlzeit. „Fast wie bei meiner lieben Frau", sagte der Meister und blickte ernst und nachdenklich vor sich hin. Dann sah er Oma an. „Sie haben mir sehr schön geholfen. Nun werde ich es auch allein bis zum Abend schaffen. Haben Sie vielen Dank!"

„Ich denke, wir werden es jetzt allein schaffen", sagte Oma. „Nicht wahr, Kinder? Der Meister kann seine Frau besuchen und sehen, wie es ihr geht."

Obgleich die Kinder schon etwas müde waren, stimmten sie freudig zu. Der Meister mußte sich ein paar Tränen aus den Augen wischen. „Ich danke Ihnen", sagte er. „Jetzt finde ich es wirklich ein Glück, daß Ihre Buben mir den Streich gespielt haben."

Er holte sein Fahrrad aus dem Keller, schwang sich hinauf und fuhr eilig los. Oma und die Kinder pinselten und pinselten, Bärte und Augen und Buchstaben und Dächer, Rehe und Zipfelmützen. Manchmal seufzten sie ein bißchen, und manchmal gähnten sie ein bißchen. Aber um vier Uhr nachmittags war es geschafft, und alles konnte trocknen. Peter betrachtete voll Stolz die in Reihen angetretenen Gartenzwerge. Er sah nur die Bärte, und sie waren prächtig. Es gab glatte und gelockte, aufgezwirbelte, spitze und flat-

287

ternde. Er beschloß, sich später auch solch einen Bart
wachsen zu lassen.

Um fünf Uhr kam der Meister zurück. Er strahlte.
Seine Frau war schon gestern abend operiert worden,
es ging ihr gut, und sie war erleichtert, als sie hörte,
daß er so gute Helfer hatte. Vergnügt betrachtete er
die fertiggemalten Sachen. Nachdem sie Kaffee getrunken hatten, war alles getrocknet. Der Meister wollte
das Spielzeug auf seinen Handwagen laden und, wie er
es immer tat, in vier Fuhren zu der Fabrik fahren.

„Viermal müssen Sie dann hin und her fahren?"
rief Jan. „Im grünen Wagen könnten wir doch alles
auf einmal hinfahren."

Und so geschah es. Der ganze Boden des Wagens
wurde mit Wetterhäuschen, Rehen, schneienden Kugeln
und Gartenzwergen vollgestellt. Die empfindlichen
Puppenköpfe legten sie auf die Betten. Der Abtei-
lungsleiter in der Fabrik war erfreut, daß Herr Pfeifer
trotz seiner häuslichen Sorgen, von denen er gehört
hatte, so pünktlich lieferte.

„Ja", schmunzelte der Meister, „mir haben auch die
Heinzelmännchen geholfen!"

Zum Abschied schenkte er jedem der Kinder ein
Spielzeug und Oma einen großen Dahlienstrauß. Er
winkte ihnen lange nach. Als das Pferd die Straße
entlang trabte, befestigte Jan am Fenster des grünen
Wagens ein Wetterhäuschen. Das Frauchen mit dem
Blumenstrauß kam heraus, während sich das Männchen
mit dem Regenschirm im Haus versteckte. „Es wird
schönes Wetter", rief Jan.

Brigitte lag auf ihrem Bett, schüttelte ihre Glaskugel und ließ es schneien. Sanft fielen die Flocken auf die Tannen, das kleine braune Reh und das Häschen.

Peter saß neben Oma auf dem Bock, im Arm einen prächtigen Gartenzwerg mit einer Harke in der Hand. Er hatte eine rote Zipfelmütze und ein verschmitztes, freundliches Gesicht, das Herrn Pfeifer ähnlich sah, dem freundlichen, nicht dem zornigen Herrn Pfeifer. Das Schönste an dem Zwerg aber war sein Bart, braun und lockig und lang und von Peter selbst gemalt.

Die Kunst, ein Mann zu werden

Die Ferien näherten sich ihrem Ende. Oma lenkte Max heimwärts. Die Luft roch schon herbstlich, aber es war noch warm. Jan saß allein auf dem Rückbrett des grünen Wagens und sah träumerisch dem Rauch seiner Zigarette nach. Hier hinten war der beste Platz zum Rauchen, den er je gefunden hatte. Hier konnte ihn niemand erwischen. Am Straßenrand pflückte ein Bauernjunge Birnen von einem Baum. Er war ungefähr im gleichen Alter wie Jan. Verwundert und neiderfüllt sah er, wie Jan den Rauch in die Luft blies. Als der Wagen hielt, drückte Jan schnell seine halbgerauchte Zigarette aus und steckte sie in die fast volle Packung, die er sich heimlich von seinem Taschengeld gekauft hatte. Er versenkte sie tief in seiner Hosentasche.

Sie übernachteten heute an dem See, an dem sie auf der Hinfahrt das erstemal kampiert und die Rehe gesehen hatten. Es war dort ebenso friedlich wie damals. Aber als sie sich in einer sandigen Bucht zum Abendessen hingesetzt hatten, merkten sie, daß es diesmal nicht so friedlich war, wie es aussah. Ein Heer von Mücken umschwirrte sie, umsummte kriegerisch ihre Köpfe, und ab und zu stieß eine herab, um sich aus Peters Bein oder Brigittes Arm oder Omas Stirn das begehrte Blut zu saugen.

„Ich seh' schon fast aus wie ein Streußelkuchen, lauter Beulen", jammerte Peter.

„Wir müssen Abhilfe schaffen", sagte Oma. „Jan, wie wäre es, wenn du eine Zigarette rauchst?"

Jan sah sie sprachlos an. Oma schlug eine Mücke auf ihrer Hand tot. „Na ja", sagte sie, „du bist von dem Teufelszeug doch nicht abzubringen, dann kannst du hier wenigstens etwas nützlich sein. Die Mücken wissen nämlich, wie giftig Zigarettenrauch ist, und bleiben dann fort."

Etwas unsicher holte Jan seine Zigaretten und die Streichhölzer hervor und zündete sich eine Zigarette an, aber er fand sein Selbstbewußtsein wieder, als er Brigittes und Peters bewundernde Blicke auf sich gerichtet sah. Er rauchte lässig und ließ den Rauch nicht nur aus dem Mund, sondern sogar aus der Nase strömen, und der Erfolg war großartig, die Mücken blieben fort.

Als Jan die erste Zigarette aufgeraucht hatte, steckte er sich mit einem Seitenblick auf Oma eine zweite an. Oma verzog keine Miene. Sie blickte auf den See und beobachtete ein Entenpärchen, das nach seiner Abendmahlzeit tauchte. Als Jan die zweite Zigarette geraucht hatte, schob er die Packung in die Tasche. Sofort fielen die Mücken wieder über sie her.

„Rauch weiter!" rief Peter.

Jan sah Oma fragend an.

„Ja, rauch weiter", sagte sie.

Jan fand wieder einmal, daß er die beste Oma von der Welt hatte. Sie verstand, daß er nun bald ein Mann war und daß es ihm zustand zu rauchen. Die dritte Zigarette schmeckte ihm allerdings nicht mehr so gut.

Es war gemütlich in der Bucht. Sie saßen im weichen Sand, plauderten von der Reise, überlegten, wie man sie wohl zu Hause empfangen würde, und blickten auf den Wald und den See. Oma, Peter und Brigitte knabberten die köstlichen Kekse, die Oma gestern zwischen der Arbeit bei Meister Pfeifer gebacken hatte. Jan konnte leider nicht mithalten, weil er rauchen mußte.

Nach der dritten Zigarette sagte Oma: „Ich bin dafür, daß wir noch ein bißchen sitzen bleiben. Es ist unser letzter Abend auf der Reise. Rauch noch eine, Jan." Und als sie Jans ungewissen Blick sah: „Oder ist es dir zuviel?"

„Nein, nein", sagte Jan hastig. „Das macht mir gar nichts aus." Um das zu beweisen, steckte er nach der vierten noch eine fünfte Zigarette an. Er hatte die fünfte Zigarette erst halb aufgeraucht, da wurde ihm ganz seltsam im Kopf. Es schien sich alles um ihn zu drehen. Und als Oma, Brigitte und Peter wieder fest vor ihm im Sand saßen, drehte sich ihm plötzlich der

292

Magen um. Er drückte hastig die Zigarette aus und verschwand mit einem Sprung in den Büschen.

„Was hat er denn?" fragte Brigitte.

Oma zuckte die Achseln. „Ich kann's mir gar nicht denken."

Da es spät geworden war, gingen sie schlafen. Jan tauchte nach einiger Zeit wieder auf. Er war sehr blaß und etwas taumelig, beantwortete die Fragen von Peter und Brigitte nicht und ging sofort ins Bett. Aber es wurde für ihn eine unruhige Nacht. Viermal mußte er aufstehen und den Wagen eilig verlassen. Am anderen Morgen sah er grün aus und verzichtete auf das Frühstück. „Mir muß gestern irgendwas im Essen nicht bekommen sein", murmelte er. Als sie weiterfuhren, saß er neben Oma auf den Bock.

„Armer Junge", sagte Oma. „Du hast so viel geraucht, um uns die Mücken zu vertreiben, und nun ist dir davon schlecht geworden. Zigaretten sind eben doch ein scheußliches Gift. Man sollte das Rauchen aufgeben und sich lieber von Mücken pieken lassen, meinst du nicht auch?"

Jan nickte, doch nach einer Weile sagte er zögernd: „Eigentlich schmeckt es mir gar nicht besonders gut, aber ich muß doch rauchen."

Oma sah ihn interessiert von der Seite her an. „Warum mußt du rauchen?"

„Wenn ich nicht rauche, lachen mich die anderen in meiner Klasse aus und sagen, ich wäre ein Schlappschwanz und ein kleines Kind, aber kein Mann."

294

„Ach so! Aber ist es nicht viel männlicher, wenn du sagst, daß du nicht rauchen willst?"

„Dann denken sie, ich kann nicht rauchen, oder ich trau mich nicht."

„Erzähl ihnen, daß du einmal hintereinander fünf Zigaretten geraucht hast, und wenn sie dir nicht glauben, schick sie zu mir. Ich werde ihnen sagen, daß ich es selber gesehen habe."

Jans blasses Gesicht rötete sich etwas. „Prima, Oma! Ich werde ihnen erzählen, daß ich wegen der Mücken geraucht habe, daß sie aber nur aus Angabe rauchen und daß ich da nicht mehr mitmache."

„Du bist auf dem besten Wege dazu, ein Mann zu werden", sagte Oma.

Wieder daheim

Es war sehr eng auf dem Bock, denn alle wollten vorne sitzen, um als erste das Haus zu sehen. Oma, Brigitte und Jan saßen dicht nebeneinander. Brigitte hielt Peter auf dem Schoß, und Peter hielt Brigittes Kaninchen auf dem Schoß. Als sie um eine Ecke bogen, lag die Hühnerfarm vor ihnen, und hinter ihr lugte der Schornstein von Pieselangs Häuschen hervor.

„Ich hab ihn zuerst gesehen!" rief Jan.

„Nein ich", schrien Peter und Brigitte. Aber diese Frage wurde nie geklärt. Als sie an der Hühnerfarm vorbei waren, stand da das Häuschen mit seinem hübschen Fachwerk und dem roten Dach. Im Garten arbeitete der Vater. Als er den grünen Wagen sah, rief er mit seinem schönsten, lautesten Baß: „Sie kommen!"

Die Haustür flog auf, und nacheinander stürzten heraus Ingeborg, Heiner, ein kleiner Junge, der ihnen irgendwie bekannt vorkam, Mario, an einem Stock humpelnd, und schließlich Mutter mit einer Küchenschürze. Sie breitete weit die Arme aus, und schon waren Peter, Jan und Brigitte vom Bock gesprungen und hingen ihr am Hals. Mutter roch wunderbar nach Kuchenbacken. Sie lachte über das ganze Gesicht und drückte sie immer wieder an sich. Nun bekamen auch der Vater und Ingeborg ihre Umarmungen und Küsse. Doch wie staunten die Kinder, als sie den kleinen Jungen betrachteten, der vorhin aus dem Haus gelaufen war. Es war das Baby, aber er war gar kein Baby mehr. Er trug winzige Lederhosen, hatte einen jungenhaften Haarschnitt und sagte: „Ich bin der Rolf." Dann faßte er Brigitte und Peter rechts und links an der Hand und führte sie vor die Haustür. „Da", sagte er stolz und zeigte auf die Tür, die mit einer grünen Girlande umkränzt war.

Heiner und Mario schirrten das Pferd ab und brachten es in den Stall. Nachdem sich die Reisenden gewaschen hatten, fanden sich alle in der Stube zusammen, wo der Tisch festlich gedeckt war. Sie tranken Kaffee und aßen Mutters köstlichen Käsekuchen, den keiner so gut backen konnte wie sie. Und nun gab es ein großes Erzählen. Mutter und Vater hatten sich gut erholt. Auch Heiner war vergnügt und braun von der Radfahrt mit seinem Freund zurückgekommen. Ingeborg hatte ihre Semesterarbeit fertiggestellt und nebenbei aus dem Baby einen kleinen Jungen gemacht. Alle waren mit ihren Ferien zufrieden, aber niemand hatte soviel erlebt wie Peter, Jan, Brigitte und Oma.

„Was hat dir denn auf der Reise am besten gefallen, Peter?" fragte die Mutter. Er dachte eine Weile nach, dann schmiegte er sich an sie und sagte: „Das Nachhausekommen."

Oma hatte etwas Schwierigkeiten mit dem Kaffeetrinken. Der Kater Friedolin hatte sich auf ihrem Schoß niedergelassen und wollte sich nicht mehr von ihr trennen. Mario saß bescheiden an einer Ecke des Tisches und grinste freundlich.

„Wie geht's dem Bein?" fragte ihn Oma.

„Gut. Vor zwei Tagen hat man mich aus dem Krankenhaus entlassen, und der Herr Lehrer" — Mario machte eine kleine Verbeugung vor Vater — „hat die Güte gehabt, mir das Fremdenzimmer anzubieten. Von jetzt an kann ich aber im Wagen schlafen. Überhaupt sollte ich jetzt vielleicht weiterfahren."

„Nein", riefen die Kinder. „Bleiben Sie noch ein bißchen. Sie müssen uns noch was vorzaubern, und wir haben Ihnen auch so viel zu erzählen — vom Zirkus und von Marietta."

„Ja, die Marietta", strahlte der Zauberer und holte einen zerknitterten Brief aus der Hosentasche. „Als ich den Brief von der Frau Omama bekam, ging's mir gleich viel besser. Ich habe Marietta sofort geschrieben."

„Es ist besser, wenn sich Max erst einmal von der Reise etwas ausruht, bevor Sie weiterfahren", meinte Oma.

298

Nach zwei Tagen holte Jan seine entwickelten Fotografien aus der Drogerie. Er brachte sie stolz nach Hause, und man riß sie sich gegenseitig aus der Hand. Manche Bilder waren ein bißchen verwackelt, und auf einem sah man nur Beine. Jan und Brigitte stritten sich heftig, ob es Jans oder Peters Beine waren. Mutter betrachtete ein winziges Figürchen, das auf einer großen Wiese stand. „Wer ist das?"

Oma nahm die Brille und besah das Bild ebenfalls nachdenklich. Dann leuchteten ihre Augen auf. „Das ist einer von Meister Pfeifers Gartenzwergen."

Jan sah ihr über die Schulter. „Stimmt ja gar nicht", rief er. „Das bist du doch."

„Ich?" fragte Oma erstaunt. „So klein?"

„Na ja, ich stand wohl ein bißchen weit weg."

Peter gefiel ein Foto besonders, auf dem er auf einem Hügel saß. Seine Füße, die nach vorn in das Bild ragten, sahen riesig aus, viel größer, als der ganze übrige Peter. „Richtige Siebenmeilenstiefel", sagte er stolz.

Am besten war die Fotografie geworden, auf der Marietta ihre Kinder im Arm hielt. Mario wollte sie gar nicht mehr aus der Hand geben und betrachtete sie immer wieder. „Sie ist ebenso hübsch wie früher, fast noch hübscher", sagte er. „Und die Kinder — die sind einfach wunderschön, nicht wahr? Findet ihr nicht, daß der Junge mir sehr ähnlich sieht?" Da man von den Zwillingen nur zwei aufgerissene, brüllende Münder und vier zusammengekniffene Augen sah, konnten

299

die Pieselangs es nicht so recht beurteilen. Aber um ihn nicht zu kränken, stimmten sie bei.

„Ich laß Ihnen von dem Bild einen Abzug machen, damit Sie es immer bei sich tragen können, als Erinnerung an Marietta", sagte Jan.

„Schönen Dank, das wäre fein", sagte Mario. „Aber eine Erinnerung brauche ich nicht mehr." Er grinste so sehr, daß sein Mund fast von einem Ohr zum anderen zu reichen schien. Auf die fragenden Blicke der Familie hin fuhr er fort: „Ich hatte ihr geschrieben, ob wir nicht wieder zusammenziehn wollen. Sie hat mir gestern geantwortet, daß sie einverstanden ist. Die Kinder brauchen ja auch ihren Vater."

Die Pieselangs stimmten ein Jubelgeschrei an und drückten Mario fast die Hand entzwei. Mario schmunzelte. „Genau wie ich es mir gewünscht habe: ein Junge und ein Mädchen. Nun habe ich doch nicht umsonst vier Betten im Wagen."

Am Tag darauf fing wieder die Schule an. Die Lehrerin ließ die Kinder von ihren Ferien erzählen. Susi erzählte von den Palmen und dem blauen Meer in Italien, Hans von den Kühen mit den riesigen Glocken am Hals auf der österreichischen Alm und Bärbel von dem Berg in der Schweiz, auf dem mitten im Sommer Schnee lag.

„Und wo warst du in den Ferien, Brigitte?" fragte die Lehrerin.

„In Deutschland."

„Och, bloß in Deutschland?" rief Susi.

300

Aber dann fing Brigitte an zu erzählen — von Max und dem grünen Wagen, vom Pilzesuchen, Sternebetrachten und Würstchenbraten am Spieß, von dem Unwetter im Zeltlager, von Meister Pfeifer mit seinen Gartenzwergen, von der Schloßbesichtigung und dem Zirkus, dem Ameisenhochhaus, dem Specht und den Rehen am See. Die anderen Kinder in der Klasse hörten ihr gespannt zu und waren alle ein bißchen neidisch auf Brigittes Ferien mit Oma.

Villa Oma

von

Ilse Kleberger

Illustrationen
von
Friedrich Dohrmann

Aus dem Inhalt

Dickmadam 309
Fiffis wilde Jagd 341
Die Schwalben 352
Peppino 366
Omas Haus 385
Jimmy mit der Trompete 400
Das große Geschichtenerzählfest 415
Agathe 443
Das Museum 454
Abschied 474

Dickmadam

„Sie kommt, sie kommt", rief Brigitte mit sich überschlagender Stimme. Jan und Peter, die im Hof friedlich gespielt hatten, ließen alles stehn und liegen und kletterten auf den Zaun, um die Straße, die aus dem Dorf führte, entlangzublicken.

„Ich auch", jammerte Rolf, der noch nicht allein hinaufgelangen konnte. Er wollte anfangen zu weinen, aber als er sah, daß die Geschwister ihn gar nicht beachteten, schrie er noch lauter „ich auch". Jan packte ihn am Arm und zerrte ihn hoch. Dann schauten sie alle gebannt auf die Straße, auf der eine seltsame Gestalt gewandelt kam. Es war eine unmäßig dicke Frau in einem flatternden grünen Mantel, einen großen giftgrünen, mit Pelz garnierten Hut auf dem Kopf. Im

Gegensatz zu ihrer Dicke waren die Füße sehr klein und steckten in Schuhchen mit hohen Absätzen, auf denen sie daherschwankte wie ein Schiff im Sturm. Hinter ihr trippelte ein winziger Hund mit weißem, zottigen Fell, das ihm über die Augen hing und in dem er ein grünes Schleifchen trug. Als die Frau näher kam, rutschten alle Kinder vom Zaun wieder herab in die Büsche und spähten von dort aus durch die Latten.

„Dickmadam, Dickmadam", rief Jan, was die Frau im Nu in tobende Wut brachte. Sie fuchtelte mit den Händen, drohte und schrie mit sich überschlagender Stimme:

„Wartet nur, ihr unverschämten Gören, wartet nur, ich werd's euch geben, wenn ich euch erwische."

Der kleine Hund begleitete das Geschrei seiner Herrin mit schrillem Gekläff. Die Frau blickte wild um sich, aber sie konnte die Kinder, die sich in die Büsche duckten, nicht entdecken. Brigitte hielt Peter den Mund zu, weil er ein Kichern nicht unterdrücken konnte. Rolf hatte Angst und war wieder dicht am Weinen. Aber da er sah, daß sich niemand um ihn kümmerte, verkniff er es sich. Rolf weinte nur, wenn es sich lohnte. Vor sich hin schimpfend setzte die Frau ihren Weg fort. Als sie außer Hörweite war, sprangen die Kinder auf und lachten und schrien. Peter wälzte sich kichernd im Gras, und Rolf hüpfte auf einem Bein und quietschte dazu begeistert: „Dickmadam, Dickmadam!"

Plötzlich wurde Brigitte ernst und sagte: „Eigentlich ist es gemein, daß wir sie so ärgern."

Die anderen schwiegen verdutzt still, doch dann rief Jan empört: „Du spinnst wohl! Wer war denn zuerst gemein? Wir doch nicht! Sie hat uns beschimpft, als wir vor ihrem Haus gespielt haben. Dazu hatte sie doch gar kein Recht. Die Straße gehört ihr ja schließlich nicht. Sie hat uns geärgert, und darum dürfen wir sie auch ärgern!"

Brigitte antwortete nicht, aber Jan hatte sie nicht überzeugt. Ihre übermütige Fröhlichkeit war verschwunden, und sie fühlte sich bedrückt.

Die dicke Frau wohnte seit ein paar Monaten am Rande des Dorfes in einem großen, schloßähnlichen Haus, das lange leergestanden hatte. Eine Bauersfrau, die täglich bei ihr saubermachte, erzählte, daß sie eine reiche Witwe sei und allein mit ihrem Hund in den fünfzehn Zimmern des Hauses lebte. Sie hieß Frau Hubermeier. Aber die Kinder im Dorf nannten sie nur „Dickmadam" und machten sich ein Vergnügen daraus, sie zu ärgern. Sie glaubten sich dazu im Recht, weil die dicke Dame ihnen von Anfang an gezeigt hatte, daß sie Kinder nicht mochte. Sie hatte sie verjagt, wenn sie vor ihrer Villa spielten und sich beim Bürgermeister beklagt, daß Jungen und Mädel, die an ihrem Haus vorbei zum Baden im See gingen, zuviel Lärm machen würden.

312

An diesem Nachmittag hatte Jan ein Erlebnis, das ihn in seiner Abneigung gegen die dicke Dame bestätigte. Er ging an der Mauer entlang, die den großen Park, der zu ihrem Haus gehörte, umschloß. Hinter der hohen, weißen Steinwand hatte der Park etwas sehr geheimnisvolles. Man hörte Wasser plätschern, und grüne Wipfel von Bäumen schauten herüber. Mit

kundigem Blick stellte Jan fest, daß einige davon Obstbäume waren. Der Zweig eines Pflaumenbaumes hing schwerbeladen mit blauen, glänzenden Früchten über die Mauer herüber. Er war wie eine freundliche Hand, die sich trotz allem aus diesem Grundstück herüberstreckte. Jan brauchte nur einen kleinen Luftsprung zu machen und schon hatte er die Faust voll praller, von der Sonne noch warmer Früchte. Doch ehe er die erste in den Mund stecken konnte, hörte er über sich eine kreischende Stimme:

„Wirst du wohl meinen Pflaumenbaum in Ruhe lassen, du Dieb du! Ich werde mich beschweren."

Jan hatte vor Schreck die Pflaumen fallen lassen. Aus einem Fenster des Hauses blickte ihn das zornrote Gesicht der dicken Dame an. „Dieb", rief sie noch einmal. Jan lief davon, so schnell er konnte. Nicht weil er Angst vor der dicken Dame hatte, aber weil ihm das Wort „Dieb", das sie immer wieder hinter ihm her schrie, die Tränen der Wut in die Augen trieb. Er war kein Dieb. Er hatte ein paar Früchte gepflückt, die auf die Straße herüberhingen. Aus Lehrer Pieselangs, seines Vaters Garten, schauten die Johannisbeerbüsche durch den Zaun, und niemand von der Familie Pieselang würde Kinder oder Leute Diebe nennen, die sich von der Straße aus davon eine Handvoll pflückten. Jan war so verletzt und zornig, daß er zu Hause als erstes in den Ziegenstall ging, wohin er sich stets zurückzog, wenn er nachdenken wollte. Er brütete finster vor sich hin. Sie hatte ihn Dieb genannt, ohne daß er einer war. Er mußte ihr klarmachen, daß es nicht stimmte. Aber das konnte er nicht, weil sie ihm nicht glauben würde. Nun gut, dann wollte er jetzt wirklich ein Dieb werden, damit sie ihn nicht umsonst beschimpft hatte.

Am Abend zog er seine Turnschuhe an, mit denen er besonders gut klettern konnte und holte sich einen Sack aus dem Geräteschuppen. Als er das Haus verlassen wollte, traf er Peter.

„Wo willst du mit dem Sack hin?"

Jan sah den jüngeren Bruder finster an: „Ich habe etwas Wichtiges vor, was ich dir nicht sagen kann."

Nun war Peters Neugier geweckt, und er quälte Jan solange, bis er alles aus ihm herausgefragt hatte.

„Nimm mich mit", flüsterte er aufgeregt.

Jan wollte abwehren, aber plötzlich kam ihm eine Idee. „Gut, du kannst Schmiere stehen und aufpassen, ob jemand kommt."

Peter tat vor Begeisterung einen Luftsprung.

„Benimm dich", herrschte Jan ihn an. „Sei nicht so kindisch, sonst kann ich dich nicht mitnehmen, das ist eine ernste Sache."

Sie beschlossen, daß Peter vor dem Park auf der Straße warten sollte, während Jan über die Mauer klettern und ein paar Bäume abernten würde. Den Sack mit den Früchten würde er dann über die Mauer werfen, wo Peter ihn auffangen sollte.

„Wenn jemand kommt, pfeifst du auf zwei Fingern: So." Jan stieß einen gellenden Pfiff aus, so daß eine Katze, die friedlich auf einer Mauer geschlummert hatte, einen entsetzten Sprung tat.

Peter war tief beeindruckt. Er übte den halben Weg lang, aber er konnte keinen so prächtigen Pfiff zustande bringen. Seine Finger waren schon ganz naß, und alles, was er hervorbrachte, war ein heiseres Quietschen.

„Nimm den Hausschlüssel", sagte Jan, „auf dem Hausschlüssel geht es leichter."

Woher sollte Peter mitten auf der Straße einen Hausschlüssel bekommen? Niemand von der Familie trug einen solchen in der Tasche, weil Pieselangs Häuschen nur nachts abgeschlossen wurde. Schließlich einigten sie sich auf einen Käuzchenschrei, und Peter übte den Rest des Weges das „Uhu, Uhu".

Als sie an Dickmadams Haus ankamen, war die Dämmerung schon weit fortgeschritten. Mit klopfendem Herzen sah Peter, wie Jan, ein paar schadhafte

318

Stellen an der Mauer ausnützend und sich an dem Pflaumenbaum hochziehend, hinüberkletterte und in dem Park verschwand. Dunkel und fast drohend schauten die Bäume und Büsche herüber. Bis auf das leise Plätschern von Wasser war es ganz still, so daß Peter sein eigenes Herz zu hören meinte. Er fühlte sich plötzlich sehr allein und verlassen. Sein Bruder schien in einem fernen, fremden Land zu sein. Wie lange Jan nun schon verschwunden war. Vielleicht gab es in dem Park eine Falle, die ihn festhielt, solange, bis er verhungerte, oder er war in einen Brunnen gefallen und kam nicht mehr heraus, oder ein großer Hund hatte ihn gebissen, und er war schwer verletzt. Doch davon hätte Peter etwas hören müssen, und Dickmadam hatte ja wohl nur den komischen kleinen Pinscher. Mit dem würde Jan schon fertig werden. Plötzlich wurde die Stille durch Schritte unterbrochen, die näher kamen, kräftige Männerschritte, die laut und bestimmt klangen.

„Uhu", rief Peter, „Uhu", und sein ‚Uhu' wurde lauter und angstvoller, als er sah, daß der, der dort kam, der neue Dorfpolizist war, ein großer kräftiger Mann mit einem finsteren Gesicht in einer Uniform mit steifem Kragen und blitzenden Stiefeln. Hinter der Mauer rührte sich nichts. Aber oben im Haus wurde ein Fenster geöffnet, und die Stimme von Dickmadam rief herunter:

„Dort ist der Dieb, Herr Wachtmeister, dort!" Sie zeigte mit ausgestrecktem Arm in den Park hinab.

Endlich schien Jan auf Peters Ruf zu reagieren. Aber gerade im ungünstigsten Augenblick. An der vereinbarten Stelle kam der Sack über die Mauer geflogen, doch nicht Peter, sondern der Polizist stand dort. Und da der Polizist nicht darauf gefaßt war, traf ihn der Sack mit voller Wucht. Er öffnete sich, und Äpfel,

Birnen und Pflaumen prasselten über den verblüfften Wachtmeister auf das Pflaster. Dann fiel Jan von der Mauer herunter und dem Polizisten direkt in die Arme.

„Ha!" schrie dieser, „ha, hier ist er, der Dieb, ich habe ihn", rief er stolz zum Fenster hinauf, aus dem sich die dicke Dame weit hinauslehnte, um sehen zu können, was unten vorging.

Der Polizist schubste Jan unter die nächste Straßenlaterne.

„Kennen Sie den?"

Oben kreischte die Dame: „Ja, er hat heute Mittag schon Pflaumen von einem Baum gestohlen. Er ist ein Dieb, ein richtiger Dieb, der Strafe verdient. Nehmen Sie ihn mit, Herr Wachtmeister. Und Dank auch, daß Sie auf meinen Telefonanruf hin so schnell gekommen sind. Ich werde es beim Herrn Bürgermeister lobend erwähnen. Ich werde ihm sagen, daß ich es in meinem Park rascheln hörte, daß ich zum Telefon eilte, die Polizei anrief und Sie in Minutenschnelle zur Stelle waren und mutig den Einbrecher festnahmen."

Der Mann räusperte sich verlegen und meinte dann: „Das ist doch selbstverständlich, man muß immer gleich da sein, wenn man gebraucht wird." Dann stieß er Jan an und sagte barsch: „Los, sag' deinen Namen!"

Jan preßte die Lippen zusammen und schwieg.

„Du sollst mir sagen, wie du heißt, damit ich deinen Eltern mitteilen kann, was du für ein feines Früchtchen bist!"

Jan schüttelte störrisch den Kopf.

„Gut, gut, wie du willst", sagte der Wachtmeister mit unterdrücktem Zorn, „dann kommst du eben mit auf die Wache und bleibst so lange bei mir, bis dir einfällt, wie dein Name ist."

Auf Peter achtete niemand. Er ging langsam hinter den beiden her und sah mit Entsetzen, wie der Polizist Jan am Arm gepackt hielt und ihn durch den Ort führte wie einen Verbrecher. Was würden die Leute dazu sagen? Da kam auch schon die kleine Karoline von der Hühnerfarm mit einem Korb voll Eier in der Hand die Straße entlang. Sie blieb stehen und sah mit offenem Mund Jan und den Polizisten an sich vorübergehen. Sie hörte, wie der Polizist sagte:

„Du kommst mit auf die Wache!"

Karoline rief „Uih!" und sauste davon, ohne Peter zu bemerken. Peter wußte, daß es nun bald das ganze Dorf erfahren würde: „Pieselangs Jan ist verhaftet worden!"

Jetzt fing er selber an zu laufen, so schnell seine Beine ihn trugen. Er schlug wie ein Hase einen Haken um das Paar vor ihm und lief, um nicht an ihnen vorbei zu müssen durch ein paar Seitenstraßen. Er wußte jetzt, wohin er wollte. Er wußte, wer allein diese dumme Geschichte wieder in Ordnung bringen konnte. „Oma!" rief er schon von weitem, als er sie im Hof sah, wie sie Wäsche von der Leine nahm. Ihre Gestalt in dem schwarzen Kleid war in der Dämmerung kaum

322

noch zu sehen. Aber ihre grauen Augen mit den lustigen Fältchen an den Winkeln waren wie zwei Lichter, als sie ihn anblickte. Er seufzte erleichtert auf und sagte:

„Hol' Jan aus dem Gefängnis!"

Wenig später betrat Oma die Polizeiwache. Der neue Wachtmeister saß an einem Tisch und beschäftigte sich mit einem Kreuzworträtsel. Er betrachtete erstaunt die zierliche alte Dame in ihrem altmodischen langen,

schwarzen Kleid, einem lila Hut auf dem Kopf, einem schwarzen Samtband um den Hals und mit einem Regenschirm in der Hand.

„Sie wünschen?"

Oma lächelte zaghaft. „Ach", sagte sie außer Atem, „darf ich mich setzen, ich bin ein wenig rasch gelaufen."

Sie wirkte so zerbrechlich, daß der Wachtmeister eilig aufsprang und ihr den zweiten Stuhl am Tisch näherschob. Oma ließ sich darauf sinken und betrachtete interessiert das Kreuzworträtsel.

„Aha, ein Silbenkreuzworträtsel", sagte sie, „finden Sie nicht auch, daß man die viel rascher herausbekommt als die Buchstabenrätsel?"

Der Polizist nickte. „Aber das macht bei mir nicht viel Unterschied", antwortete er, „ich rate alle Kreuzworträtsel sehr schnell, bin darin sehr geübt."

Oma sah ihn bewundernd an. „Das kann ich mir denken, als Wachtmeister sind Sie ja scharfes Denken gewöhnt. Wie scharf und genau müssen Sie zum Beispiel überlegen, wenn Sie einen Verbrecher festnehmen wollen."

Der Polizist nickte. „Das kann man wohl sagen. Gerade heute abend habe ich einen Fall sehr schnell erledigt, weil ich im richtigen Moment an der richtigen Stelle sofort zupackte."

Oma nickte anerkennend. „Ich habe schon davon gehört." Der Wachtmeister lächelte geschmeichelt. „Und Ihr Scharfsinn hat Sie sicher auch merken lassen", fuhr Oma freundlich fort, „daß der Dieb kein wirklicher Dieb ist, sondern nur ein Junge, der einen dummen Streich begangen hat, nicht wahr?"

Der Polizist sah sie etwas unsicher an, räusperte sich dann und sagte: „Na ja —"

Oma ließ ihn nicht weiterreden, sondern fuhr fort: „Fein, dann kann ich ihn ja gleich mitnehmen, denn so etwas erledigt man am besten in der Familie."

„Wie bitte?" Jetzt war der Wachtmeister sprachlos.

325

„Er ist nämlich mein Enkel", sagte Oma und beugte sich über das Rätsel. „Aber hören Sie, das stimmt hier nicht, drei waagerecht, europäisches Land, ist Holland und nicht Finnland, weil drei abwärts ein Männername gefragt ist und das ist Holger. Mit ,Finn' gibt es keinen Männernamen. Und muß hier nicht ,Milchkanne' hin?"

„Richtig!" rief der Wachtmeister erfreut, „dann heißt das hier ,Neger'."

Sie waren bald beide so in das Rätsel vertieft, daß sie keine Ruhe gaben, bis sie es zu Ende geraten hatten.

„So schnell hätte ich es alleine nie herausbekommen", sagte Oma bewundernd. „Aber nun wollen wir meinen Enkel holen, damit er Ihnen nicht die Zelle blockiert, wenn Sie heute nacht noch einen wirklichen Verbrecher fangen sollten."

Ein wenig zögernd, aber ohne Widerspruch, schloß der Polizist eine Tür auf, die auf einen Gang führte und eine zweite mit einem vergitterten Fensterchen. In der Zelle dahinter war nichts weiter als ein Stuhl und ein einfaches Bett. Auf dem Bett saß Jan, der ungewohnt blaß aussah, und blickte ihnen halb trotzig, halb ängstlich entgegen.

„So", sagte Oma, „komm jetzt, du mußt noch deine Rechenaufgaben machen." Sie nickte dem verblüfften Wachtmeister zu. „Wenn ich mal mit einem Rätsel gar nicht fertig werde, komme ich bestimmt zu Ihnen", sagte sie lächelnd. „Und nun auf Wiedersehen und schönen Dank auch, daß Sie meinen Enkel heute nacht hier beherbergen wollten."

Jan und Oma gingen schweigend nebeneinander her. Plötzlich brach es aus Jan hervor:

„Diese Gemeinheit, einfach die Polizei zu rufen, als wenn ich ein Verbrecher wäre!"

„Nun, als die Dame den Wachtmeister rief, warst du doch wirklich ein Dieb oder nicht?" fragte Oma.

„Ach, ich wollte doch nur ein bißchen klauen, weil sie mich heute mittag ‚Dieb' genannt hat, als ich wirklich keiner war." Und er erzählte Oma die Geschichte mit den Pflaumen. „Warum ist sie immer so gemein zu uns?"

„Weil ihr sie immer ärgert", sagte Oma.

Jan warf den Kopf zurück. „Sie hat angefangen, uns zu ärgern. Warum ist sie immer so mißtrauisch, und warum ist sie so dick? Sie braucht doch nicht so viel zu essen. Wenn sie nicht so dick wäre, würde keiner über sie lachen."

„Nun", meinte Oma nachdenklich, „vielleicht ist sie so dick, weil sie krank ist oder einsam." Auf Jans erstaunten Blick hin fuhr sie fort: „Wenn Menschen einsam sind, fangen sie manchmal an, viel zu essen, weil das etwas ist, was ihnen Freude macht und weil sie sonst keine Freude und Ablenkung haben. Und mißtrauisch ist sie wahrscheinlich, weil alle Leute darüber lachen, daß sie so dick ist. Ich glaube, sie ist ein sehr unglücklicher Mensch."

Jan hatte einen roten Kopf bekommen. „Meinst du wirklich?" fragte er zögernd, „dann müßte ich vielleicht —"

„Richtig", unterbrach Oma ihn, „genau das hab' ich auch gedacht. Wir pflücken morgen im Garten einen schönen Blumenstrauß, und du gehst damit zu der Dame und entschuldigst dich. Morgen ist Sonntag, da brauchst du nicht zur Schule, sondern kannst gleich am Vormittag zu ihr gehen."

Jan war verdutzt. So hatte er es eigentlich nicht gemeint. Er hatte etwas ganz anderes sagen wollen. Aber es war so schwierig, Oma beizubringen, daß sie sich geirrt hatte und daß er gar nicht so edel sein wollte. Sie wäre dann sicher ganz schrecklich enttäuscht. Also schwieg er lieber.

Am anderen Morgen wachte Jan fröhlich auf. Er schnupperte. Es roch nach Kaffee und frischen Milchbrötchen. Er merkte daran, daß Sonntag war, denn immer sonntags backte Oma Milchbrötchen mit Rosinen. Er sprang mit beiden Beinen aus dem Bett und juchzte. Hurra, heute war keine Schule und er konnte den ganzen Tag über tun, was er wollte. Zuerst würde er zu seinem Freund Frieder auf den Bauernhof gehen und sehen, wie es dem Fohlen ging, das dort gestern geboren worden war. Danach würde er — — doch das wollte er sich nach dem Frühstück überlegen. Er hatte einen Mordshunger. Er betrat die Küche, wo Brigitte, Peter und der kleine Rolf schon am Frühstückstisch

328

saßen und etwas blaß und besorgt aussahen. Was war denen in die Quere gekommen? Lehrer Pieselang las in der Sonntagszeitung, und vom Hof herüber ertönte das ‚Puttputtputt' der Mutter, die dort die Hühner fütterte. Oma stand am Herd und summte vor sich hin.

„Ich hab' dir deinen Sonntagsanzug übergebügelt", sagte sie munter und zeigte mit dem Kochlöffel auf Jans blauen Anzug mit den langen Hosen, der steif

und ordentlich auf einem Kleiderbügel am Haken an der Tür hing.

Jan sah verblüfft aus. „Warum soll ich denn den guten Anzug anziehen?" fragte er. „Im Stall macht man sich so leicht dreckig."

„Du machst einen besseren Eindruck, wenn du ordentlich gekleidet bist", meinte Oma.

Jan überlegte. Warum um Himmels willen sollte er bei Frieders Pferden einen guten Eindruck machen? Oma verschwand in der Speisekammer.

„Und sieh' mal", rief sie, als sie daraus wieder auftauchte, „ist der nicht schön? Der wird ihr sicher gefallen."

Sie schwenkte in der Hand einen großen Strauß von leuchtend bunten Astern. Jan dachte noch immer an Frieders Pferde und wunderte sich, daß er der Stute Pamina zur Geburt ihres Fohlens einen Strauß mitbringen sollte. Plötzlich aber fiel es ihm wie Schuppen von den Augen. Oma dachte gar nicht an die Stute Pamina, sondern an die dicke Dame. Und es schien bei Oma ganz gewiß zu sein, daß er hingehen und sich entschuldigen würde. Er wußte nicht mehr, was er gestern gesagt hatte. Hatte er sich wirklich dazu bereit erklärt? Er konnte sich gar nicht erinnern. Es mußte wohl doch so sein, sonst wäre Oma nicht so sicher. Der Morgen schien ihm plötzlich gar nicht mehr fröhlich, sondern traurig und düster zu sein. Als Mutter hereinkam und sie anfingen zu frühstücken, schob Jan die

330

Milchbrötchen fort. Er hatte keinen Appetit mehr. Nach dem Frühstück stand er schweigend auf, nahm seinen Anzug vom Haken und zog sich in seinem Zimmer um. Als er in die Küche zurückkam, um den Blumenstrauß zu holen, fragte er, nachdem er gesehen hatte, daß Vater und Mutter nicht in der Nähe waren:

„Aber was soll ich denn sagen?"

„Nun", sagte Oma, „das ist nicht schwer. Du sagst, daß es dir leid tut. Du hättest die Pflaumen genommen, weil du dachtest, das dürftest du. Du wärest in den Park nur reingeklettert, weil die Dame dich am Vormittag ‚Dieb' gerufen hätte. Das wäre von dir bestimmt nicht recht gewesen und du möchtest um Entschuldigung bitten."

Brigitte und Peter, die gewartet hatten, sprangen auf.

„Wir bringen dich hin", sagte Brigitte. Als sie vor dem Haus standen, meinte sie plötzlich: „Wir nehmen den Rolf mit."

„Das Baby?" fragte Jan finster. „Was willst du denn mit dem?"

„Du weißt, daß alle Damen den Rolf immer süß finden, und wenn die dicke Dame ganz böse ist, lassen wir ihn weinen."

Nun gut, Rolf konnte vielleicht ganz nützlich sein. So lief Brigitte schnell noch einmal zurück, um ihn zu holen. Rolf war ein reizender kleiner Kerl von vier Jahren. Er sah ganz anders aus als die übrigen Pieselang-Kinder, die blond und kräftig und rotbäckig waren. Rolf war zart und klein und hatte den ganzen Kopf voller dunkelbrauner Locken und große goldbraune Augen, die er so unschuldig aufschlagen konnte, daß kaum eine ältere Dame an ihm vorbeiging, ohne zu sagen:

„Wie süß, was für ein entzückendes Kind!"

Und wenn er lächelte, kramten sie in ihren Taschen nach Bonbons und Schokolade. Rolf hatte davon immer etwas in der Hosentasche und war sehr freigebig gegen die Geschwister. Wenn er weinte, konnte er beinahe alles erreichen, was er wollte. Warum er jetzt mitkommen sollte, verstand er zwar nicht. Er hörte aber interessiert zu, wie Jan die Entschuldigungsrede übte und Brigitte ihm immer wieder vorsagte, wenn er nicht weiter wußte. Der Weg fiel ihnen heute recht schwer. Wie lustig war es dagegen gestern gewesen, als Jan und Peter die gleiche Straße entlanggewandert waren und Jan Pfeifen und Käuzchenschreie geübt hatte.

Finster und abweisend sah das große Haus aus, als sie dort ankamen. Jan, der alles möglichst schnell hinter sich bringen wollte, drückte auf den Klingelknopf am Tor. Es schnarrte, ohne daß sich jemand zeigte. Das Tor öffnete sich, ebenfalls die Haustür, und Jan verschwand. Peter und Brigitte sahen sich an.

„Ob sie ihn doll verhaut?" fragte Peter mit bebender Stimme.

Sie zankten sich zwar oft; sorgten sich aber umeinander, wenn einer von ihnen in der Patsche saß. Lange Zeit starrten sie das Haus an, das geschlossene Eisentor, die Fenster, hinter denen niemand zu sehen war, die grauen Wände mit den Zinnen und Türmchen. Alles wirkte abweisend und unheimlich. Dort drinnen

war ihr Bruder, und niemand von ihnen wußte, was ihm geschah. Niemand konnte ihm helfen.

„Weißt du", sagte Brigitte zu Rolf, „wenn die dicke Dame hinter Jan her rennt und uns auch verhauen will, dann fängst du an zu weinen."

Rolf sah Brigitte entsetzt an und nickte.

Endlich öffnete sich die Haustür und Jan erschien, hinter ihm die dicke Dame, ihre Hand auf seiner Schulter. Brigitte und Peter stießen sich an. Wollte sie ihn wieder ins Gefängnis bringen?

„Los, heule, schnell!" flüsterte Brigitte Rolf zu, und Rolf ließ große Tränen aus seinen Augen stürzen. Sie rannen über seine schmalen Wangen und machten im

Nu sein Kittelchen naß. Er verzog den Mund und schluchzte, daß es einen Stein erweichen konnte. Nein, aus Stein schien das Herz der dicken Dame nicht zu sein.

„Aber was ist denn, Herzchen?" rief sie entsetzt und beugte sich zu Rolf hinunter. Dann verschwand er in ihren Armen und lag an ihrer großen, weichen Brust. Doch weil er seinem Bruder helfen wollte, schluchzte er immer noch, als sie ihn wieder freiließ.

„Hör auf zu heulen!" rief Jan, „es ist nicht nötig!"

Sofort erschien ein strahlendes Lächeln auf Rolfs Gesicht. Dieses Lächeln unter Tränen war so rührend, daß die dicke Dame hastig in den Taschen des Kleides zu kramen begann und schließlich ein paar Bonbons fand und sie Rolf in den Mund schob.

„Wir sollen mit reinkommen", sagte Jan. „Sie hat eine Torte gebacken, nur so zum Spaß, und nun freut sie sich, daß jemand kommt und sie aufißt."

„Aber", flüsterte Peter, als sie sich durch die Tür drängelten, „hat sie dich nicht verkloppt?"

Jan sah ihn von oben herab an. „Mich, warum denn? Wenn man sich anständig entschuldigt, verkloppt einen doch keiner. Außerdem ist sie gar nicht so schlimm, wie wir immer gedacht haben. Sie ist ganz nett."

Einigermaßen beruhigt liefen Peter und Brigitte hinter der Dame her, die Rolf an der Hand hielt, welcher unbefangen und fröhlich mit ihr plauderte. Sie

335

gingen einen langen Gang entlang und kamen an seinem Ende in eine riesige Küche, strahlend weiß gekachelt, mit blitzenden Herden und Geräten und Borden, auf denen auf Hochglanz polierte Töpfe und Tiegel standen. Überall an den Wänden hingen Sprüche: „Eigener Herd ist Goldes wert" und „Wer gut kocht, hat ein gutes Herz" und andere. Die Sprüche waren in Kreuzstich auf weiße Tücher gestickt. Unter dem Fenster stand ein mit rosa Kissen gepolstertes Körbchen, in dem der kleine Hund lag und sie feindlich anblickte. Auch über ihm hing ein Kreuzstichspruch: „Ein gutes Gewissen ist ein sanftes Ruhekissen." Frau Hubermeier nahm aus dem Kühlschrank eine Torte heraus, eine so schöne Torte, wie die Kinder sie noch nie gesehen hatten. Sie war mit Schokoladencreme gefüllt und verziert. In einem Kranz von kandierten Früchten war mit Schlagsahne „Guten Appetit" daraufgespritzt.

„Selbst gebacken", sagte sie, „aber nun kommt, wir wollen sie probieren", und sie stellte die Torte auf den Tisch. Mit einem breiten Messer schnitt sie schonungslos in die schöne Verzierung hinein, und bald hatte jedes Kind ein großes Stück Torte auf dem Teller. Sie aßen schweigend. Die Torte war so gut, daß sie sich ganz darauf konzentrieren mußten und erst einmal gar nichts sagen konnten. Schließlich aber brachte Jan mühsam ein „toll" heraus. Nun war der Bann gebrochen.

336

„Mh, ist das gut!" rief Peter und Brigitte: „Ganz, ganz prima!" Und der winzige Rolf starrte traurig auf seinen schon leeren Teller und piepste:

„Darf ich noch ein Stück haben?"

Frau Hubermeier lächelte: „Aber ja, mein Kleiner. Es freut mich, daß es euch schmeckt. Schon mein seliger Rudolf sagte immer: ‚Antonie, du bist eine Künstlerin.' Als er gestorben war, hatte ich niemanden mehr, der meine Kochkünste bewunderte. Da zog ich fort aus der Stadt, wo wir so glücklich gewesen sind. Doch das Kochen wollte ich nicht aufgeben. So suchte ich ein Haus mit einer Küche, die all' meine Ansprüche befriedigte. Hier in diesem Haus habe ich die Küche gefunden, in der ich nach Herzenslust kochen, braten und backen kann. Ich habe alle Geräte dafür. Ich koche und backe die köstlichsten Dinge. Aber niemand sagt mehr: ‚Toni, das hast du wieder wunderbar gemacht' oder ‚Antonie, niemand kann den Braten so zubereiten wie du', und alles, alles muß ich alleine aufessen!"

Frau Hubermeier traten die Tränen in die Augen und das sah so traurig aus, daß Rolf anfing zu weinen.

„Ach Kinder", seufzte die Dame und wischte sich energisch die Tränen ab, „heute brauche ich die Torte nicht alleine zu essen, denn ihr helft mir."

Peter hatte schon eine Weile zu dem Hündchen in dem Korb geblickt, das sie immer noch mit seinen dunklen Augen unter seinen Ponyfransen hervor mißtrauisch anstarrte.

„Hilft der Hund Ihnen nicht, Ihre Sachen auf-
zuessen?" fragte er.

„Fiffi", die Dame lachte, „Fiffi hat gar keine Lust
zu fressen. Er stellt sich furchtbar dabei an und würde
am liebsten gar nichts zu sich nehmen. Ich muß ihm
immer lange zureden, damit er etwas frißt, manchmal
ein bißchen Huhn oder ein Löffelchen voll Schlagsahne. Er guckt jetzt auch so böse, weil er denkt, er
soll fressen."

Richtig, nachdem die Torte wieder im Kühlschrank
verschwunden war, kam Fiffi aus dem Körbchen
heraus, ließ sich streicheln und sprang sogar auf Brigittes Schoß.

Die kleine Gesellschaft plauderte und lachte, und die
Kinder mußten von Zuhause und von ihrer Oma erzählen, die keine gewöhnliche Oma war, sondern auch
beinahe so gut kochen konnte wie Frau Hubermeier
und außerdem noch Rollschuhe und Schlittschuhe lief
und ihnen immer half, wenn sie in Schwierigkeiten
waren. Und sie erzählten, daß die Idee von der Entschuldigung von Oma kam, und Frau Hubermeier
meinte, sie würde Oma gerne kennenlernen; sie wurde
immer lustiger, und wenn sie lachte, hatte sie in ihren
runden Wangen zwei Grübchen, und plötzlich sagte
Rolf:

„Wenn du lachst, bist du viel hübscher, als wenn du
schimpfst!"

338

Alle hielten die Luft an, und Brigitte und Jan und Peter glaubten, daß es nun wieder vorbei sein würde mit ihrer Freundschaft mit Frau Hubermeier. Denn sie würde doch sicher böse sein: Erstens, daß Rolf sie ‚du' genannt und zweitens, daß er an ihr schlimmes Schimpfen erinnert hatte. Die Dame wurde sehr rot. Aber dann fing sie wieder zu lachen an, und sie lachte

so sehr, daß sie Tränen in den Augen hatte, und sie nahm Rolf noch einmal in die Arme, und er verschwand so vollständig, daß die Geschwister beinahe Angst um ihn bekamen. Aber dann tauchte er wieder auf, war ebenso rot wie Frau Hubermeier und lachte auch.

Als die Kinder sich verabschiedeten, sagte Frau Hubermeier: „Ihr müßt mich recht bald wieder besuchen."

Auf dem Heimweg liefen sie so schnell sie konnten, um Oma möglichst bald zu erzählen, was sie heute vormittag erlebt hatten.

„Also, die Frau Hubermeier ist wirklich prima", sagte Jan, „und wer sie von jetzt an ärgert, der kriegt es mit mir zu tun."

Fiffis wilde Jagd

Von nun an machte niemand mehr einen Bogen um Frau Hubermeiers Haus. Im Gegenteil. Fast an jedem Nachmittag war mindestens eines von Pieselangs Kindern dort und half ihr. Zum Beispiel bei der Obsternte im Garten. Der Garten war riesig, voller Büsche und alter Bäume, ein bißchen verkommen, aber dadurch besonders geheimnisvoll. Die Zweige der Buchen hingen bis tief auf die Erde hinab und schufen Lauben und Höhlen, die ideal zum Versteckspielen waren. Mitten in einem verwilderten Rosenbeet plätscherte ein kleiner Springbrunnen. Ein lachender, nackter Junge aus Bronze hielt einen Fisch unter dem Arm, aus dessen bemoostem Maul Wasser rieselte.

Auch das Haus war geheimnisvoll mit seinen vielen Zimmern, Kellern und Dachböden, die Frau Hubermeier selber noch gar nicht alle kannte. Manchmal, an Sonntagen, erlaubte sie den Kindern zu stöbern und dann zogen sie durch die staubigen Böden, kramten in dem Gerümpel, das dort lag, und holten die merkwürdigsten Sachen hervor. Frau Hubermeier saß in der Küche und wartete gespannt, was sie wohl heute finden würden. Um sich die Zeit zu vertreiben, backte sie ein paar Krapfen in schwimmendem Öl. Es gab ein großes Hallo, als die Kinder endlich auftauchten. Einmal fanden sie Baströckchen, buntbemalte Negerschilde und Speere, die ein Vorbesitzer des Hauses wohl von einer Afrika-Reise mitgebracht hatte. Ein andermal kamen sie in alten Faschingskostümen vom Boden herunter: Jan als Teufel mit einer wilden Fratzenmaske, Brigitte als weißes Gespenst, Peter als Landsknecht mit Pappschwert und Federhut, und den kleinen Rolf hatten sie als Prinzessin verkleidet mit einem rosa Schleiergewand und einer Krone auf den braunen Locken. Er gefiel sich aber als Prinzessin nicht und heulte laut:

„Ich will auch ein Teufel sein!"

Die schluchzende „Prinzessin" sah so mitleiderregend aus, daß Frau Hubermeier ihr schnell die Krone vom Kopf riß, sie aus den Schleiern wickelte und dem

kleinen Buben, der darunter hervorkam, einen Krapfen in die Hand drückte, was seine Tränen sofort trocknete.

Natürlich mußte Frau Hubermeier auch Oma kennenlernen und bald kehrte sie, wenn sie aus der Stadt vom Einkaufen am Lehrerhäuschen vorbeikam, regelmäßig dort ein, saß bei Oma in der Küche, um sich zu verschnaufen und plauderte mit ihr. Sie tauschten Kochrezepte aus und luden sich schließlich gegenseitig ein, ihre besten Gerichte zu probieren. In der ersten Zeit gab es zur Freude der Kinder fast jede Woche irgendein Festessen, entweder bei Frau Hubermeier oder bei Oma. Innerhalb von einem Monat nahm der kleine Rolf acht Pfund zu, so daß Oma schließlich bei ihren Essen nur noch Rohkost servierte.

Brigitte war oft bei Frau Hubermeier, um Fiffi zu baden und zu kämmen, weil es der Dame schwerfiel, sich zu bücken. Fiffi war ein ganz besonderer Hund. Er konnte lieb und fröhlich und verspielt sein wie ein junges Kätzchen, dann blitzten seine schwarzen Augen unter dem weißen Zottelhaar lustig hervor. Er tobte mit den Kindern im Garten herum, schleppte riesige Zweige herbei, die dreimal so groß waren wie er selber und ließ sich auf den Schoß nehmen und streicheln. Manchmal wollte er aber nicht gestört werden. Dann konnte er knurren und zornig kläffen, wenn man sich ihm näherte. In der äußersten Ecke des Zimmers verkroch er sich, wenn er etwas fressen sollte. So sehr Frau Hubermeier ihn bat und ihm schmeichelte, er kam nicht hervor. Erst wenn sich niemand um ihn kümmerte, kroch er aus der Ecke, ging an sein mit roten Rosen bemaltes Freßnäpfchen und suchte sich mit spitzer Schnauze ein bißchen Hühnchen heraus oder schleckte ein winziges Kleckschen Schlagsahne. Wenn er aber kein Hühnchen und keine Schlagsahne vorfand, dann schnüffelte er nur, wandte sich ab und kroch mit einem beleidigten Gesicht in seine Ecke zurück.

344

„Fiffi wird eines Tages noch verhungern", jammerte Frau Hubermeier. Aber Oma sagte:

„Keine Angst, der sieht schon, wo er bleibt. Gestern sah ich ihn in Bauer Hansens Misthaufen wühlen."

Aber das wollte Frau Hubermeier auf keinen Fall glauben. Sie meinte, das müßte ein anderer Hund gewesen sein. Fiffi wurde maßlos verwöhnt. Wenn es kühl wurde, zog Frau Hubermeier ihm ein selbstgestricktes Pulloverchen über, und wenn sie zum Einkaufen ins Dorf gingen, bekam Fiffi ein buntes Schleifchen ins Haar, passend zu Frau Hubermeiers Hut. Brigitte liebte ihn innigst, und wenn sie kam, vollführte er wahre Indianertänze vor Freude. Brigitte hatte sich auch einmal mit Jan geprügelt, was sie seit ihrer Kleinkindzeit nicht mehr getan hatten, weil Jan gesagt hatte, Fiffi wäre eine Zierpuppe.

In diesem Jahr gab es einen frühen und kalten Herbst. Morgens, wenn die Kinder aufwachten, waren die Wiesen schon bereift, und die Mutter suchte die dickeren Pullover und warmen Anoraks hervor. Als sie eines Tages aus der Schule kamen, trafen sie Frau Hubermeier mit Fiffi. Frau Hubermeier sah noch einmal so dick aus, weil sie sich in einen prächtigen, flauschigen Pelzmantel gehüllt hatte. Fiffi trug seinen Pullover; trotzdem zitterte er wie Espenlaub. Die Kinder streichelten ihn, doch je mehr sie ihn streichelten, um so mehr zitterte er.

345

„Er müßte auch einen Pelzmantel haben", sagte Peter.

Frau Hubermeier sah einen Augenblick lang verblüfft aus, dann legte sie Peter die Hand auf den Kopf und sagte: „Du bist ein kluges Kind." Darauf machte sie sich eilig auf den Heimweg.

Ein paar Tage später stand Oma in der Küche und briet Würste. Diese Würste, die sie mit Majoran würzte, waren ihre große Spezialität. Brigitte, Peter, Rolf und der Kater Fridolin umlagerten den Herd und schnupperten den köstlichen Duft ein. Plötzlich wurde die Tür aufgerissen und Jan stürmte herein.

„Oma", rief er ganz außer Atem, „alle Hunde im Dorf sind verrückt geworden, sie jagen Fiffi. Frau Hubermeier ging mit Fiffi ins Dorf, und plötzlich wurden die Hunde wild und jagten ihn. Und er lief und lief und sie immer hinter ihm her, bis zum Wald. Und da ist er in ein Kaninchenloch gekrochen. Aber die Hunde sind alle drumrum und winseln und bellen und versuchen, ihn herauszuscharren. Ich bin mit dem Rad nebenhergefahren und habe alles gesehen."

„Aber warum denn? Die Hunde haben doch Fiffi sonst nichts getan!" rief Brigitte.

„Ich weiß nicht." Jan überlegte. „Vielleicht, weil er so einen komischen Pelzmantel anhat."

„Ja", rief Brigitte, „Frau Hubermeier hat ihm einen Pelzmantel aus Kaninchenfell genäht — und ..."

"Nun denken die Hunde, er wäre ein Kaninchen", vollendete Oma. Sie band die Küchenschürze ab und fragte: "Wer verzichtet heute mittag auf sein Würstchen?"

Brigitte, die alles für Fiffi tat, sagte rasch: "Ich" und ersparte den Brüdern so einige Seelenqualen.

"Schnell!" rief Oma, "holt die Räder aus dem Schuppen."

"Aber meins ist kaputt", rief Peter.

„Aber ich hab' doch noch keins", schluchzte Rolf.

Oma kümmerte sich nicht um sie, sondern packte ihr eigenes und Brigittes Würstchen in Butterbrotpapier, suchte eine Schnur aus dem Tischkasten und rief die Mutter, damit sie die Würste zu Ende briete.

„Was habt ihr denn schon wieder vor?" fragte die Mutter ganz verwirrt.

„Wir sind bald wieder zurück!" rief Oma und eilte auf den Hof, wo Brigitte ihr und Omas Rad bereithielt.

Die Bauern staunten wieder einmal über die Pieselangs, als sie die wilde Jagd bemerkten, die durch das Dorf preschte. Voran Jan auf seinem Rennrad, dahinter Oma, die in einem Körbchen an der Lenkstange, in das er kaum noch hineinpaßte, Rolf sitzen hatte, und dahinter Brigitte mit Peter auf dem Gepäckträger. Als sie die letzten Häuser des Dorfes erreicht hatten, bogen sie in einen holprigen Feldweg, der zum Wald führte. Hier überholten sie die schluchzende Frau Hubermeier, die auf ihren hohen Absätzen gefährlich dahinschwankte. Schon von weitem hörten sie das Jaulen und zornige Bellen der Hunde. In einem dichten Rudel umlagerten sie das Kaninchenloch. Die Pieselangs waren erleichtert, als sie sahen, daß es ihnen noch nicht gelungen war, an Fiffi heranzukommen. Aber der Hund vom Bauern Hagen scharrte mit seinen großen Pfoten gefährlich rasch den Eingang des Baues weiter aus. Oma sprang vom Rad. Sie packte die Brat-

348

würstchen aus und schwenkte sie in der Luft wie ein Chorknabe seinen Weihrauch. Zuerst hörte ein schwarzweißer Jagdhund auf zu bellen, wandte sich um und schnüffelte. Er näherte sich Oma und bat mit Augen, Ohren und Schwanz um das Würstchen. Oma schwenkte es aber näher bei den anderen Hunden, und wirklich wurde nach und nach die Aufmerksamkeit aller Hunde von dem Kaninchenloch abgelenkt. Nun band Oma das Würstchen mit einer Schnur an Jans Rad.

„Fahr so schnell du kannst!" rief sie.

Jan trat in die Pedale und sauste davon. Das Würstchen an seiner Schnur flog hinterher und lockte die Meute der Hunde nach. In einer Staubwolke entschwanden sie zum Dorf hin. Brigitte hatte sich vor das Kaninchenloch gekniet.

„Fiffi", rief sie, „Fiffilein!" Doch nichts rührte sich. „Er wird nicht aus dem Loch herauskommen", jammerte Brigitte, „und dann werden die Hunde wiederkommen und ihn doch noch herausbuddeln."

Oma nahm das zweite Würstchen und legte es vor den Eingang des Baues.

„Aber er frißt doch nur Hühnchen", meinte Peter.

Oma sah ihn mißbilligend an. „Meine Bratwürstchen hat noch niemand verschmäht."

Tatsächlich. Gerade in dem Moment, als die schluchzende, atemlose Frau Hubermeier den Weg entlanggeschwankt kam, kroch Fiffi vorsichtig äugend aus dem Loch, schnüffelte und wollte sich über die Wurst hermachen. Aber zuerst zog ihm Oma das zerfetzte, schmutzige Pelzmäntelchen aus.

„Frau Hubermeier", sagte sie, „ein Hund ist kein Mensch, der einen Mantel braucht."

„Er fror doch so", jammerte Frau Hubermeier, „da hab' ich ihm aus dem Kaninchenfell, das ich gegen Rheuma hatte, ein Mäntelchen genäht. Ich wollte doch nicht, daß er sich erkältet."

„Nun, das hätte ihm beinahe das Leben gekostet", sagte Oma und warf den Mantel in die Büsche hinein. „Ein Hund hat sein eigenes Fell, das schützt ihn genügend, und wenn er trotzdem friert, muß er tüchtig laufen, dann wird ihm bald warm."

Den ganzen Rückweg über sammelten die Kinder Steine und Stöckchen, warfen sie fort und Fiffi lief hinterher, um sie zu suchen. Er kläffte so vergnügt, wie man es bei ihm gar nicht kannte, und zitterte kein bißchen mehr. Ab und zu wälzte er sich vor lauter Übermut im Straßenstaub, was Frau Hubermeier zu kleinen entsetzten Schreien veranlaßte.

Die Schwalben

Oma und Peter kamen die Straße entlang, die aus dem Dorf zu Lehrer Pieselangs Häuschen führte. Peter hatte den Schulranzen auf dem Rücken, und Oma trug eine Einkaufstasche. Vorige Woche war es noch warm und sonnig gewesen, aber nun, obgleich erst Ende September, war es kalt. Sie mußten gegen einen eisigen

Wind ankämpfen. Peter tränten die Augen, und es fror ihm die Nasenspitze.

„Es ist ein Wetter wie im Dezember", sagte Oma und blickte besorgt in den Himmel. „Ich glaube, wir kriegen Schnee."

„Hurra", rief Peter. Aber Oma schüttelte den Kopf.

„Schnee, so früh im Jahr, kann viel Unglück für Pflanzen und Tiere bringen."

Eine Weile gingen sie schweigend. Selbst Peter, der sonst eine Plaudertasche war, hielt des Windes wegen den Mund geschlossen. Plötzlich blieb er wie angewurzelt stehen. Vor seinen Füßen hockte eine Schwalbe. Sie saß dort, die Flügel zusammengefaltet und blickte ihn aus ihren schwarzen Äuglein unruhig an.

„Oma, sieh mal." Peter bückte sich und hob den Vogel auf, was er sich widerstandslos gefallen ließ. „Ob er krank ist?"

Oma strich mit ihrem Zeigefinger leise über das schwarze Köpfchen. „Vielleicht ist es die Kälte. Wir werden ihn mit nach Hause nehmen und vorsichtig aufwärmen."

Peter hielt den ganzen Weg über das Vögelchen in der einen Hand und hatte die andere wie ein Dach darübergedeckt. Es kuschelte sich in seinen warmen Wollhandschuh und war ganz still. Doch sein Herz klopfte so stark, daß Peter es durch den Handschuh spürte. Als sie nach Hause kamen und Peter seinen Fund vorzeigen wollte, war dort schon große Aufregung. Auf dem Fensterbrett saß ein Schwalbenpärchen dicht aneinandergerückt und blickte ängstlich auf die Mutter und den kleinen Rolf, die versuchten, es mit Haferflocken zu füttern. Die beiden Tierchen waren durch das offene Küchenfenster hereingekommen. Peter setzte seine Schwalbe dazu, und als sie wärmer wurde, fing sie jämmerlich an zu piepsen. Wie kläglich sahen die Vögelchen jetzt aus, plump und unbeholfen. Im Sommer kannten die Kinder sie als flinke, elegante Flieger, die am blauen Himmel in schönen großen Bögen dahinjagten und plötzlich gewandt einen Haken schlugen, um ein Insekt zu erhaschen. Wie Vater Pieselang den Kindern erzählt hatte, fraßen Schwalben fast nur im Flug.

„Vielleicht müssen wir die Haferflocken in die Luft werfen, damit sie sie fressen", schlug Peter vor und fing gleich damit an, begeistert nachgeahmt von dem kleinen Rolf. Aber als sie aus dem Flockengestiebe wieder auftauchten, mußten sie nur niesen. Die Vögel saßen weiter als traurige kleine Klümpchen auf dem Fensterbrett.

„Sie werden nur Fliegen oder Würmer fressen",
sagte Oma.

Peter und Rolf gingen gleich auf die Fliegenjagd
und hatten tatsächlich Erfolg. Das Schwalbenpärchen,
das schon in der Küche etwas aufgetaut war, ließ sich
dazu herab, kleine Fliegen zu verspeisen.

Als Brigitte von der Schule nach Hause kam, gab es
eine neue Überraschung. Sie trug in jeder Manteltasche
ein erstarrtes Schwälbchen und ihre Freundin Caroline
von der Hühnerfarm sogar drei.

„Der Wind und die plötzliche Kälte haben einen
Zug Schwalben überrascht, der in den Süden fliegen
wollte", sagte Oma. „Wir müssen draußen suchen, ob
wir nicht noch mehr Tiere finden."

In diesem Augenblick hörten sie eine Nachbarin
rufen: „Frau Pieselang, sehen Sie nur, da liegen ja
lauter erstarrte Vögel!"

„Wo ist Jan?" fragte Oma.

„Er muß mit seiner ganzen Klasse nachsitzen und
eine Strafarbeit schreiben, weil sie heute so schlecht
ihre Schularbeiten gemacht hatten."

„Welch ein Glück!" rief Oma. „Da, nimm sofort das
Fahrrad, Brigitte, und bitte den Lehrer, daß er mit der
Klasse rasch hinausgeht, um Schwalben einzusammeln
und in unsere Küche zum Aufwärmen zu bringen.
Nimm ein paar Körbe und Taschen mit und verteil'
sie."

Dann rief Oma ihren Sohn, den Lehrer Pieselang, in der nächsten Kleinstadt an und bat ihn, auf dem Heimweg von seiner Schule aus der Tierhandlung des Ortes so viele Mehlwürmer wie möglich mitzubringen. Lehrer Pieselang, der gerade eine Lehrerkonferenz hatte, beschloß, diese zu unterbrechen und sofort zu kommen. Als nächstes telefonierte Oma mit der Landeshauptstadt, wo ihr Bruder Zoodirektor war. Onkel Ludwig, wie die Kinder ihn nannten, brummte erst einmal ein wenig ratlos vor sich hin.

„Wärm' die eingesammelten Vögel vorsichtig auf und sieh zu, daß du sie auf dem schnellsten Weg in den Süden bringst", riet er.

Außer Mutter, die die Schwalben, die eingesammelt wurden, in Empfang nahm, machte sich die ganze Familie Pieselang mit Körben und Taschen auf, um Schwalben zu suchen. Wirklich lagen und hockten auf den stoppligen Feldern, besonders in Erdkuhlen und Gräben, hunderte erstarrter kleiner Vogelkörper. Manche waren in Klumpen aneinandergedrückt und hatten die Köpfe in der Mitte zusammengesteckt, so daß die spitzen Schwänze wie seltsame Igelstacheln nach außen ragten. Von der Schule her kam ihnen Jans Klasse entgegen, und ihr Lehrer, Herr Richter, und Oma zeigten den Kindern, daß sie sehr behutsam mit den erstarrten Vögeln umgehen mußten. Die Kinder wurden in Sammler und Läufer eingeteilt. Die Läufer liefen immer zwischen Pieselangs Haus und dem Feld hin und her, um die schon eingesammelten Vögel zum Haus und in Pieselangs Küche zu bringen. Es waren Hunderte von Schwalben, die auf der gefrorenen Erde lagen. Das Unwetter schien einen großen Schwarm erwischt zu haben, dessen Reise nach dem Süden so jäh unterbrochen wurde. Der Suchtrupp war froh, als neue Hilfe kam. Lehrer Pieselang hielt mit seinem alten Auto, das er vor ein paar Wochen billig gekauft hatte, am Straßenrand und lud das Lehrerkollegium seiner Schule aus, das er gleich mitgebracht hatte. Die Herren machten sich genauso eifrig wie die Schulkinder ans Werk, während Vater Pieselang zuerst nach Hause

fuhr, um die Mehlwürmer abzuliefern. Sie mußten ohne Handschuhe arbeiten, um die Vögel nicht zu verletzen. Bald waren ihnen die Finger starr, und der Wind zerrte an ihren Kleidern, ließ Omas langen Rock flattern und fegte den Hut eines Lehrers über das Feld.

Am frühen Nachmittag war die Suche beendet, und in Pieselangs Küche saßen auf Fensterbrettern, Tisch, Stühlen, Schränken, auf den Borden, auf der Hängelampe, ja, auf der warmen Herdplatte Hunderte von Schwalben. Gekocht werden konnte heute nicht, weil die Küche nicht zu benutzen war, und weil Mutter Pieselang genug zu tun gehabt hatte, die Vögel mit Mehlwürmern zu füttern. Der ganze Suchtrupp wurde aber stattdessen auf der Hühnerfarm zu gekochten Eiern und Butterbroten eingeladen. Der Holzerbauer nebenan spendete dazu eine große Kanne Milch. Die Kinder schmausten vergnügt und waren stolz und glücklich, daß sie so vielen Schwälbchen das Leben gerettet hatten; aber Oma und die Lehrer waren schweigsam. Hatten sie den Vögeln wirklich das Leben gerettet? Die Tiere konnten nicht den ganzen Winter über in Pieselangs Küche bleiben, und die Mehlwürmer würden auch nicht ewig reichen. Der Zoodirektor hatte geraten, man sollte die Tiere nach dem Süden bringen. Aber wie sollte man das ermöglichen?

Schließlich nahm Oma Handtasche und Regenschirm und machte sich auf, die Sache mit ihrem guten Freund, dem Stationsvorsteher, zu besprechen. Als sie zurück-

359

kam, war ihre Miene immer noch besorgt. Zwar hatte der Stationsvorsteher ihr gesagt, daß er die Tiere ohne weiteres als Frachtgut mitnehmen könnte und wahrscheinlich eine Sondergenehmigung bekäme, den D-Zug nach Rom, der morgen früh um sechs Uhr durch den Ort kommen würde, ausnahmsweise anzuhalten. Aber wer sollte die Kosten dafür übernehmen? Es würde ganz schön teuer sein. Diese Summe würde die Eisenbahn sicher nicht zur Verfügung haben.

Auch die Kinder hatten nun verstanden, daß ihre Rettungsaktion noch nicht gelungen war. Mit kummervollem Herzen machte Brigitte sich auf den Weg zu Frau Hubermeier, der sie versprochen hatte, Fiffi heute zu baden. Als sie eine halbe Stunde später die Tür zum großen Wohnraum der Hühnerfarm aufriß, wo der Suchtrupp noch immer beriet, lachte und jubelte sie:

„Sie gibt uns das Geld, hurra, sie gibt uns das Geld!"

Es dauerte eine Weile, bis man verstanden hatte, daß Frau Hubermeier sich bereit erklärte, die Frachtkosten zu zahlen.

„Ich bin reich", hatte sie gesagt, „und ich weiß gar nicht, was ich mit dem vielen Geld anfangen soll. Warum soll ich es nicht für einen so guten Zweck ausgeben?"

Sie hatte nur zur Bedingung gemacht, daß sie den Schwalbentransport in den Süden begleiten dürfte. Nun begann eine wirbelnde Geschäftigkeit. Jan wurde mit dem Fahrrad zum Stationsvorsteher geschickt mit

360

der Bitte, mit seiner Behörde alles zu regeln und morgen früh den Zug anzuhalten. Carolines Vater, der Besitzer der Hühnerfarm, erklärte sich bereit, die Vögel mit seinem Lastwagen zur Bahn zu fahren. Außerdem stellte er einige Vogelkäfige zur Verfügung, die er sonst benutzte, wenn er Hühner kaufte oder verkaufte. Allerdings reichten sie nicht aus und so wurden die Kinder des Suchtrupps im Ort herumgeschickt, um nach Vogelkäfigen oder Pappkartons zu fragen. Anschließend mußten die Kartons mit Löchern versehen werden. Peter, Brigitte und Jan erhielten vom Lehrer schulfrei, um Oma, Rolf und Frau Hubermeier beim Schwalbentransport zu begleiten, unter der Bedingung, daß sie später in ihren Klassen von der Aktion berichten würden. Dann brachte man die frohe Nachricht Mutter Pieselang, die vom Mehlwürmerfüttern ganz erschöpft war, denn mit zunehmender Erwärmung waren die kleinen Gäste immer hungriger geworden. Sie war sehr erleichtert. Allzulange würde die Nahrung nicht mehr reichen.

In dieser Nacht schlief niemand gut. Alle waren zu aufgeregt und hatten Angst zu verschlafen, weil sie ja schon um vier Uhr morgens wieder aufstehen mußten, um die Vögel in die Käfige und Kartons zu stecken, was keine leichte Arbeit war. Um fünf Uhr kam Carolines Vater mit dem Lastwagen, und sie luden in einem eisigen Wind und Schneeregen die Käfige und Kartons auf. Mutter und Vater Pieselang winkten

361

dem hochbepackten Gefährt noch lange nach. Dann machten sie sich an die Säuberung ihrer stark verschmutzten Küche.

Als der Lastwagen am Bahnhof vorfuhr, stand da schon Frau Hubermeier in ihrem beschneiten Pelzmantel mit einem Hut, der einen Fuchsschwanz auf der Krempe hatte. In jeder Hand trug sie eine große Reisetasche: In der einen schlief Fiffi, die andere war bis oben hin vollgestopft mit Proviant. Der Zug stand schon da, und der Packwagen wurde mit den Vögeln beladen. Oma, die Pieselang-Kinder, Carolines Vater und der Stationsvorsteher schoben mit großer Mühe Frau Hubermeier in den Wagen. Die Pieselangs kletterten nach. Pünktlich um sechs Uhr gab es einen Ruck und noch einen Ruck und schließlich fuhren sie. In dem Wagen herrschte wohlige Wärme. Im Licht einer Petroleumlampe sah es in dem Raum gemütlich aus. Kisten und Kästen und allerlei anderes Frachtgut bedeckten die Wände. Die Kartons und Käfige mit den Vögeln standen in der Mitte auf dem Fußboden. Oma und die Kinder hockten auf zwei Luftmatratzen, und für Frau Hubermeier hatte der Stationsvorsteher einen Stuhl hereingestellt, auf dem sie beim Fahren sanft hin- und herschwankte. Jan holte seine Mundharmonika aus der Tasche und spielte „Wenn ich ein Vöglein wär". Da fingen leise die Schwalben an zu zwitschern; erst eine, dann zwei, dann·viele, und dieses Geräusch hörte bis zum Ende der Reise nicht mehr auf.

Obgleich sie in den Tag hineinfuhren, konnten sie von der Gegend nichts sehen, weil der Wagen fest verschlossen bleiben mußte. Schließlich nickten sie ein und wachten erst auf, als der Zug hielt und die Schiebetüren ihres Wagens geöffnet wurden. Aber wie staunten sie: In Kälte und Eisregen waren sie losgefahren, und hier schaute der leuchtendste blaue Himmel über die Dächer des kleinen Bahnhofes. Als sie verschlafen aus dem Wagen stiegen, spürten sie, daß die Sonne warm schien. Drüben, auf dem Bahnsteig, ging ein junges Mädchen in einem Sommerkleid mit kurzen Ärmeln, und ein barfüßiger Junge stand mit den Händen in den Taschen seiner kurzen Hose und lachte sie an.

„Buon giorno, gutten Tak", rief er, „ich heiße Gino."

Die Pieselang-Kinder zogen erst einmal ihre warmen Anoraks aus und hievten dann zusammen mit Gino und Oma Frau Hubermeier aus dem Wagen. Sie dehnten und reckten sich alle in der Sonne. Dann luden sie geschwind die Schwalben aus, stellten sie auf den Bahnsteig, denn der Zug mußte weiterfahren. Doch was nun, sollten sie die Schwalben hier fliegen lassen? Aber, wenn nun gerade ein Zug kam! Würde dann den Vögeln nicht vielleicht etwas geschehen? Aber der Stationsvorsteher, Ginos Vater, beruhigte sie.

„Nix Zug, kein Zug für zwei Stunden."

Nun öffneten sie die Käfige und Kartons. Die Schwalben saßen dort noch immer eng zusammengedrückt, plumpe, kleine ängstliche Federbällchen. Doch plötzlich reckte sich ein Vogel, schüttelte ein wenig sein Gefieder und warf sich in die Luft. Wie ein kleiner Pfeil flog er empor, schlank und schön mit dem gegabelten Schwanz und in der Sonne glänzendem Gefieder. Hier folgte einer und da, und dann drängten sie sich aus den Käfigen und Kartons und schossen in ganzen Schwärmen aufwärts. Oben, über dem Bahnhof, vereinigten sie sich zu einer dunklen Wolke, die ein wenig hierhinschwang und dahinglitt, dann aber in weichen Bögen davonsegelte. Helle, jubelnde Vogelschreie drangen aus ihr hervor. Es war so schön zu sehen und zu hören, daß den Pieselangs das Herz weit wurde und sie sich an den Händen packten. Gino lachte laut. Frau Hubermeier liefen die dicken Tränen über die Backen. Fort schwebte die Vogelwolke nach Süden, wurde kleiner, immer kleiner, und dann war sie verschwunden.

Peppino

Dem frühen Herbst folgte ein unfreundlicher November. Tagelang regnete und stürmte es. Die Kinder hatten einer nach dem anderen einen Riesenschnupfen. Der Lehrer in der Schule war schlechter Laune und nahm es übel, daß Jan zum drittenmal seine Vokabeln nicht gelernt hatte. Er schrieb einen Brief an Vater Pieselang, worauf Jan drei Nachmittage statt auf dem Hof seines Freundes Frieder im Stall bei den Pferden zu helfen englische Vokabeln pauken mußte. Er fand das sehr überflüssig, denn er hatte gerade beschlossen, Bauer zu werden, und wenn er eine Kuh Englisch anredete, würde sie ihm auch nur mit ‚Muh‘ antworten. Wozu also die Quälerei?

Auch Oma hatte ihre Last. Sie war zwar von dem Schnupfen verschont geblieben, mußte aber jeden Tag in die Villa hinübergehen, um Frau Hubermeier zu pflegen, die ernstlich krank darniederlag. Der Doktor, der gerufen wurde, sagte, sie hätte ein schwaches Herz, sie müßte Ruhe haben und abnehmen, sich keine Sorgen und traurigen Gedanken machen und regelmäßig ihre Medizin nehmen. Als er gegangen war, brach Frau Hubermeier in Tränen aus. Nein, ins Krankenhaus wollte sie auf keinen Fall. Aber allein im Haus bleiben wollte sie auch nicht. Sie hatte Angst. Sie hatte immer Angst, wenn sie abends allein im Haus war, nicht nur jetzt. Und wie sollte sie abnehmen, wo sie doch so gerne kochte und aß? Wollte man ihr diese letzte Freude auch noch nehmen?

Oma wurde ein bißchen energisch und sagte, es gäbe noch andere Freuden im Leben als das Essen, und wenn Frau Hubermeier sich in dem großen Haus nicht wohlfühlte, müßte man ihr halt eine kleinere Wohnung suchen. Vorerst aber, bis es ihr wieder besser ging, würde Brigitte bei ihr schlafen und Oma würde jeden Tag herüberkommen, das Haus saubermachen und kochen. Frau Hubermeier schluchzte erneut und nannte Oma einen Engel und ihre Retterin. Aber Oma sagte:

„Ach Schnickschnack", und fing an die Fenster zu putzen, durch die man kaum noch sehen konnte.

Das Allerärgste aber passierte Peter. Er war mit ein paar Kindern aus seiner Klasse auf dem Heimweg von der Schule, als ihm der „schlimme Alfred" mit Peppino

begegnete. Der „schlimme Alfred" war der Trunkenbold des Dorfes. Er sammelte Lumpen und verkaufte
sie in der Stadt an eine Papierfabrik. Wenn er nicht
getrunken hatte, war er ein stiller, scheuer Mann. Aber
wenn er sich ein paar Biere und Schnäpse in die Kehle
gegossen hatte, wurde er bösartig. Er randalierte und
bedrohte jeden, der ihm in die Quere kam. Die Dorfbewohner hatten Angst vor ihm und gingen ihm aus
dem Wege. Einmal hatte er die ganze Einrichtung des
Dorfkruges kurz- und kleingeschlagen, weil der Wirt
sich geweigert hatte, ihm Schnaps auszuschenken. Zwar
kam er dafür ins Gefängnis, aber als er wieder entlassen wurde, ging er als erstes in den Krug und sagte
zum Wirt:

„Du gibst mir jetzt Schnaps, sonst schlage ich dir
wieder die Bude entzwei, egal, wo ich dann lande."

Der Wirt wagte es nicht mehr, ihm etwas zu ver-
weigern, und so war der „schlimme Alfred", wie ihn
das Dorf nannte, fast ständig betrunken. Mit einem
Karren torkelte er durch das Dorf. Die Leute, bei
denen er vorsprach, gaben ihm Lumpen und alte
Zeitungen, um ihn loszuwerden. Seit einem Jahr zog
er den Karren nicht mehr selber. Damals war ein
Italiener im Ort aufgetaucht, ein elender, kleiner alter
Mann mit einem Esel. Er versuchte bei den Bauern
Glassachen aus Venedig zu verkaufen, aber sie hatten
wenig Interesse an den Vasen und bunten Figuren.
Eines Abends saß er traurig im Dorfkrug neben dem

368

„schlimmen Alfred", der noch ziemlich nüchtern war, und jammerte:

„Ich will nach Hause, nach Venezia, hier nix gut Verkauf. Leute nix haben Interesse an Kunst. Sehr schlecht, alles schlecht, Wetter immer schlecht, Essen schlecht."

Alfred fuhr ihn an: „Warum gehst du nicht nach Hause, wenn hier alles schlecht ist?"

Der Italiener zuckte traurig mit den Schultern. „Geld nicht reicht. Reise für mich und Peppino, meinen Esel, ist teuer. Für mich allein hundert Mark. Ich kann nicht bezahlen."

Alfred blinzelte. In seinem stumpfen Gehirn blitzte plötzlich ein Gedanke auf. „Ich kauf' dir den Esel ab."

Der Italiener wehrte entsetzt ab. Aber weil das Heimweh des Mannes zu groß war, wurden sie schließlich handelseinig. Peppino wechselte seinen Besitzer für hundert Mark. Das war viel zu wenig für einen Esel, aber es reichte, um die Fahrt nach Hause zu bezahlen.

Von nun an zog Peppino den Lumpenkarren, und die Leute im Dorf liebten das struppige, alte Tier. Es hatte immer ein gekränktes Gesicht, aber das war nicht zu verwundern, denn sein Leben bei Alfred war hart. Der Esel bekam kaum etwas zu fressen, aber um so mehr Prügel. Gegen die Prügel wehrte er sich, indem er Alfred biß und mit den Hufen schlug. Etwas zu fressen steckten ihm die Dorfbewohner zu. Schließlich gab Alfred ihm gar nichts mehr.

„Das Vieh wird auch von der Luft dick", grinste er.

Als Peter mit seinen Klassenfreunden heute am Dorfkrug vorbeikam, sahen sie davor Peppino mit dem Lumpenwagen stehen. Sie liefen hinüber, um ihn zu streicheln und ihm ihre nicht aufgegessenen Frühstücksbrote zuzustecken. Doch plötzlich tat sich die Tür des Gasthofes auf und Alfred torkelte heraus, betrunkener denn je. Die Kinder stoben auseinander, beobachteten aber von der anderen Straßenseite her den Mann. Sie kicherten und machten sich über ihn lustig. Alfred torkelte auf seinen Karren zu, blieb schwankend davor stehen, ließ sich plötzlich rücklings hineinfallen und lag dort auf den Lumpen. Hinten ragte der Kopf heraus und vorne die langen Beine. Das sah sehr

komisch aus, und die Kinder fingen laut an zu lachen. Aber was nun kam, war nicht mehr zum Lachen.

„He, fahr los, du Vieh", grölte Alfred und stieß Peppino mit der Schuhspitze an.

Peppino, der dieses Kommando gewöhnt war, zog an, blieb dann aber sofort mit einem Ruck stehen.

„Du sollst fahren, du Miststück", brüllte Alfred wütend und trat den Esel mit seinem großen Stiefel in die Seite. Jetzt schlug Peppino aus und traf zur Freude der Kinder den Mann hart am Schienbein. Alfred brüllte auf vor Wut. Er wälzte sich aus der Karre und wühlte unter den Lumpen einen großen Knüppel hervor.

„Dir werd' ich's zeigen, du Vieh, du Miststück, du Rabenaas!" schrie er und begann zum Schrecken der Kinder auf den Esel loszuprügeln. Der versuchte auszukeilen, aber der Knüppel traf ihn doch so hart, daß er zusammenzubrechen drohte. Alle Kinder, bis auf eins, standen starr vor Entsetzen. Peter, der sonst eigentlich kein Held war, sauste über den Damm und sprang den Mann wie eine Katze von hinten an. Alfred, der nicht mehr fest auf den Beinen stand, fiel mit seiner Last zu Boden. Er war rasend vor Wut und wandte sich jetzt seinem kleinen Angreifer zu. Er drehte sich um und lag nun halb auf Peter. Seine harten Fäuste sausten auf Peters Kopf und Schultern. Es schmerzte höllisch. Peter wand sich wie ein Aal und entschlüpfte dem Mann beinah. Doch kurz bevor er entwischen konnte, packte der halb auf dem Bauch liegende Mann Peters Bein am Knöchel. Peter versuchte, sich loszuzerren. Aber Alfred schien ihm den Fuß aus dem Gelenk drehen zu wollen. In letzter Not sah Peter vor sich die stramme Wade des Mannes. Das Hosenbein war hochgerutscht, und Peter erinnerte sich blitzschnell daran, wie er als kleines Kind manchmal Ringkämpfe mit den größeren Geschwistern zu seinen Gunsten beendet hatte. Er biß in Alfreds Bein. Mit einem Schmerzensschrei ließ der Mann ihn los. Peter sprang auf die Füße, aber ehe er ganz entschlüpfen konnte, packte ihn eine Hand an der Schulter.

„Hiergeblieben!" rief eine zornige Stimme, und er blickte in das ärgerliche Gesicht des Wachtmeisters. „Prügeleien auf der Dorfstraße sind ein öffentliches Ärgernis." Er schüttelte Peter heftig. „Ein so kleiner Junge läßt sich mit einem Trunkenbold ein, schämst du dich gar nicht? Du kommst mit auf die Wache.

Genau wie der Kerl da. Den werden wir zur Ausnüchterung einsperren, und du kommst mit und wartest bei mir, bis deine Eltern dich abholen, damit du nicht wieder etwas anstellst." Er rief den Kindern zu: „Sagt den Eltern von dem Jungen Bescheid!"

Dann zerrte er Alfred hoch und ging mit energischen Schritten, Peter rechts und Alfred links am Arm haltend, auf die Wache zu. Peter schwieg. Er sagte keinen Ton und dachte nicht daran, sich zu verteidigen; wenn der Polizist glaubte, daß er etwas Böses getan hatte, dann sollte er nur dabei bleiben. Am schlimmsten aber hatte es ihn getroffen, daß der Wachtmeister gesagt hatte, er wäre ein kleiner Junge, er, der beinahe mit dem starken, gefährlichen Alfred fertiggeworden war. Er war zornig und unglücklich, brachte es aber fertig,

nicht zu weinen, weil er an seinen Bruder dachte, der auch nicht geweint hatte, als er abgeführt wurde.

Peter mußte sich auf einen Stuhl im Amtsraum setzen. Es war ihm nun doch ein wenig unbehaglich zumute. Hoffentlich holen die Kinder Oma und nicht die Eltern. Mutter würde sich nur aufregen und Vater doch vielleicht böse sein, daß er sich mit dem Trinker eingelassen hatte. Aber Oma würde ihn verstehen. Sie würde wissen, daß er Peppino helfen mußte. Sie hätte, wenn sie dabei gewesen wäre, geholfen, Alfred zu verprügeln. Sie hätte mit ihrem Regenschirm auf ihn eingeschlagen, daß Alfred Hören und Sehen vergangen wäre. Peter merkte plötzlich, daß ihm die Schulter unerträglich schmerzte und daß er nur auf einem Auge sehen konnte. Er stand leise auf und schaute in einen kleinen Spiegel, der an der Wand hing. Sein rechtes Auge war blau und zugeschwollen.

Der Wachtmeister blickte auf. „Ja, sieh dich nur an", brummte er, „der Kerl hätte dir alle Knochen im Leibe brechen können. Und was wäre dann gewesen? Alle Welt würde sagen, daß ich nicht richtig aufgepaßt hätte, wenn so etwas im Dorf passiert. Ich muß hier für Ordnung sorgen. Und deshalb muß ich deine Eltern sprechen, damit sie aufpassen, daß du nicht wieder so etwas anstellst. Es stimmt doch, was mir die Gemüsefrau gesagt hat, daß du den Kerl zuerst angegriffen hast?" Peter nickte, und der Wachtmeister machte sich wieder daran, den Vorfall in ein dickes Buch zu schreiben. Plötzlich ging die Tür auf. Peter atmete auf. Oma stand im Raum. Sie blickte sich um und kam dann, ohne ‚Guten Tag' zu sagen, auf Peter zu. Sie nahm seinen Kopf in ihre Hände und blickte ihn kritisch an. Mit ihren sanften Händen betastete sie seine Schläfe und das Auge, dann die Schulter.

„Beweg mal den Arm", sagte sie.

Peter bewegte ihn auf Omas Geheiß vorwärts und rückwärts. Es tat weh, aber es ging. Oma betastete die Schulter, drückte hier und da und sagte schließlich:

375

„Gott sei Dank ist nichts gebrochen!" Dann wandte sie sich dem Polizisten zu. Der sah sie betreten an.

„Du liebe Zeit, gnädige Frau, ist das etwa auch ein Enkel von Ihnen?" fragte er. „Wie kommt eine so vornehme, alte Dame zu solchen Enkeln? Ja, ja, die Jugend von heute taugt nicht viel und gerät oft so ganz anders als ihre Eltern und Großeltern."

Hier schnitt ihm Oma das Wort ab. „Die Jugend von heute ist auch nicht schlechter als wir es waren. Manchmal ist sie sogar äußerst wohlgeraten, wie dieser Knabe hier." Sie zeigte mit ausgestrecktem Arm auf Peter, der sich vorkam, als bekäme er den Ritterschlag. „Ich glaube, daß ein Junge, der sich mutig für ein armes, gequältes Tier schlägt, gar nicht besser geraten sein kann. Oder was denken Sie?"

Der Polizist sah sie unsicher an. „Ein Tier, welches Tier?"

Oma seufzte ungeduldig. „Haben Sie in Ihrem Diensteifer gar nicht gesehen, daß vor dem Wagen des Trinkers ein Esel stand, Herr Wachtmeister? Ein armes, altes Tier, das schwer mißhandelt worden war, für dessen Wohl dieser Junge hier seine Gesundheit und sein Leben — jawohl, sein Leben — riskierte. Ein solcher Junge scheint mir weniger ein Verbrecher als ein kleiner Held zu sein."

Peter und der Wachtmeister wurden rot, beide, weil sie sich aus ganz verschiedenen Gründen schämten. Oma kümmerte sich nun nicht weiter um den Poli-

zisten, sondern nahm Peter am Arm. „Komm", sagte sie und führte ihn nach draußen. Dort ließ sie ihn los, und das war gut so, sonst hätte er wieder das Gefühl gehabt, daß er abgeführt würde. Schweigend gingen sie nebeneinander her und sahen sich nicht an, denn es war sonst nicht Omas Sache, so große Worte zu machen.

„Jetzt holen wir den Esel", sagte sie schließlich.

„Wo willst du mit ihm hin?" fragte Peter.

„Erst mal zu uns nach Hause", sagte Oma, „dann werden wir weitersehen."

Am Nachmittag ging Oma noch einmal auf die Polizeiwache. Der Wachtmeister saß hinter seinem Tisch und sah aus wie ein trotziger Schüler, der nicht ganz einsieht, daß er etwas falsch gemacht hat. Oma lächelte ihn freundlich an.

„Lieber Herr Wachtmeister", sagte sie in ganz anderem Ton als heute vormittag, „ich brauche dringend

Ihren Rat und Ihre Hilfe. Erstens muß ich noch einmal mit diesem Alfred sprechen, diesem Kerl, der in Ihrer Zelle seinen Rausch ausschläft."

„Er ist eben aufgewacht", sagte der Wachtmeister.

„Um so besser", meinte Oma, „dann können wir ja gleich zu ihm gehen."

„Wir?" fragte der Polizist noch immer grollend, „ich denke, Sie wollten ihn sprechen?"

„Das will ich auch", sagte Oma, „aber ich würde mich nie im Leben allein zu diesem wilden Kerl trauen. Es wäre wunderbar, wenn Sie mich begleiteten, Sie sind so stark und beeindruckend, auch wenn Sie manchmal ein bißchen zu streng sind. In Ihrer Gegenwart wird niemand wagen, einer Dame etwas anzutun. Bei Ihnen fühle ich mich beschützt und geborgen."

Der Polizist räusperte sich verlegen: „Na dann", sagte er, „gehen wir." Er hielt Oma die Tür auf und deutete eine kleine Verbeugung an, als er sie vorbeiließ.

Der „schlimme Alfred" lag auf seiner Pritsche und starrte sie mit glasigen Augen an.

„Steh auf!" herrschte der Wachtmeister ihn an. „Siehst du nicht, daß eine Dame dich besucht?"

Mühsam richtete sich der Mann auf, versuchte zu stehen, sackte aber wieder schwer auf das Bett, blieb dort hocken und hielt sich stöhnend den Kopf.

„Hören Sie", sagte Oma, „ich bin gekommen, um Ihnen Ihren Esel abzukaufen."

Der Mann sah sie verblüfft an. „Aber ich will ihn gar nicht verkaufen."

„Sie werden ihn verkaufen, und zwar mir", sagte Oma, „es sei denn, es ist Ihnen lieber, daß Sie einen Prozeß wegen Tierquälerei an den Hals bekommen."

„Himmel, nein", jammerte der Mann, „ich bin doch gerade erst aus dem Kittchen heraus."

„Also gut." Oma kramte in ihrer Handtasche. „Hier sind hundert Mark." Sie legte die Geldscheine auf die Pritsche neben Alfred. „Und nun gehört der Esel mir, der Herr Wachtmeister ist Zeuge."

Jetzt wurde der Mann wütend. „Sie sind wohl nicht ganz bei — —" Er stockte mit einem Blick auf den Polizisten. „Ich verkauf' doch den Esel nicht für hundert Mark, der ist ja viel mehr wert."

„Sie haben das Tier für hundert Mark gekauft, das weiß das ganze Dorf. Es war schon damals alt und abgearbeitet. Und durch Ihre Behandlung, durch Schläge und Hunger ist es nur noch elender geworden."

„Aber hundert Mark war auch damals zu wenig. Ich habe doch den kleinen Idioten übers Ohr gehauen." Er blickte Oma listig von unten an. „Woll'n Sie mich etwa auch übers Ohr hau'n?"

„Ja", sagte Oma. „Also, wie ist es, wollen Sie den Prozeß oder krieg' ich den Esel?"

Mit einem Fluch steckte der Mann das Geld ein und warf sich wieder auf die Pritsche. Als Oma durch die Tür ging, rief er ihr noch nach:

„Hoffentlich schlägt und beißt er Sie genausoviel wie mich, das Mistvieh!"

In der Amtsstube sagte der Wachtmeister unsicher: „Im Grunde verstehe ich Sie, gnädige Frau, aber die Methode, mit der Sie ihm das Tier abgekauft haben — ich weiß nicht, war die nicht ein bißchen seltsam?"

Oma nickte versonnen. „Ich glaube, Sie haben recht, Herr Wachtmeister, aber der Esel denkt bestimmt anders darüber und der ist doch hier schließlich die Hauptperson."

Plötzlich aber kramte sie wieder in der Tasche und zog eine Zeitung hervor. „Übrigens, ich wollte schon seit Tagen zu Ihnen, weil ich dieses Kreuzworträtsel nicht herausbekomme. Da oben in der linken Ecke habe ich mich einfach festgefahren. Können Sie mir helfen?"

Sie hatten beide eine ganze Weile zu tun, aber schließlich schafften sie es doch, und das Rätsel war gelöst. Sie schieden, trotz der vorangegangenen Mißstimmungen, wieder als Freunde.

Am Abend saß Oma bei Frau Hubermeier, nachdem sie sie gebettet und ihr Abendbrot gemacht hatte und plauderte mit ihr. Um sie ein wenig von den eigenen Leiden abzulenken, erzählte sie ihr von den Geschehnissen des Nachmittags. Frau Hubermeier hörte gespannt zu.

„Und was wird nun aus dem Esel?" fragte sie.

Oma machte ein sorgenvolles Gesicht. „Wenn ich das wüßte. Die Ziege läßt ihn nicht in unseren Stall. Sie ist eifersüchtig und stößt mit den Hörnern nach ihm. Wir haben auch nicht viel Platz, wo er grasen kann. Mein Sohn ist nicht sehr begeistert, daß ich das Tier gekauft habe, und ich kann es ihm nicht verdenken. Außerdem hat der Esel heute nachmittag, als mein Sohn gerade Klassenarbeiten korrigierte, angefangen zu schreien. Und Sie wissen ja sicher wie es klingt, wenn ein Esel schreit, so, als wenn jemand auf einer verrosteten Gießkanne Trompete bläst. Das Tier wollte gar nicht aufhören damit." Sie runzelte die Stirn. „Mir will wirklich nichts einfallen. Wenn ich den Esel einem Bauern gebe, wird er arbeiten müssen, und dazu ist er einfach zu alt. Er müßte in ein Altersheim. Warum gibt es keine Altersheime für Tiere?"

Brigitte, die am Fenster Fiffi bürstete, stimmte eifrig zu. „Ja, wirklich, da könnte auch der alte Schuster Krüger seine Katze hingeben. Nachdem seine Frau gestorben ist, will er selber gern ins Altersheim, aber keins will ihn mit der Katze zusammen aufnehmen, und er will die Katze auf keinen Fall töten lassen."

Während Oma Frau Hubermeier die Haare zur Nacht frisierte, waren alle drei nachdenklich und schweigsam. Plötzlich räusperte sich Frau Hubermeier und sagte feierlich:

„Wie Sie wissen, bin ich keine sehr kluge Frau, aber jetzt habe ich ausnahmsweise mal eine sehr gute Idee. Ich schenke Ihnen das Haus und Sie machen daraus ein Altersheim für Tiere."

„Machen Sie keine Witze", sagte Oma ernst.

Frau Hubermeier wurde jetzt ganz aufgeregt. „Das ist kein Witz. Sehen Sie, ich bin in diesem Haus unglücklich, weil ich so allein bin. Es ist mir auch zu viel, es zu verwalten und zu säubern. Wenn ich unglücklich bin, dann koche ich und esse das Gekochte und werde

zu dick und krank und wieder unglücklich. Der Doktor sagt, ich müßte Diät haben, aber ich kann keine Diät kochen, das können Sie viel besser. Außerdem habe ich es satt, an den Abenden nur immer zu sticken und fernzusehen. Ich schenke Ihnen das Haus unter der Bedingung, daß ich ein Zimmer in ihm bewohnen darf und daß Sie mich versorgen. Nur einmal im Monat will ich für alle, die im Haus wohnen, kochen. Dann ist uns allen geholfen. Ich bin nicht mehr allein, kann mich mal mit jemandem unterhalten und muß mich nicht mehr um das Haus kümmern. Sie können ein Altersheim für Tiere aufmachen, und der Esel kann auch hier wohnen, nämlich im Gartenhaus, und er kann das Gras im Garten abfressen, das sowieso schon wieder gemäht werden müßte."

Oma schüttelte den Kopf. „Das ist unmöglich."

Aber Brigitte rief zur gleichen Zeit: „Das ist eine tolle Idee!"

Omas Haus

„Ja, da isser nu", sagte der alte Mann und stellte einen großen Korb in die Mitte der Stube. Der Inhalt des Korbes war mit einem Tuch zugedeckt, und als Oma das Tuch fortnahm, guckten sie die riesigen, grünen Augen eines dicken, schwarzen Katers an. Pieselangs Kater Fridolin, der neben Oma gesessen hatte, fing an zu fauchen und einen Buckel zu machen. Aber das Tier im Korb rührte sich nicht, nur seine grauen Barthaare zitterten ein wenig.

„Er ist schon sehr alt", sagte der Mann, und sein grauer Bart zitterte fast ebenso wie der Schnurrbart des Katers. „Und deshalb sagen alle, ich soll ihn totmachen lassen, weil mich mit ihm zusammen kein Altersheim aufnimmt. Aber das will ich nicht. Dann gehe ich lieber nicht ins Heim. Es gibt Leute, die verstehen nichts von Katzen, die wissen nicht, daß man eine Katze nicht so einfach totmachen kann." Er strich sich über sein graues, stoppliges Haar. „Aber nun ist ja alles in Ordnung. Als die Brigitte — so ein nettes, kleines Ding, das sich immer mit mir über meine Katze unterhalten hat —, als die Brigitte mir sagte, meine Oma macht ein Altersheim für Tiere auf, da wußte ich, da muß mein Peter hin. Ich zahl' für ihn auch ein Drittel meiner Rente."

„Aber, wo denken Sie hin", sagte Oma, „das wär' doch viel zu viel."

„Sie sollen ihn nicht umsonst versorgen", sagte der Alte. „Na, dann werd' ich mal geh'n." Doch als er schon in der Tür war, fragte er: „Kann ich ihn noch mal streicheln?"

„Aber ja", sagte Oma und betrachtete nachdenklich die beiden.

Als Vater Pieselang eintrat, begegnete er dem alten Mann, der den Korb mit seinem Kater in der Hand den Raum verließ.

„War das dein erster Heimbewohner?" fragte der Lehrer seine Mutter.

Oma nickte. „Meine ersten beiden Heimbewohner, außer Frau Hubermeier und Fiffi."

„Aber du hast doch den alten Mann nicht auch mit aufgenommen?"

„Doch", sagte Oma entschieden. „Als ich sie so zusammen sah, brachte ich es nicht fertig, sie zu trennen. Hast du gesehen, wie ähnlich sie sich sehen? Der alte Krüger ist in all' den vielen Jahren des Zusammenlebens auch ein bißchen ein alter Kater geworden. Er paßt ganz gut in mein Heim. Außerdem will er uns unsere Schuhe flicken, du weißt, wie viele Schuhsohlen deine Kinder durchlaufen und wieviel Geld du immer für den Schuster ausgeben mußtest."

Brigitte, die am Tisch saß und sorgsam auf eine große, weiße Pappe mit schwarzer Tinte Buchstaben malte, fragte: „Oma, wenn du Leute aufnimmst, stimmt unser Schild ALTERSHEIM FÜR TIERE aber nicht mehr."

Oma nickte. „Schreib ALTERSHEIM FÜR TIERE UND TIERFREUNDE." Lehrer Pieselang schüttelte besorgt den Kopf. „Mutter, ich glaube, du übernimmst dich. Du weißt, daß ich von vornherein nicht sehr begeistert war von der Sache. Du bist nicht mehr die Jüngste. Das Haus ist riesig und macht viel Arbeit. Dazu nimmst du noch die vielen Tiere auf und nun auch noch Menschen, die du versorgen mußt."

Oma legte ihm die Hand auf den Arm. „Du brauchst keine Angst zu haben, lieber Sohn, ich fühle

387

mich jung und frisch und leistungsfähig. Ich habe gern Leben und Trubel um mich, das weißt du, ich bin da ganz anders als du. Du brauchst dein stilles Eckchen und deine Ruhe, bist mehr deinem Vater nachgeraten. Ich werde mit allem schon fertig. Die Frau, die bis jetzt das Haus für Frau Hubermeier geputzt hat, wird es mir weiter putzen. Es ist ein Vergnügen, in der großen, gut eingerichteten Küche Essen für Menschen und Tiere zu kochen. Bei der Pflege der Tiere helfen mir die Kinder."

„Meinst du nicht, daß die Kinder dann ihre Schularbeiten vernachlässigen?" Die Sorgenfalten auf Lehrer Pieselangs Stirn wollten nicht verschwinden.

Oma schüttelte energisch den Kopf. „Wir haben schon besprochen, daß nur derjenige mithelfen darf, der in der Schule nicht nachläßt. Wer eine Fünf schreibt, darf eine Woche lang nicht ins Haus kommen, sondern muß statt dessen für die Schule arbeiten, und wer gar sitzenbleibt, ein halbes Jahr."

„Na, dann wünsche ich dir viel Glück", sagte der Lehrer skeptisch und küßte seine Mutter auf die Wange, flüchtete dann aber rasch aus dem Haus, als er aus dem oberen Stockwerk Fiffi kläffen hörte und aus dem Garten das klagende Geschrei des Esels ertönte.

Oma hatte gerade Herrn Krüger das Zimmer gezeigt, das er und sein Kater bewohnen würden, als es vor dem Haus mächtig hupte. Jan und Peter, die dabei waren, die Fensterbretter im oberen Flur weiß zu streichen, riefen:

„Das ist Ingeborg. Ingeborg ist gekommen!"

Sie ließen alles stehen und liegen und liefen die Treppe hinab, um ihre älteste Schwester, die Tiermedizin studierte, zu begrüßen. Zur Zeit vertrat sie den Tierarzt der nächsten Kleinstadt in seiner Praxis, weil dieser in die Ferien gefahren war. In seinem alten Auto, mit dem sie die Bauern zu besuchen pflegte, wenn eine Kuh erkrankt war, hielt sie vor der Villa.

„Wo ist Oma?" rief sie, als sie aus dem Wagen sprang. Es war seltsam, daß fast alle Pieselang-Kinder, so jung oder alt sie auch waren, stets mit diesem Ausruf nach Hause kamen.

„Sie ist drin", riefen die Jungen, „komm rein und guck dir das Haus an. Du wirst staunen. Wir haben alles neu gestrichen und Omas Möbel schon rübergebracht."

Ingeborg schüttelte den Kopf. „Fragt Oma, ob sie bitte mal rauskommt, ich habe ihr eine Überraschung mitgebracht."

Aber da trat Oma schon aus der Haustür. Ingeborg öffnete die hintere Wagentür. Als sich zuerst nichts rührte, rief sie in den Wagen hinein:

„Na los, hopp hopp, nun kommt schon!"

Unter den erstaunten Augen der übrigen Familie kletterten mühsam vier dicke Hunde aus dem Wagen, ein schwarzer und ein weißer Pudel, ein Scotch- und ein Drahthaarterrier.

„Pensionäre für dich, Oma", sagte Ingeborg stolz, „die Hunde sind noch gar nicht so alt, aber die Besitzer wollten sie töten lassen, als sie ihnen nicht mehr gefielen. Dabei haben die Leute selbst Schuld, daß die Tiere so dick geworden sind, weil sie zu faul waren, mit ihnen spazieren zu gehen und weil sie glaubten, daß sie einem Hund ihre Liebe nur zeigen können, indem sie ihm unentwegt zu fressen geben. Wenn er schließlich dick und träge geworden ist, nicht mehr laufen will und vor lauter Fett ein räudiges Fell bekommt, dann ist er ihnen lästig geworden und sie kommen in die Sprechstunde und sagen: ‚Fräulein Doktor, ob wir ihn nicht lieber einschläfern lassen, er quält sich so.' Aber natürlich haben sie dabei ein schlechtes Gewissen. So habe ich drei von den Leuten dazu gebracht, daß sie ihre Hunde zu dir in Alterspension geben. Die beiden Pudel gehören zusammen einer Fabrikantenfrau. Die Herren und Damen waren ganz erleichtert, daß es solch eine Möglichkeit gibt. Ich habe einen guten Pensionspreis ausgehandelt, damit du auch Futter für die Tiere kaufen kannst, die niemanden haben, der für sie was zahlt, zum Beispiel den da."

Sie holte vom Hintersitz eine Schachtel, in der es rumorte, griff vorsichtig hinein und langte am Nackenfell aus ihr einen winzigen, verhungert aussehenden

Kater, der strampelte und wütend fauchte. Die Kinder wollten nach ihm greifen, aber Ingeborg rief:

„Vorsicht! Er kratzt und ist überhaupt eine kleine Bestie. Er mußte sich sein ganzes junges Leben lang nur wehren und würde es wohl nicht schaffen, groß zu werden, wenn ihr euch nicht seiner annehmt. Er trieb sich neuerdings immer auf unserem Hinterhof herum. Aber die Katzen, die dort schon lange wohnen, verfolgten und bissen ihn. Doch er war hartnäckig und ließ sich nicht vertreiben. Schließlich haben sie ihn so zugerichtet, daß er halbtot war. Da habe ich ihn mir geholt, ihn gesund gepflegt und gedacht, er könnte vielleicht bei dir ein Zuhause finden, Oma." Ehe sie von Oma eine Antwort erhalten hatte, fuhr sie fort: „Also, die vier Hunde hier brauchen eine Abmagerungsdiät und täglich einen tüchtigen Spaziergang." Dann hob sie den kleinen Kater hoch. „Und der hier braucht eine Mastkur und viel Liebe."

Auf dieses Stichwort hin griff Brigitte, die sich unterdessen auch eingefunden hatte, nach dem mageren Tierchen und wollte es streicheln und in ihren Arm nehmen. Aber das Katerchen mißverstand sie und glaubte, sie wollte ihm etwas Böses tun, fuhr ihr mit den Krallen in die Haare, so daß Brigitte entsetzt aufschrie, sprang auf ihre Schulter und von dort auf den nächsten Baum, den es in Windeseile aufwärtssauste, bis in die Spitze. Da saß es nun und starrte sie von oben herab an. Oma, Ingeborg, Brigitte, Jan, Peter und die vier Hunde starrten von unten herauf. Was nun? Ingeborg lockte und rief, aber das Tier rührte sich nicht. Oma holte aus der Küche ein Stück Fleisch und hielt es dem Kater hin.

„Gut so", sagte Ingeborg, „er ist schrecklich gefräßig, jetzt wird er sicher kommen."

Tatsächlich bewegte sich das Tierchen, aber der Zweig, auf dem es saß, schwankte gefährlich. Es klammerte sich erschrocken fest, und plötzlich merkten sie, daß es nicht mehr herabzuklettern wagte. Es traute sich den Abstieg nicht mehr zu und fing nun an, wie ein kleines Kind zu weinen. Dieses Geschrei war so kläglich, daß den Pieselangs ganz wehmütig wurde. Sie sahen sich ratlos an. Jan erbot sich, hinaufzuklettern, aber Ingeborg meinte, das Tierchen würde ihn aus Angst zerkratzen und sie würden dann womöglich beide vom Baum herunterfallen. Der alte Krüger hatte sich dem Kreis dazugesellt. Er murmelte:

„Es gibt Leute, die verstehen wirklich nichts von Katzen." Worauf Brigitte in Tränen ausbrach, weil sie es ja war, die das Katerchen hatte entschlüpfen lassen. Oma hatte alle Mühe, sie zu trösten. Es war eine ganz und gar verfahrene Situation.

In diesem Moment kam knatternd ein Motorrad angefahren. Der Fahrer, der mit Sturzhelm, Autobrille und dicken Lederhandschuhen darauf saß, war zuerst nicht zu erkennen. Als er aber anhielt und die Brille hochschob, entpuppte er sich als der Dorfpolizist.

„Was ist hier los?" fragte er.

Oma und Ingeborg erzählten ihm die traurige Geschichte. Der Wachtmeister ließ sein Motorrad am Straßenrand stehen und kam näher.

„Haben Sie eine Leiter?" fragte er.

Ehe Oma etwas sagen konnte, war Jan davongesaust, um sie zu holen. Der Polizist lehnte sie an den Stamm. „Das kleine Biest wird Sie zerkratzen", sagte Oma besorgt. Aber der Wachtmeister lachte beruhigend.

„Mich nicht."

Er zog sich die dicken Lederhandschuhe über und schob die Brille über die Augen. Dann stieg er die Leiter hinauf. Der kleine Kater fauchte ihn an und zeigte die Krallen. Aber der Wachtmeister packte zu und hatte gleich darauf ein zappelndes Bündelchen in der Hand. Der alte Krüger nahm es ihm ab.

„Sie waren wirklich der Retter in der Not, Herr Wachtmeister", sagte Oma.

Das Kätzchen hatte aufgehört zu schreien und sich in Herrn Krügers Arm geschmiegt. Es war nicht ganz klar, ob er wirklich der einzige war, der mit Katzen umgehen konnte oder ob das Tier nun erschöpft war.

„Ein richtiger Satan", sagte Ingeborg. Aber Herr Krüger meinte:

„Er ist kein Satan, er hat nur Angst. Es liegt nur daran, daß manche Leute nichts von Katzen verstehen. Ich nehme ihn erst einmal mit zu mir."

Alle atmeten auf, und Oma konnte nun dem Wachtmeister und Ingeborg in Ruhe das Haus zeigen. Es war alt und grau, mit Zinnen und Türmchen, fast wie eine Burg. Ein großes schmiedeeisernes Tor am Eingang trug ein von Brigitte beschriebenes Schild, auf dem stand:

„Altersheim für Tiere und Tierfreunde".

Zuerst gingen sie in einen großen Eßraum, dann in Omas Zimmer, in dem ihr Ohrensessel, ihr Bett, ein Tisch und ein Vogelkäfig standen, aus dem ihr Wellensittich Paulchen durch die Stäbe spähte.

„Er ist noch stumm, muß sich erst an die neue Umgebung gewöhnen", sagte Oma.

Neben Omas Zimmer war die prächtige Küche. Von den restlichen dreizehn Zimmern bewohnte eins Frau Hubermeier mit Fiffi und eins Herr Krüger mit seinem

Kater. Die übrigen Räume waren noch leer und warteten auf Pensionäre. Ein paar Hundekörbe standen schon bereit. Vier von ihnen würden jetzt ihre Besitzer finden. Das Hübscheste am Haus war der riesige Garten mit schönen, alten Bäumen, Büschen und Heckenrosen und dem Springbrunnen. In der hintersten Ecke stand ein kleines Gartenhaus, das mit seinem geschwungenen Dach wie ein chinesischer Pavillon aussah. In einem seiner beiden Zimmer wohnte der Esel

Peppino. Im Augenblick graste er vor dem Haus. Als er Oma, Ingeborg, den Polizisten, die Kinder und die vier Hunde kommen sah, spähte er erst scharf, ob sie ihm etwas zu fressen brachten. Als er nichts bei ihnen entdeckte, drehte er ihnen den Rücken zu und ließ nur seinen baumelnden Schwanz sehen.

„Und das gehört alles dir?" fragte Ingeborg ganz überwältigt.

Ja, es stimmte. Es war alles beim Rechtsanwalt aufgeschrieben und rechtsgültig gemacht worden. Frau Hubermeier hatte Oma das Haus geschenkt unter der Bedingung, daß es ein Altersheim für Tiere würde, und daß sie zeitlebens darin wohnen könne und versorgt würde. Eine Klausel des Vertrages besagte, daß Frau Hubermeier einmal im Monat das Recht haben wollte, für die ganze Belegschaft des Hauses eine große Mahlzeit zu kochen.

Im Keller hatte sich Herr Krüger eine Schusterwerkstatt eingerichtet. Da er eine gute Rente bekam, besohlte er Schuhe nur zum Spaß. Aber ganz lassen mochte er es nicht, und so hatten alle Hausbewohner immer umsonst gut gepflegtes Schuhzeug.

„Aber wozu braucht ein Schuster eine Hobelbank?" fragte der Wachtmeister und zeigte erstaunt auf den großen Tisch, den eigentlich nur ein Tischler benötigte.

„Das ist eine Liebhaberei von Herrn Krüger", erklärte Oma. „Als junger Mann hat er in Holland gearbeitet und dort gelernt, Holzschuhe zu machen.

Ab und zu hat er Lust, wieder einmal ein Paar herzustellen. Zur Zeit fertigt er welche für unsere Kinder an."

Sie hob vom Fußboden einen kleinen, weißen Holzschuh mit vorne hochgebogener Spitze und zeigte ihn Ingeborg und dem Polizisten. Er war so zwergenhaft winzig, daß unschwer zu erkennen war, daß er für Rolfs schmale Füßchen bestimmt war.

Der Wachtmeister mußte noch Frau Hubermeier besuchen, die ihn sehr bewunderte. Als er auf sein Klopfen und ihr „Herein" hin bei ihr eintrat, saß sie in einem lila Morgenrock am Fenster und stickte. Fiffi schlief zusammengerollt neben ihr in seinem Körbchen. Frau Hubermeier nötigte den Wachtmeister zum Sitzen, flatterte im Zimmer herum und holte Kekse, eine Flasche Portwein und zwei Gläser herbei.

„Nun", fragte sie, als sie sich gegenübersaßen, „war das nicht eine wunderbare Idee von mir? Was meinen Sie? Ich bin sonst keine sehr kluge Frau, aber der Gedanke, das Haus zu verschenken, war wirklich nicht dumm. Ich bin die Sorge darum los. Ich bin nicht mehr allein und ängstige mich nicht mehr. Wenn wieder einmal eingebrochen wird", hier lächelte sie den Wachtmeister an, „dann brauche ich Sie nicht um Ihre wohlverdiente Nachtruhe zu bringen. Außerdem kocht Oma Pieselang ausgezeichnete Diät. Das habe ich nie gekonnt. Ich kenne nur Rezepte, bei denen viel Butter und Sahne verwendet wird. Frau Pieselang aber kann

398

die leckersten Rohkostgerichte machen, daß sie sogar mir schmecken. Ich habe schon zwanzig Pfund abgenommen. Aber ganz brauche ich ja auf das Kochen nicht zu verzichten. Einmal im Monat wird es ein Festessen geben. Dann koche ich jedesmal ein Menü mit X Gängen für alle, die im Haus wohnen, und Sie müssen dann auch immer dabei sein."

Jimmy mit der Trompete

Jan kam vom täglichen Spaziergang mit den vier dicken Hunden zurück. Sie waren lustlos hinter ihm her über Stock und Stein getrottet und nun so erschöpft, daß sie nur noch dahinzurollen schienen. Fiffi hatte die Aufgabe des Schäferhundes übernommen und umkreiste die Gruppe laut kläffend. Seitdem die beiden Pudel, der Scotch- und der Drahthaarterrier im Haus waren, hatte er sich zu einem richtigen Hund entwickelt, der gar nicht mehr zimperlich war und jeden Mittag gierig seinen Napf leerfraß.

„Na, nun kommt schon", rief Jan seiner Herde zu, deren langsamer Trott ihn ärgerte.

Am Zaun von Omas Haus lehnte ein junger Mann in einer Lederjacke mit Fransen, engen Blue jeans und mit langen Haaren, die ihm bis auf die Schultern fielen. "He", rief er lässig, "hast du die vier Schlummerrollen selbst gestrickt?"

Jan wußte nicht recht, ob er lachen oder sich ärgern sollte. „Die gehören mir nicht, die sind bei uns bloß in Pension."

„Ihr scheint eure Pensionäre gut zu füttern", sagte der junge Mann. „Kann ich bei euch nicht auch in Pension kommen?"

„Ach, die sollen ja abnehmen", lachte Jan, „wir machen mit ihnen eine Entfettungskur."

„Nichts für mich", meinte der junge Mann — „Zigarette?" und er hielt Jan seine Schachtel hin.

Jan fühlte sich geschmeichelt. „Ne", sagte er dann zögernd, „ich rauche nicht mehr."

„Nicht mehr?" grinste der junge Mann, „wohl, weil du schon dicht am Herzinfarkt warst, was? Aber du hast recht, ich sollte es auch nicht mehr tun, ist nicht gut für die Atmung", und er steckte die Schachtel wieder ein. „Weißt du was?" meinte er dann, „wir bauen deinen Hunden eine Hürde. Da müssen sie jeden Tag rüberspringen, dann werden sie schlank."

Sie beschäftigten sich eine Weile damit, im Vorgarten aus Stöcken und Steinen eine Hürde zu bauen und freundeten sich dabei immer mehr an. Als die Hürde fertig war, stellte sich Jan dahinter und rief die Hunde. Sie kamen auch angetrottet, weil sie liebend gerne in Omas warme Küche und zu ihren Freßnäpfen wollten. Aber sie dachten nicht daran, deshalb über die Hürde zu springen, sondern liefen gemächlich drum herum. Jan und der junge Mann errichteten nun noch zwei lange Steinmauern an jeder Seite der Hürde, einen richtigen Pferch, in den sie die Hunde führten. Nun konnten sie rechts und links nicht mehr ausbrechen, sondern mußten, wenn sie in das Haus wollten, über das Hindernis springen. Noch ehe die beiden Baumeister einen Erfolg beobachten konnten, trat ein zweiter junger Mann vor die Haustür und rief: „Jimmy!" Jan machte einen Luftsprung.

„Heiner, Heiner ist da!"

Er lief auf seinen ältesten Bruder zu, der in der Stadt studierte, und schlug ihm auf die Schulter. Sie boxten sich eine Weile lachend herum. Schließlich wandte sich Heiner dem jungen Mann zu, der mit Jan die Hürde gebaut hatte.

„Du kannst hierbleiben, Jimmy."

„Weiß sie denn schon?" fragte der junge Mann.

Heiner nickte. Jan war verblüfft, daß die beiden sich kannten.

„Na klar", lachte Heiner, „ich habe Jimmy doch aus der Stadt mitgebracht. Er wird eine Weile bei Oma wohnen."

„Dufte", rief Jan und boxte nun Jimmy in die Seite.

„Und sie hat nichts dagegen, wenn ich Trompete spiele?" fragte Jimmy.

Heiner schüttelte den Kopf.

„Und sie hat nichts gegen meine langen Haare?"

Heiner lachte. „Da kennst du Oma schlecht."

403

In diesem Augenblick erschienen Brigitte und Rolf, die vom Lehrerhäuschen herüberkamen. Sie blieben am Pferch mit den Hunden stehen und betrachteten sie nachdenklich. Schließlich fingen sie an, die Tiere über die Hürde zu heben.

„Was macht ihr denn da?" rief Jan empört.

„Sie wollen so gern rüber", meinte Brigitte entschuldigend.

Jan stöhnte: „Mädchen haben auch nicht für fünf Pfennig Grips."

Heiner und die Kinder führten nun Jimmy zu Oma, die in der Küche gerade Hundefutter kochte. Fiffi und die vier dicken Hunde, die plötzlich erstaunlich rasch sein konnten, drängelten hinterher. Als Jimmy Oma sah, wurde er sehr verlegen.

„Hätte ich nicht gedacht, daß Sie mich aufnehmen, alte Dame", murmelte er.

Oma musterte ihn mit einem raschen Blick. „Sie sind willkommen", sagte sie.

„Meinen Sie das ernst?" fragte Jimmy, „ich mußte in der Stadt x-mal umziehen, weil all' die alten Spießer mich immer schnell wieder rausgeschmissen haben — wegen ihr, wissen Sie, aber was soll ich ohne sie machen?"

Oma blickte verständnisvoll.

„Darf ich sie jetzt reinholen?" fragte er manierlich. Als Oma nickte, sprang er zur Tür hinaus, daß seine

404

Haare und die Fransen an seiner Jacke wild hin- und herbaumelten.

„Was nun?" fragte Jan. „Hat er auch noch eine Frau mitgebracht?"

Heiner lachte. „Jawohl, aber eine, die nur was sagt, wenn Jimmy es will, es ist nämlich seine Trompete, aber die liebt er fast ebenso wie eine Frau." Heiner wurde ernst. „Jimmy ist nämlich ein großer Künstler auf der Trompete. Zur Zeit komponiert er ein Trompetenkonzert, das ein ganz berühmtes Jazz-Orchester aufführen will. Aber er fand nirgends eine Bleibe, weil seine Wirtinnen ihn wegen des Trompetenspiels immer gleich wieder rauswarfen. Wie gut, daß er nun zu Oma ziehen darf, bis das Konzert fertig ist."

Jimmy wurde im ersten Stock im Zimmer neben den Hunden einquartiert. Er zeigte den Kindern seine Trompete, die blitzend in ihrem Samtfutteral lag. Aber er weigerte sich, ihnen darauf etwas vorzuspielen.

„Ich spiele nur, wenn mich die Stimmung überkommt", sagte er. So führten ihn die Kinder statt dessen durch das Haus und den Garten. Im Garten trafen sie Frau Hubermeier und Herrn Krüger, die miteinander spazierengingen. Die beiden betrachteten verblüfft den neuen Hausgenossen.

„Was sagen Sie zu den Haaren?" flüsterte Frau Hubermeier vernehmlich, als sie vorbeigegangen waren.

405

„Skandalös", brummte Herr Krüger noch vernehmlicher, „so etwas müßte polizeilich verboten werden."

Jimmy grinste nur und warf seinen Schopf in den Nacken.

Das Abendessen verlief ganz friedlich, weil Oma, die am Kopfende der Tafel saß, freundlich nach beiden Seiten hin Gespräche führte. Die Pieselang-Kinder, die Jimmys wegen zum Abendessen geblieben waren, gin-

gen danach heim ins Lehrerhaus. Frau Hubermeier und Herr Krüger zogen sich in ihre Zimmer zurück, Jimmy half Oma beim Abwaschen, und dann begaben sich die beiden auch zur Ruhe. Mitten in der Nacht ertönte plötzlich eine wilde Musik. Eine Trompete gellte durch das Haus, durchaus meisterhaft gespielt, das mußte jeder zugeben, der etwas von Musik verstand. Aber um diese ungewöhnliche Zeit war es doch sehr erschreckend. Auf den Klang der einsamen Trompete folgte dann auch ein ganzes Konzert, das nicht ganz so meisterhaft abgestimmt war. Als Oma, die aus tiefem Schlaf gefahren war, in die Diele trat, sah sie in ihrer Mitte Jimmy im Schlafanzug mit der Trompete in der Hand. Oben, auf der Galerie, standen Herr Krüger und Frau Hubermeier. (Frau Hubermeier in einem rosaseidenen, ausgeschnittenen Nachthemd und zerzausten Löckchen, Fettcreme auf der Nase, Herr Krüger in Pantoffeln und einem weißen, langen Hemd, die spärlichen grauen Haare standen wild zu Berge.) Der Lärm war ohrenbetäubend. Die Hunde bellten, die Katzen miauten. Herr Krüger schimpfte von oben herab mit seinem tiefen Baß, und Frau Hubermeier kreischte wie in vergangenen Tagen. Jimmy brüllte von unten Beleidigungen nach oben und schwenkte dabei die Trompete.

„Hören Sie", rief Oma, aber niemand nahm Notiz von ihr. „Ach, bitte", rief Oma, aber sie konnte bei dem Getöse kein Gehör finden.

Doch plötzlich ließ ein scheppernder Lärm Hunde, Katzen und Menschen verstummen. Oma war in die Küche geeilt, hatte zwei Topfdeckel ergriffen und sie in der Halle laut aneinandergeschlagen. Alle schwiegen einen Moment verdutzt still. In diese Stille hinein sagte Oma:

„Hätten Sie Lust, etwas Tee zu trinken? Eine Tasse Tee wirkt stets so schön beruhigend."

Bald saßen alle schweigend in der Küche und warfen sich finstere Blicke zu. Nur Oma in ihrem flauschigen, grünen Morgenrock ging hin und her und summte vor sich hin, während sie den Tee aufbrühte und ein Schälchen mit leckeren, selbstgebackenen Keksen füllte.

Als sie schließlich das goldbraune Getränk schlürften und Kekse knabberten, grollte Herr Krüger schon nicht mehr ganz so zornig:

„Sie haben wohl einen Vogel, Sie Langhaariger, daß Sie mitten in der Nacht mit Ihrem Blechding losschmettern. Manche Leute verstehen überhaupt nichts von Katzen und wissen nicht, daß Katzen sich aufregen, wenn nachts solch ein Lärm ist."

Frau Hubermeier holte tief Luft, um ihrerseits ihre Meinung zu dem Fall laut werden zu lassen. Aber der junge Mann sagte, bevor sie sich äußern konnte:

„Das ist nun mal so. Wenn ich Ideen kriege, muß ich sie gleich in die Tat umsetzen. Das ist bei Künstlern nun mal nicht anders."

Herr Krüger und Frau Hubermeier sahen sich an. „Aber", begannen beide wie aus einem Munde, doch Oma legte ihnen beruhigend rechts und links die Hände auf die Arme und sagte sanft:

„Jimmy, würde es Ihnen etwas ausmachen, neben einem Esel zu wohnen?"

Jimmy blinzelte überrascht. „Wenn er musikalischer ist als die beiden Herrschaften hier, keineswegs —", sagte er schließlich spöttisch.

Am nächsten Tag siedelte Jimmy in das Gartenhäuschen über und erhielt das Zimmer neben dem Esel Peppino. Da Sonntag war, konnten die Pieselang-Kinder helfen. Sie klapperten begeistert auf ihren neuen, von Schuster Krüger geschnitzten Holzschuhen zwischen der Villa und dem Gartenhaus hin und her. Schließlich war das Zimmer mit einem Bett, einem Tisch, zwei Stühlen und einem Schrank möbliert, und der kleine Kanonenofen in der Ecke war angeheizt. Brigitte brachte noch einen braunen Tonkrug mit ein paar Tannenzweigen darin, Peter die aus einer Zeitschrift ausgeschnittene Fotografie eines Pferdekopfes, Jan einen ausgehöhlten Stein, den man als Aschbecher benutzen konnte und Rolf einen kleinen, abgeschabten Teddybären, den Jimmy gerührt in der Hand hielt und dann auf sein Bett setzte. Oma kam mit ein paar Kissen und einem hübschen, bunten Flickenteppich. Auch Frau Hubermeier erschien. Sie hatte sich von Oma überzeugen lassen, daß man einem Künstler besondere Rechte zugestehen müsse. Sie selbst fühlte sich ja auch als Künstlerin. Zur Versöhnung hatte sie eine schöne Torte gebacken und die halbe Nacht an einem Kreuzstichspruch für Jimmys Wand gearbeitet. Den berühmten Vers „Wo man singt, da laß' Dich ruhig nieder", hatte sie umgeändert in „Wo man bläst, da laß' Dich ruhig nieder, böse Menschen haben keine Lieder".

Jimmy war ganz überwältigt von all der Freundlichkeit. „Aber das Schönste ist, daß ich hier endlich mal eine Bude habe, wo ich niemanden störe, wenn ich blase. Auch sie wird sich freuen." Er tätschelte zärtlich seine Trompete und hob sie schließlich zum Munde. Klar und schön klang der erste Ton. Aber schon beim

410

zweiten hörte man von nebenan eine Begleitung. Der Esel Peppino hatte seine Stimme erhoben, um zum Konzert beizutragen. Jimmy hielt mitten in einem schwungvollen Lauf ein und erstarrte.

„Was ist denn das?" fragte er schließlich, als auch das Lied nebenan beendet war.

„Das ist Peppino, unser Esel", sagte Brigitte schüchtern.

Ein Aufschrei entrang sich Jimmys Kehle. Er sank auf den nächsten Stuhl, raufte sich die langen Haare und rief: „Und immer, immer wenn ich musiziere, wird dieses Biest nun losdröhnen. Das ist ja nicht auszuhalten. Ich habe geglaubt, ich hätte nun endlich 'ne ideale Bude, und nun ist es wieder nichts. Es wird nie fertig, das Trompetenkonzert, nie, nie, nie."

Die Umstehenden sahen sich betreten an. Jan kramte aus seiner Hosentasche eine Schnur und schlug vor:

„Ich werde Peppino das Maul zubinden, solange du spielst."

Aber Oma meinte: „Ich weiß was besseres: Wir geben ihm in der Zeit etwas zu fressen."

Die Tür zu Peppinos Raum wurde geöffnet. Er stand dort in der Mitte seines Zimmers und blickte sie unter seinen struppigen Ponyfransen vorwurfsvoll an. Als ihm aber Jan und Peter Mohrrüben und altes Brot hinschütteten, machte er sich sofort darüber her. Jimmy fing an zu blasen und konnte sein Stück ungestört zu Ende bringen. Als er fertig war, hatte Peppino auch gerade seine Mahlzeit beendet. Leider fing er aber sofort wieder an zu schreien. Alle sahen Jimmy betrübt an, und Jan wollte dem Esel gerade neue Mohrrüben vor die Füße schütten, als Jimmy plötzlich rief:

„Halt!" Sein Gesicht, das eben noch so finster geblickt hatte, erhellte sich immer mehr. Er lauschte angestrengt. „Das ist ja toll", sagte er plötzlich begeistert, „das ist genau die Melodie, die mir im dritten Satz von meinem Konzert noch fehlt und die ich schon so lange suche."

Er hob die Trompete an die Lippen und begleitete des Esels iah mit denselben Tönen. Jetzt hielt Peppino mitten im Geschrei inne und sah Jimmy verdutzt an. Dann drehte er sich zur Wand und zeigte ihnen beleidigt seinen baumelnden Schwanz. Jimmy aber kramte in seiner Reisetasche aufgeregt nach Notenpapier, setzte sich an den Tisch und fing hastig an, den Eselschrei in Noten auf das Papier zu schreiben. Die anderen verließen auf Zehenspitzen den Raum. Einen Meister durfte man beim Schöpfungswerk nicht stören.

An diesem Abend fiel der erste Schnee. Große Flocken segelten vom Himmel herab und legten sich leise auf Büsche und Bäume. Als Oma und die Pieselang-Kinder vor dem Haus standen, um Heiner zu verabschieden, der in die Stadt zurückfahren mußte, ertönte vom Gartenhäuschen her durch den wie verzuckert aussehenden Garten eine sanfte, volle Melodie, ein Trompetenlied voll so bittersüßer Schönheit, daß sich allen, die es hörten, das Herz zusammenzog. Heiner lächelte:

„Der Mitternachtsblues", sagte er, „den spielt Jimmy nur, wenn er glücklich ist."

Das große Geschichtenerzählfest

„Es ist Zeit, daß wir wieder einmal ein Fest feiern",
sagte Oma, und das fanden die Pieselang-Kinder auch.
Sie hatten in den letzten Wochen alle fleißig gearbeitet, das Haus renoviert und eingerichtet und das
Gartenhäuschen für Jimmy und Peppino instand-
gesetzt. Oma hatte geschrubbt und Staub gewischt und
für Menschen und Tiere gekocht. Die Kinder waren,
nachdem sie ihre Schularbeiten gemacht hatten, täglich
herübergekommen und hatten die dicken Hunde spa-
zierengeführt und sie und Fiffi gebadet, gekämmt und
gefüttert. Sie hatten den Esel Peppino an den Handwagen geschirrt und waren zum Einkaufen in das Dorf

gefahren. Frau Hubermeier hatte viel gestickt und einmal ein großes Essen gekocht, Herr Krüger hatte versucht, den kleinen Kater Satan zu erziehen — und das war eine harte Arbeit —, er hatte außerdem für die Pieselang-Kinder Holzschuhe geschnitzt und für Oma ein Paar Schuhe besohlt und für Frau Hubermeier ein Paar Schühchen. Jimmy hatte an seinem Trompetenkonzert gearbeitet. Alle waren so fleißig gewesen, daß sie jetzt ein Fest verdient hatten.

Die Pieselangs feierten nicht nur die Feste, die andere Leute auch feierten, wie Ostern, Weihnachten, Geburtstag und Silvester. Sie feierten Spielfeste, auf denen „Mensch ärgere Dich nicht", „Domino" und „Schwarzer Peter" gespielt wurde; Kochfeste, bei denen jeder von ihnen etwas kochen mußte; Rätselfeste, Lampionfeste oder auch ganz einmalige, wie Jans Einserfest. Jan war ein ziemlich schlechter Schüler. Das einzige Mal erhielt er für einen Aufsatz eine Eins, als er über die nordamerikanischen Indianer schrieb. Das mußte gefeiert werden. Pieselangs feierten aber auch das Zahnkriegefest, als Rolf einen besonders schönen, kräftigen weißen Zahn bekommen hatte, und das Zahnausfallfest, als Peter seinen ersten Milchzahn verlor. Das Paulchen-Gesundwerdefest, als der Wellensittich nach längerer Krankheit wieder munter schwatzend in seinem Käfig saß, das Lindenblütenfest, als Omas Lieblingsbäume besonders schön blühten und das Regenfest, das sie feierten, als es tagelang geregnet hatte und alle traurig und verdrossen herumliefen. Oma fand, daß das einzige, was jetzt noch helfen könnte, ein Fest wäre. Es wurde eins der schönsten und lustigsten Feste, welches die Pieselangs je feierten, und als sie am Morgen danach aufwachten, schien tatsächlich die Sonne.

Diesmal aber feierten sie das große Geschichtenerzählfest. Es war ein Sonntag, an dem alle Zeit hatten. Außer den Hausgenossen wurde auch noch der Wachtmeister eingeladen. Er kam mit Stiefeln, die so blankgewichst waren, daß Rolf sich darin spiegeln konnte.

Nun saßen sie gemütlich in einem großen Kreis um den Küchentisch, auf dem Schalen mit Nüssen, Mandeln und getrockneten Aprikosen standen. In der Backröhre brutzelten Bratäpfel und zischten ab und zu appetitlich. An den wärmsten Stellen in der Küche, am Herd und unter der Heizung, lagen Hunde und Katzen. Die beiden dicken Pudel pflegten immer dicht aneinandergedrängt zu schlafen, und Fiffi lag wie auf einem gemütlichen Sofa obenauf. Er, der einmal so sehr von Hunden verfolgt worden war, beherrschte jetzt die Hundeschar im Haus, vielleicht, weil sein schrilles Gekläff die anderen einschüchterte. Wellensittich Paulchen schaukelte in seinem Käfig, der von der Decke hing und neckte Hunde und Katzen, indem er sie ab und zu bei ihren Namen rief, was diese in Verwirrung brachte. Der Kater Satan hockte auf Herrn Krügers

417

Schulter, warf wilde Blicke in die Runde und fauchte von Zeit zu Zeit.

„Wer fängt an zu erzählen?" fragte Oma.

„Brigitte", rief Rolf, „Brigitte soll ‚Rotkäppchen‘ erzählen."

„Aber ich habe es dir doch schon hundertmal erzählt", jammerte Brigitte, „kann ich heute nicht mal was anderes erzählen?"

„Nein", sagte Rolf streng, „Rotkäppchen!" und als Brigitte noch zögerte, standen ihm gleich die blanken Tränen in den Augen und sein kleiner Mund verzog sich zum Weinen.

„Ist ja schon gut", rief Brigitte, „ich erzähl ja schon."

Nun, das mußte jeder zugeben, daß Brigitte „Rotkäppchen" ganz besonders gut erzählen konnte. Nur waren die Zuhörer erstaunt, daß am Schluß der böse Wolf nicht mit Steinen gefüllt wurde und tot umfiel. Nein, er wurde ohne Steine wieder zugenäht, und danach hielt Rotkäppchen ihm einen langen Vortrag, daß niemand ihn mehr lieb hätte, wenn er so scheußliche Sachen machen würde, wie arme, alte Großmütter aufzufressen. Darauf ging der Wolf in sich und wurde ein guter Wolf, und er durfte schließlich auch mit den anderen Kuchen essen und Wein trinken.

„Aber das stimmt doch gar nicht, das ist doch ganz anders!" rief Peter.

418

Brigitte meinte: „Weiß ich doch, aber wenn ich es anders erzähle, muß er immer um den Wolf weinen", und sie zeigte auf Rolf, der äußerst befriedigt aussah.

Als nächste war Oma dran mit dem Erzählen. „Da war einmal ein Junge, der hieß — —, nun, der hieß — —", fing sie an.

„Peter", rief Peter.

„Gut", sagte Oma, „da war einmal ein Junge, der hieß Peter und der hatte eine Maus."

„Genau wie ich", rief Peter. Aber die anderen meinten, er sollte nun endlich still sein und die Geschichte hören.

„Also, Peter hat eine Maus. Sie ist braun, hat schwarze Knopfäuglein, rosa Pfoten, runde, rosa Öhrchen, einen langen Schwanz und heißt Susi. Sie hat im Keller einen Käfig, in dem ein hübsches Haus steht und ein Trink- und Freßnäpfchen. Eigentlich sollte Susi dort wohnen, aber meistens wohnt sie auf Peter. Sie schläft zusammengerollt in seiner Hosentasche oder geht in seinem Pulloverärmel spazieren, läuft den Arm auf der einen Seite hinauf bis zur Achselhöhle und auf der anderen Seite wieder herunter.

Einmal hat sie in Peters Hosentasche übernachtet, und Peter merkt es erst, als er am anderen Morgen in der Schule bei Herrn Schmidt Rechnen hat. Herr Schmidt rechnet nicht nur einfach mit Zahlen, er rechnet mit Äpfeln, Häusern und Katzen.

,Wieviel sind eine Katze und noch eine Katze, Peter?' fragt er.

Peter, der eben Susi in der Hosentasche entdeckt hat, stottert: ,Keine Maus.' Denn er muß daran denken, daß Katzen Susis schlimmste Feinde sind.

Die Kinder lachen über Peter, und das macht Susi neugierig. Sie streckt ihren Kopf über den Rand der Tasche.

,Uih, wie süß!' ruft Sabine, die neben Peter sitzt. Sie will nach Susi greifen, aber die Maus schlüpft ihr zwischen den Fingern durch, hüpft auf die Bank und von der Bank auf den Fußboden. Peter kann sie nicht mehr erwischen. Auch als es jetzt klingelt, kann Peter sich nicht um seine Maus kümmern, weil Herr Schmidt ruft:

,Geht schnell auf den Hof an die frische Luft!'

Susi duckt sich in eine Ecke, bis all' die vielen Mädchen und Buben den Raum verlassen haben. Als auch hinter Herrn Schmidt die Tür zugefallen ist, wagt sie sich hervor und schaut sich die Klasse an. Ihr feines Näschen hat sehr bald gerochen, wo ein Kind sein Frühstücksbrot in der Mappe gelassen hat. Susi hat den Weg dorthin schnell gefunden und nimmt nun erst mal eine kleine Mahlzeit. Als sie satt ist, spaziert sie weiter herum, denn sie ist sehr neugierig. Schließlich landet sie im Schwammkasten bei der Tafel.

In diesem Augenblick geht die Tür auf und Fräulein Nähmann kommt herein. Fräulein Nähmann ist die

420

Handarbeitslehrerin, die nachschauen will, ob sich auch alle Kinder auf dem Hof befinden und sich keins unter einer Bank versteckt hat, was manchmal vorkommt. Sie sieht niemanden. Aber als sie gerade die Klasse wieder verlassen will, hört sie es niesen. Susi hat im Schwammkasten Kreide in die Nase bekommen und macht ‚hatschi'. Es ist ein leises Mäuse-Hatschi, aber das zarte Fräulein Nähmann, das nicht nur Handarbeits-, sondern auch Musikunterricht gibt, hat sehr feine Ohren.

‚Wer ist da', ruft sie, ‚hat sich jemand versteckt?'

Sie schaut suchend in der Klasse umher. Sie kann kein Kind entdecken, aber plötzlich fällt ihr Auge auf Susi, die auf dem großen Schwamm sitzt und Fräulein Nähmann ängstlich betrachtet. Das Fräulein erschrickt fürchterlich. Es erschrickt so sehr, daß es in Ohnmacht

fällt. Die Turnlehrerin, die gerade auf dem Flur vorbeikommt, hört den Bums, öffnet die Tür und findet das bleiche Fräulein Nähmann. Sie ruft einen Schüler herbei, und zusammen tragen sie die Handarbeitslehrerin in die Turnhalle, wo ein Ruhebett steht. Sie kommt noch einmal kurz zu sich und flüstert:

,Das schreckliche Tier.' Dann verlassen sie wieder die Sinne.

Die Turnlehrerin horcht auf: Ein Tier, ein schreckliches Tier ist in Klasse 2 b? Sie hat nichts gesehen. Aber vielleicht hat es sich gerade versteckt. Sie sucht unter den Kindern, die gerade zum Turnunterricht hereinkommen, den besten Läufer aus.

,Lauf geschwind zu Herrn Fegeblech und sage ihm, er soll aus Klasse 2 b ein Tier jagen. In Klasse 2 b ist ein schreckliches, tolles Tier.'

Der beste Läufer der Schule saust mit Windeseile die Treppe hinab zu Herrn Fegeblech, dem Hausmeister. Herr Fegeblech ist schwerhörig.

,Was willst du?'

Der schnelle Läufer brüllt: ,Ein Tier, ein tolles Tier ist in Klasse 2 b!'

Der Hausmeister nickt. Aber dann überlegt er.

,Ein Tiger ist in Klasse 2 b und tollwütig ist er auch noch, und den soll er aus der Klasse jagen, er ganz allein?' Er brummt ärgerlich und macht sich auf den Weg zum Direktor.

422

Der Direktor hat gerade eine Besprechung mit dem Naturkundelehrer und dem Erdkundelehrer, als Herr Fegeblech mit seiner Nachricht hereinplatzt. Der Direktor wird blaß.

‚Ein tollwütiger Tiger ist in meiner Schule? Wie ist er denn hereingekommen?‘

‚Vielleicht durch das Fenster‘, meint der Naturkundelehrer, ‚Tiger können gut klettern.‘

‚Aber wo kommt er denn her?‘ ruft der Direktor.

‚Vielleicht ist er aus dem Zoo oder einem Zirkus entlaufen‘, meint der Erdkundelehrer.

‚Ist er gestreift oder gefleckt?‘ fragt der Naturkundelehrer. ‚Wenn er gefleckt ist, ist es nämlich ein Panther und kein Tiger.‘

‚Das ist doch ganz gleichgültig‘, ruft der Direktor.

‚Das ist es nicht‘, sagt der Erdkundelehrer gekränkt. ‚Wenn wir beim Zoo anfragen, ob ihnen ein Tiger entlaufen ist und sie sagen ‚Nein‘, weil ihnen eben ein Panther, aber kein Tiger fehlt — — —‘

‚Gute Idee‘, meint der Direktor, ‚ich rufe den Zoo an.‘

Er greift zum Telefon. Nein, im Zoo ist kein Tiger und auch kein Panther entlaufen, aber sie werden einen Wagen mit einem Käfig und ein paar Tierfängern schicken, um das tollwütige Raubtier einzufangen.

Unterdessen hat es zur nächsten Stunde geklingelt. Als der Direktor den Telefonhörer auflegt, fragt er: ‚Wo sind die Kinder der Klasse 2 b?‘

Herr Schmidt, der eben hereinkommt und nichts von der ganzen Aufregung weiß, sagt fröhlich: ‚Ich sah sie eben sehr brav in ihre Klasse gehen.‘

Der Direktor ist entsetzt. Er greift wieder zum Telefon. ‚Ist dort die Feuerwehr?‘ ruft er, ‚bitte, kommen Sie sofort und bringen Sie einen Krankenwagen mit, einen Arzt, zwei Schwestern und genügend Verbandsmaterial; ein tollwütiger Tiger hat gerade ein paar Kinder meiner Schule verletzt.‘

Die Kinder in Klasse 2 b ahnen nichts. Sie wundern sich nur, daß der Erdkundelehrer nicht erscheint, denn sie müßten gerade bei ihm Unterricht haben. Alle drängen sich um Peter, der Susi wieder eingefangen hat.

‚Wie niedlich‘, rufen die Kinder, ‚gib sie mir mal‘, aber Peter läßt sie nicht aus der Hand.

Plötzlich laufen die Kinder an das Fenster, denn draußen ist ein großer Lärm. Ein Lastwagen mit einem riesigen Käfig darauf kommt angefahren, vier kräftige Männer, mit Stricken bewaffnet, springen herab. Gerade als sie im Haus verschwinden, rast mit lautem Gebimmel die Feuerwehr um die Ecke, dahinter ein Krankenwagen, aus dem hastig drei weißgekleidete Gestalten klettern.

‚Was ist los?‘ rufen die Kinder. Aber schon hören sie es den Flur entlangstampfen und vor ihrer Klasse anhalten. Zögernd wird die Tür erst einen Spalt aufgemacht und, als nichts geschieht, aufgerissen.

‚Wo ist das tolle Tier?‘ ruft ein dicker, schnauzbärtiger Mann, der einen großen Knüppel in der Hand trägt. Hinter ihm stehen noch drei Männer, zwei Krankenschwestern, ein Arzt, fünf Feuerwehrmänner, alle Lehrer und fast alle Kinder der Schule.

Erschrocken schlüpft Susi in Peters Ärmel und hockt dort mucksmäuschenstill."

„Und weiter, was war dann, was haben die Männer gesagt und die Lehrer?" riefen die Kinder durcheinander. Aber Oma meinte:

„Das müßt ihr euch selber überlegen, wenn ich weiter erzähle, wird meine Geschichte zu lang, und ihr anderen kommt gar nicht mehr dran."

Peter, der neben Oma saß, sagte feierlich:

„Ich erzähle die Geschichte vom Luftballon. Da war mal ein kleiner Junge, der war krank, und da kam seine Oma und brachte ihm einen Luftballon mit, der war sehr schön, ganz rot und sehr groß. Da wurde der Junge gleich gesund. Er nannte den Luftballon Paulchen und ging mit ihm spazieren.

‚Wie ist die Luft da oben?‘ fragte er Paulchen.

‚Gut‘, sagte der Luftballon. ‚Aber noch höher ist sie sicher noch besser.‘

Da ging der Junge mit Paulchen auf ein Hochhaus, und sie guckten vom Dach ’runter. Unten war alles puppenklein, die Leute und die Autos und die Bäume.

‚Ist’s dir nun hoch genug?‘ fragte der Junge, aber der Luftballon ruckte an seiner Schnur und sagte:

‚Ich möchte noch höher.‘

Da ging der Junge mit Paulchen auf einen Berg, und sie guckten 'runter und nun sahen die Leute unten aus wie Ameisen.

‚Jetzt ist's aber hoch genug‘, sagte der Junge. Aber Paulchen ruckte an seiner Schnur und sagte:

‚Noch höher!‘

Auf dem Berg stand ein Turm. Auf den stieg der Junge nun mit dem Luftballon.

‚Na?‘ fragte er oben, ‚jetzt ist's aber doch hoch genug.‘

Aber Paulchen ruckte an seiner Leine, und plötzlich riß er sie dem Jungen aus der Hand und flog hoch in den Himmel hinauf. Als er kaum noch zu sehen war, rief er dem Jungen zu:

‚Ich komm wieder!‘ “

Peter schwieg, und alle klatschten Beifall. Aber Rolf war von seinem Stuhl gerutscht, kam dicht an Peter heran und fragte mit zitternder Stimme:

„Kommt er bestimmt wieder?“

„Na klar“, sagte Peter, „er ist doch sein Freund.“

Jetzt sollte Frau Hubermeier etwas erzählen, aber sie kicherte verschämt und sagte: „Ich höre zwar für mein Leben gern Geschichten, aber erzählen kann ich sie nicht. Wie wär's“, fragte Frau Hubermeier, „wenn ich euch statt dessen Waffeln backe?“ Damit waren alle einverstanden, und während sie am Herd hantierte, erzählte Herr Krüger seine Geschichte.

„Knarrstiebels Wanderfahrt

Es war einmal ein Mann, der hatte zwei schöne, schwarze Stiefel. Ein guter Schuster hatte sie gemacht, so einer wie ich. Aber der Mann war sehr undankbar und behandelte seine Schuhe schlecht, obgleich sie ihm treu und redlich dienten. Er putzte sie nie. Auch beschimpfte er sie oft, besonders den einen, weil der immer knarrte.

‚Sei still, Knarrstiebel!' schnauzte er, ‚sonst denken die Leute, ich hätte dich nicht bezahlt.'

An einem heißen Sommertag ging der Mann baden. Er zog sich aus und legte sich in die Sonne. Die Stiefel stellte er dicht an das Ufer des Flusses. Den beiden war in der Sonne sehr heiß. Knarrstiebel rutschte immer näher an das Wasser heran. Doch plötzlich glitt er, ohne daß er es wollte, den Hang herunter und lag im Nassen. Nein, er lag nicht nur, sondern er wurde von der Strömung ergriffen und schwamm davon. Es ging so rasch, daß er bald nichts mehr von seinem Herrn und dem Wanderkameraden sehen konnte.

Zuerst war das dem Knarrstiebel unheimlich, aber dann fing es an, ihm Spaß zu machen. Er war frei. Niemand beschimpfte ihn mehr, er konnte machen, was er wollte. Er wurde sehr vergnügt. Ohne, daß er sich anstrengen mußte, sah er Häuser, Bäume und Wiesen vorbeigleiten. Als es Abend wurde und immer dunkler, war ihm doch etwas ängstlich zumute. Er schaukelte in eine kleine Bucht, um sich dort ein Plätzchen zum schlafen zu suchen. Plötzlich fühlte er sich gepackt. Ein Junge, der am Ufer stand, rief:

‚Das wird ein feines Segelschiff werden!'

Er verstaute Knarrstiebel in einem alten Kahn, wo dieser die ganze Nacht über gut schlief. Am anderen Morgen kam der Bub sehr früh zu dem Kahn, band Knarrstiebel eine Schnur um den Leib, bastelte aus seinem Taschentuch ein Segel und ließ ihn wieder auf den Fluß. Der Wind blähte die Segel, und nun ging die Fahrt so schnell wie nie zuvor. Aber immer, wenn der Stiefel in schönster Fahrt war, zog der Junge an der Schnur und holte Knarrstiebel zurück. Das war auf die Dauer langweilig. Schließlich paßte der Junge nicht richtig auf, und der Stiefel entschlüpfte ihm. Nun ging die Fahrt mit dem Taschentuchsegel doppelt so rasch. Der Stiefel segelte lange auf dem Fluß und hatte allerlei Erlebnisse.

Aber das viele Schwimmen behagte dem Stiefel nicht. Er war zum Laufen gemacht worden und wäre gern wieder einmal gewandert. Außerdem sehnte er sich nach einem Gefährten. Da sah er eines Tages einen Landstreicher am Ufer sitzen, so einen, der keine Lust hat, richtig zu arbeiten, der von Dorf zu Dorf geht, mal ein bißchen beim Bauern hilft oder auch bettelt. Der betrachtete traurig einen durchlöcherten Stiefel. Plötzlich sah er Knarrstiebel dahergesegelt kommen. Er fischte ihn aus dem Fluß und zog ihn an, und tatsächlich, er paßte. Bald ging der Mann auf der Landstraße weiter und pfiff sich ein Lied, und Knarrstiebel knarrte eine lustige Melodie dazu."

Herr Krüger kratzte sich etwas verlegen am Kopf. „So, das war's." Alle klatschten Beifall und wunderten sich, daß der schweigsame alte Mann so gut erzählen konnte.

Frau Hubermeier kam jetzt mit hochroten Backen herbeigeeilt und stellte eine große Schüssel mit knusprigen, goldgelben Waffeln und Apfelmus auf den Tisch.

„Also, die sind mindestens ebensogut wie eine Geschichte", sagte Jan mit vollen Backen. Doch er mußte rasch seine Waffel aufessen, weil er jetzt dran war mit Erzählen.

„Im Sommer saß ich im Garten", fing Jan an, „da raschelte es plötzlich im Gebüsch, und ein Frosch kam herausgehüpft. Er war grasgrün und hatte leuchtendgelbe Augen. Ich wollte ihn gerade begrüßen, aber da sah ich, daß er weinte.

,Was hast du, hat dir jemand 'was getan?' fragte ich erschrocken.

‚Ach‘, quakte er traurig, ‚ach, ich möchte so gerne mit einem Jungen oder einem Mädchen spielen. Aber denk mal, immer, wenn ich auf ein Kind zuhüpfe, schreit es ‚i‘ und ‚wie eklig‘. Niemand mag mich. Alle finden mich häßlich. Bin ich denn wirklich so häßlich? Ich habe mich in einer Wasserpfütze gespiegelt und finde mich eigentlich ganz hübsch.‘

‚Ich finde dich auch hübsch, sehr sogar‘, sagte ich, ‚aber wie heißt du eigentlich?‘

Da blähte der Frosch seinen Bauch auf und sah plötzlich ziemlich eingebildet aus. Aber er hatte auch Grund. ‚Ich heiße‘, quakte er stolz, ‚Fidelius Quakus Baron von Hüpf auf Hüpfenstein, Ritter von der Grünen Gestalt.‘

Das fand ich nun auch ganz toll. Ich wußte nicht, ob ich ihn mit dem ganzen Namen anreden mußte und versuchte, mich an ihn zu erinnern. Da sagte er aber schon:

‚Meine Freunde nennen mich ‚Fidelius‘. Du darfst mich auch so nennen, weil du mich nicht eklig findest.‘

‚Was arbeitest du?‘ fragte mich der Frosch.

‚Ich geh’ noch in die Schule‘, sagte ich, ‚und was machst du?‘

‚Ich bin ein Dichter‘, sagte Fidelius stolz. ‚Gestern, beim Mondenschein, habe ich ein wunderschönes Gedicht gemacht. Willst du es hören?‘ Als ich nickte, schlug er ein Bein über das andere, blähte sich wieder auf und fing mit rollender Stimme an:

‚Quak quak quak quak quak quak
Quak quak quak quak quak quak quak
Quak quak quak quak quak quak
Quak quak quak quak quak.'

Danach sah er mich erwartungsvoll an. Nun fand ich das Gedicht nicht so furchtbar großartig, aber um ihn nicht zu enttäuschen, sagte ich ‚Klasse'.

‚Nicht wahr, es ist stimmungsvoll', sagte Fidelius. Doch dann wurde er wieder traurig. ‚Doch was nützt es, wenn ich die schönsten Gedichte mache, wenn doch niemand mit mir spielen will.'

‚Aber ich will doch mit dir spielen!' rief ich.

‚Wirklich?' fragte er und machte einen Riesenhupf.

Dann spielten wir Verstecken und Hopse, wobei er immer gewann. Dann tanzte Fidelius mit seinen langen Beinen einen Cha-Cha-Cha, und ich baute ihm unter-

dessen ein Häuschen. Als er darin alles besichtigt hatte, kam er wieder heraus und sagte:

‚Das ist ein so schönes Haus. Dafür muß ich mir eine Frau suchen, und wenn ich sie habe, ziehen wir ein, und wir laden dich zum Kaffee ein und spielen Hopse und Verstecken, und ich sag' dir meine neuesten Gedichte auf.'

Dann winkte er mir noch einmal zu und verschwand in den Büschen, und nun warte ich auf die Einladung."

Nun war Jimmy mit Erzählen dran. Er schüttelte verlegen die langen Haare, dann zog er seine Trompete, die stets neben ihm lag, näher an sich heran und streichelte sie.

„Na los, mach' schon, fang an, Jimmy", rief Jan.

Und Jimmy fing an: „Da war einmal ein Junge, der hieß Jimmy. Jimmy hieß der Junge. Einmal, als er von der Schule nach Hause kam, fiel ihm eine Melodie ein. Sie war ganz prima, und er pfiff sie vor sich hin, immerzu. Am anderen Morgen, als er aufwachte, erinnerte er sich wieder an die Melodie, und er versuchte, sie zu singen, und er sang die Melodie, die er gepfiffen hatte, den ganzen Tag. Kurz darauf hatte Jimmy Geburtstag und bekam eine Mundharmonika. Da spielte er die Melodie, die er gepfiffen und gesungen hatte, auf der Mundharmonika. Das klang sehr schön. Die Schwester von Jimmy hatte eine Blockflöte und so versuchte Jimmy, die Melodie, die er gepfiffen und gesungen und auf der Mundharmonika gespielt hatte, auf der Flöte. Jimmys Lehrerin in der Schule hörte, wie Jimmy auf der Flöte piepste und fand, daß der Junge sehr musikalisch sei. Sie ging mit ihm zu seinen Eltern und bat darum, daß sie ihm Klavierstunde geben lassen sollten. Das taten sie denn auch, und so klimperte Jimmy bald die Melodie, die er gepfiffen und gesungen und auf der Mundharmonika gespielt und auf der Flöte gepiepst hatte, auf dem Klavier. Als Jimmy größer wurde, wollte er sein Lied auch auf anderen Instrumenten probieren, und so fiedelte er die Melodie, die er gepfiffen und gesungen und auf der Mundharmonika gespielt und auf der Flöte gepiepst und auf dem Klavier geklimpert hatte, auch auf der Geige. Aber er wollte sein Lied nicht nur in hohen, sondern auch in tiefen Tönen hören, und da brummte er die Melodie, die er gepfiffen und gesungen und auf der Mundharmonika gespielt und auf der Flöte gepiepst und auf dem Klavier geklimpert und auf der Geige gefiedelt hatte, auch auf der Baßgeige. Einmal war Jimmy verreist und hatte alle seine Instrumente vergessen mitzunehmen. Das Klavier wäre sowieso zu schwer gewesen. Er hatte aber Sehnsucht nach seinem Lied. Da nahm er seinen Kamm aus der Tasche, spannte Seidenpapier darüber und pustete seine Melodie, die er gepfiffen und gesungen und auf der Mundharmonika gespielt und auf der Flöte gepiepst und auf dem Klavier geklimpert und auf der Geige gefiedelt und auf der Baßgeige gebrummt hatte, auf dem Kamm. Doch all die Instrumente, die Jimmy bis jetzt gespielt hatte, gefielen ihm noch nicht so recht. Eines Tages sah er im Schaufenster eines Musikgeschäftes eine Trompete. Die blitzte und funkelte nur so, und die gefiel ihm ganz toll. Er kaufte die Trompete.

Nun blies er die Melodie,
die er gepfiffen und gesungen,
auf der Mundharmonika gespielt,
auf der Flöte gepiepst,
auf dem Klavier geklimpert,
auf der Geige gefiedelt,
auf der Baßgeige gebrummt,
auf dem Kamm gepustet hatte,
auf der Trompete.
Das klang ganz, ganz prima,
und Jimmy beschloß,
von jetzt an seine Melodie nur noch
auf der Trompete zu blasen."

Nun war Jimmys Geschichte zu Ende, aber noch nicht ganz, denn er hob seine Trompete zum Mund und spielte die Melodie, und sie gefiel allen sehr gut. Selbst Herr Krüger nickte anerkennend.

„Wenn er sich die Haare schneiden ließe, wär' der Bursche gar nicht so übel", murmelte er.

Die Kinder aber versuchten um die Wette, all die vielen Instrumente, auf denen Jimmy seine Melodie gespielt hatte, aufzusagen, aber sie vergaßen immer wieder eins.

Der Wachtmeister räusperte sich und rutschte auf seinem Stuhl hin und her. Er schien es gar nicht erwarten zu können, seine Geschichte zu erzählen.

„Ich hatte mal einen Freund, dem eine seltsame Sache passiert ist", begann er. „Der Freund hatte eine Zeitlang keine Arbeit und übernahm allerlei Botengänge.

Eines Tages erschien in seiner Wohnung ein Herr, der ein wenig südländisch aussah und gebrochen deutsch sprach. Er bat meinen Freund, eine Botschaft von Deutschland nach Südamerika zu bringen. Die Botschaft, die in spanischer Sprache geschrieben war, stand auf einem offenen Zettel. Mein Freund fand es zwar merkwürdig, daß der Herr den Zettel nicht mit der Post schickte, aber da er zur Zeit wenig Geld und große Lust auf eine so weite Reise hatte, fragte er nicht viel. Er nahm die Schiffskarten, die schon für den nächsten Tag ausgestellt waren und reichliche Spesen in Empfang und erfuhr, daß er bei seiner Rückkehr von Südamerika ein gutes Honorar erhalten würde. In Südamerika sollte mein Freund nichts anderes tun, als den Zettel in der Stadt Montevideo einem Herrn zu bringen, dessen Adresse ihm der Fremde sagte und die er sich in seinem Notizbuch notierte. Mein Freund packte ein paar Sachen zusammen und ging in die nächste Buchhandlung, um sich ein spanisches Wörterbuch zu kaufen, denn er war doch neugierig, was auf dem geheimnisvollen Zettel stand. Aber leider hatte diese keins vorrätig. So mußte mein Freund am nächsten Tag ohne Wörterbuch das Schiff besteigen. Aber er vergaß bald den Zettel und überhaupt das Ziel seiner Reise, denn er hatte eine äußerst vergnügliche Zeit auf dem Schiff. Er hatte eine hübsche Kabine; es gab wunderbare Dinge zu essen. Den Vormittag und Nachmittag spielte er mit netten jungen Leuten Decktennis oder schwamm in dem schönen Bad des großen Schiffes. Fast an jedem Abend waren Bordfeste, wo man trank, tanzte und sich kostümierte. Als das Ende der Reise herankam, waren alle traurig, daß sie sich trennen mußten. Nun war es Zeit für meinen Freund, an seinen Auftrag zu denken.

Er fuhr in die Stadt Montevideo und ging zu der in seinem Notizbüchlein aufgeschriebenen Adresse. Das angegebene Haus war eine schöne, weiße Villa. Der Hausherr hieß Senor Esteban und empfing meinen Freund mit großer Herzlichkeit. Er konnte es kaum erwarten, bis er den Zettel mit der Botschaft in der Hand hatte. Er las, und sein Gesicht strahlte auf.

‚Das der schönste Tag meines Lebens sein‘, sagte er mit feuchten Augen in gebrochenem Deutsch. ‚Und Sie sein Glücksbote, der mir gebracht hat so gute Nachricht.‘

Dann bewirtete er meinen Freund auf das Köstlichste. Sie saßen im Garten unter Palmen, und ein

Diener mit einem goldenen Ring an einem Ohr servierte ihnen. Meinem Freund gegenüber saß Senor Estebans Töchterlein Dolores, die wunderschön, aber sehr schüchtern war und nur ab und zu zwei riesige, schwarze Augen zu meinem Freund aufschlug. Am nächsten Morgen wollte sich mein Freund verabschieden, aber Senor Esteban legte ihm eine Hand auf die Schulter und sagte:

,Amigo, ich 'aben große Bitte. Bevor Sie zu Ihrem Schiff zurückgehen, Sie könnten mir tun eine große Gefalle. Würden Sie bringen die gute Botschaft an einen anderen Herren? Adresse steht auf dem Zettel.'

Mein Freund war gern dazu bereit, erklärte aber, daß er nicht spanisch lesen könnte, und so sagte ihm Senor Esteban die Adresse. Mein Freund versuchte, sie sich zu merken und steckte den Zettel wieder ein. Er ging los und machte ein paar Umwege, um die Stadt ein wenig zu besichtigen. Er sah viel fremde und interessante Dinge, und plötzlich merkte er, daß er die Adresse vergessen hatte. Er sah auf dem Zettel nach, den Senor Esteban ihm wieder zurückgegeben hatte. Aber er konnte die fremde Sprache nicht entziffern. Ein junger Mann kam ihm gerade auf der Straße entgegen. Er hatte einen breitkrempigen Hut auf und sah lustig und verwegen aus. Mein Freund zeigte ihm den Zettel und bat ihn, ihm die Adresse zu sagen. Der junge Mann nickte freundlich und begann zu lesen. Doch je mehr er las, desto ernster wurde sein Gesicht.

437

Schließlich wurde es so weiß wie die Wand, vor der sie standen. Er drückte meinem Freund hastig den Zettel in die Hand und lief so schnell er konnte um die nächste Ecke. Mein Freund sah ihm verwundert nach. Was hatte der junge Mann, war ihm schlecht geworden?

Da kam eben eine Schulklasse die Straße entlang, geführt von einer Nonne. Die kleinen Mädchen trugen schwarze Schulkittelchen und hatten fast alle lange schwarze Zöpfe. Sie schwatzten munter miteinander. Mein Freund trat auf die Nonne zu und zeigte ihr den Zettel. Sie holte ihre Brille aus der Tasche und begann zu lesen. Aber sie hatte noch gar nicht zu Ende gelesen, da warf sie ihm den Zettel vor die Füße, rief ihrer Klasse mit schriller Stimme etwas zu, und alle ergriffen in rasender Eile die Flucht, so daß die Zöpfe der kleinen Mädchen nur so hin- und herbaumelten. Nun war mein Freund wirklich verwirrt und erschrocken. Er hob den Zettel auf und betrachtete ihn, aber da er die Sprache nicht verstand, konnte er nichts damit anfangen.

Jetzt wollte er aber unbedingt wissen, was es mit dem Zettel für eine Bewandtnis hatte. Er ging, bis er an eine der Hauptverkehrsstraßen kam. An einer Ecke sah er zwei Polizisten stehen. Er trat auf sie zu und zeigte ihnen den Zettel. Die beiden Polizisten wurden plötzlich sehr aufgeregt. Sie redeten mit lauten Stimmen aufeinander ein, und der eine lief plötzlich eiligst davon. Der andere packte meinen Freund am Arm. Als dieser sich losmachen wollte, zog der Polizist eine Handschelle aus der Tasche und fesselte das Handgelenk von meinem Freund an sein eigenes. Gleich darauf kam mit Sirenengetön ein Polizeiwagen angesaust, und die Polizisten schoben meinen Freund hinein. Sie fuhren vor ein großes Haus, und dort sperrten sie ihn in eine vergitterte Zelle. In den nächsten Tagen kam niemand zu meinem Freund, so sehr er auch mit den Fäusten an die Tür trommelte, nur der Wärter, der ihm Kohlsuppe, Brot und Wasser brachte, der aber auf seine Fragen nicht antwortete. Eines Tages kam ein Mann mit einer Aktentasche unter dem Arm herein und fragte:

,Was wünschen Sie?'

,Warum sitze ich hier?' rief mein Freund, ,warum hat man mich eingesperrt?'

Der Mann lächelte spöttisch. ,Das wissen Sie doch ganz genau.' Er lächelte noch spöttischer, als mein Freund ihm seine Geschichte erzählte und gab vor, von dem Zettel, den man meinem Freund abgenommen hatte, nichts zu wissen.

,Ich möchte den deutschen Konsul sprechen', rief mein Freund, ,und Senor Esteban.'

Am anderen Tag kam der Mann wieder in seine Zelle und sagte: ,Der Konsul will nichts mit jemandem wie Ihnen zu tun haben, und ein Senor Esteban mit

439

einer Tochter Dolores wohnt nicht an der angegebenen Adresse.'

Mein Freund war verzweifelt. Noch drei Tage saß er in der Zelle, ohne daß sich jemand um ihn kümmerte. Dann bedeutete ihm der Wärter, der ihm sonst das Essen brachte, ihm zu folgen. In einem Büro gab ein streng aussehender Beamter ihm den Zettel zurück. Dann kamen die beiden Polizisten, die ihn gefangengenommen hatten, brachten ihn zu einem Auto und fuhren mit Sirenengeheul mit ihm davon bis zum Hafen, wo sie ihn auf das Deck eines Schiffes brachten, das nach Deutschland fuhr.

Die Rückfahrt war für meinen Freund nicht so lustig wie die Hinfahrt. Zwar hatte er die gleichen Möglichkeiten, sich zu amüsieren, aber er mußte dauernd an das Geheimnis des Zettels denken. Es gab auf dem Schiff ein paar Leute, die deutsch und spanisch sprachen, aber er hatte Angst, sie zu fragen, was auf dem Zettel stand, um nicht wieder so unheimliche Dinge zu erleben wie in Montevideo. Doch sobald er heimkam, wollte er erfahren, was auf dem Zettel stand. Ihm fiel plötzlich ein, daß ein Freund mit Namen Alfred lange Zeit in Spanien gearbeitet hatte. Der würde ihm die Schrift auf dem Zettel übersetzen können. Er telegrafierte Alfred vom Schiff aus, daß er ihn auf dem Hafenkai bei Ankunft des Schiffes erwarten möge. Diesmal wurde meinem Freund die Fahrt viel zu lang. Aber schließlich fuhren sie doch in den Hamburger

Hafen ein, und als sie sich dem Kai näherten, sah mein Freund unter den Wartenden auch Alfred stehen. Endlich würde er erfahren, was ihm so seltsame Erlebnisse eingebracht hatte. Er zog den Zettel aus der Tasche und winkte Alfred damit. Aber plötzlich ergriff eine Windbö das Papier, wirbelte es hoch und dann abwärts. Es schaukelte noch einen Augenblick auf den Hafenwellen, dann versank es."

Der Wachtmeister schwieg. „Aber, aber", riefen die Kinder aufgeregt, „hat er denn nie wieder was von dem Südamerikaner gehört, hat er nun nie, nie erfahren, was auf dem Zettel stand?"

Der Wachtmeister schüttelte den Kopf. „Leider nicht. Als er nach Hause kam, lag in seiner Wohnung ein Umschlag mit einem sehr guten Honorar, aber ohne Absender."

„Oh", seufzte Frau Hubermeier, „was war das für eine aufregende Geschichte. Ich bin bald gestorben vor Angst, und wie gut Sie sie erzählt haben, Herr Wachtmeister. Da kam einen ja richtig das Gruseln an."

Die Kinder konnten nicht fertig werden mit Vermutungen, was auf dem Zettel gestanden hatte, bis plötzlich eine winzige Faust mit erheblichem Krach auf den Küchentisch sauste.

„Jetzt will ich aber endlich meine Geschichte erzählen!" schrie Rolf mit funkelnden Augen. Da schwiegen alle sofort still, denn sie wollten nicht zeigen, daß

441

sie nicht geglaubt hatten, daß Rolf schon eine Geschichte erzählen könnte. Doch Rolf fing sofort an:

„Es war einmal ein klitzekleines Marienkäferchen, das hatte zwei Punkte", Rolf streckte zwei Finger in die Luft, „das heiratete ein klitzekleines Marienkäferfrauchen, das hatte drei Punkte." Jetzt streckte Rolf drei Finger in die Luft. „Und sie kriegten ein klitzekleines Marienkäferkindchen, das hatte vier Punkte." Und Rolf streckte seine kleine Hand mit allen Fingern vor und ließ, als er seinen Irrtum bemerkte, rasch den Daumen verschwinden.

„So, nun ist die Geschichte aus."

Alle bewunderten Rolf sehr, vor allem auch, daß er schon ganz richtig wußte, was zwei, drei und vier war. Nun hatte jeder seine Geschichte erzählt, aber das Fest war noch lange nicht zu Ende. Schließlich wurde sogar getanzt. Am Schluß des Festes tranken Jimmy und Oma mit Himbeersaft Brüderschaft, und Jimmy durfte von nun an „Oma" sagen und Oma „Jimmy" und „Du". Der letzte Ausspruch an diesem Abend stammte von Frau Hubermeier:

„Wenn man mit euch Pieselangs zusammen lebt, braucht man gar nicht mehr fernzusehen, ihr seid viel interessanter."

Agathe

In der Klasse war es still. Man hörte nur das Kratzen der Federn auf dem Papier und das Summen einer Fliege. Brigitte rechnete: Fünfzehn und zwanzig sind fünfunddreißig und acht sind dreiundvierzig. Fertig! Sie sah sich um. Sie schien die erste zu sein, die die Klassenarbeit beendet hatte. Von den anderen sah sie nur gebückte Rücken. Ein paar Reihen vor ihr wanderte ein Schmuhzettel von einer Hand zur anderen.

Plötzlich fiel ihr Blick auf ihre Freundin Caroline, die neben ihr saß, und sie runzelte die Stirn. Caroline weinte. Sie rechnete nicht, spielte nur an einem ihrer roten Zöpfe, starrte in die Luft, und die Tränen liefen ihr über die runden Wangen.

„Was ist los?" flüsterte Brigitte, „weißt du nicht weiter?" Sie wunderte sich, denn Caroline und sie waren die besten Rechner in der Klasse.

Caroline schüttelte unwillig den Kopf. „Ich hab' bloß Schnupfen", sagte sie und kramte nach ihrem Taschentuch.

In diesem Augenblick rief der Lehrer: „Was habt ihr denn dahinten zu schwatzen? Wenn du fertig bist, Brigitte, dann gib dein Heft ab."

Als Brigitte nach vorn zum Lehrerpult ging, überlegte sie: Nein, es stimmte nicht, daß Caroline nur Schnupfen hatte. Brigitte hatte doch richtige Tränen auf ihren Wangen gesehen. Doch bis zum Schluß der Stunde konnte sie nichts Außergewöhnliches mehr an ihrer Freundin bemerken. Sie sah nicht besonders fröhlich aus, aber wer sieht schon bei einer Rechenarbeit fröhlich aus.

Auf dem Heimweg bummelten sie durch das Dorf, und Caroline war vielleicht ein bißchen schweigsamer als sonst. Aber Brigitte wagte nicht zu fragen, was für ein Kummer die Freundin drückte. Denn sie kannte Carolines schnippische Art, wenn man etwas von ihr wissen wollte, was sie nicht erzählen mochte. Am Dorfteich hielten sie an, um die Enten mit den Resten ihres Frühstücksbrotes zu füttern. Schnatternd und flügelschlagend versuchte das Federvieh, sich die besten

444

Bissen gegenseitig abzujagen. Plötzlich fing Caroline wieder an zu schluchzen. Die Tränen liefen ihr über das Gesicht, und sie versuchte es nicht mehr, sie zu verbergen. Ihre Unterlippe zitterte, und sie schnupfte ab und zu auf.

„Was ist denn los?" fragte Brigitte erschrocken. „Was hast du denn?"

„Ach", brachte Caroline unter Schluchzen hervor, „ach, sie wollen Agathe umbringen."

Brigitte lief ein Schauder den Rücken herunter. „Wer will sie umbringen?" flüsterte sie.

„Der Paul und mein Vater", sagte Caroline zornig.

Brigitte sah sie entsetzt an. Sie konnte sich einfach nicht vorstellen, daß Carolines Vater, der Besitzer der Hühnerfarm am Ort, der ein sanfter und freundlicher Mann war, jemanden umbringen wollte. Und auch den Knecht Paul hielt sie nicht für fähig, seine Agathe zu ermorden.

„Aber warum?"

Caroline wischte sich mit einem ihrer Zöpfe die Tränen aus dem Gesicht und sagte: „Weil sie sie zu Weihnachten braten wollen. Mein Vater sagt, daß er sie extra für Weihnachten gemästet hat und daß die Resi und ich zwei sentimentale Ziegen sind, daß er als Besitzer einer Hühnerfarm es sich aber nicht leisten kann, Federvieh aufzuziehen nur zu dem Zweck, daß es schließlich an Altersschwäche stirbt — aber Agathe ist doch nicht irgendein Federvieh!"

445

Jetzt dämmerte es Brigitte, daß Caroline die ganze Zeit von der Gans sprach, die Resi, die Köchin auf der Hühnerfarm, gezähmt hatte. Kurz nachdem die Gans aus dem Ei geschlüpft war, war die Gänsemutter unter ein Auto gekommen. Die Köchin Resi hatte das hilflose, winzige Küken in ihre warme Küche genommen, wo es sich bald sehr wohl fühlte und gut heranwuchs. Als das Tier für die Küche zu groß wurde, mußte es wieder auf den Hof zu dem anderen Federvieh ziehen. Es fühlte sich aber dort nie ganz zugehörig, hielt sich immer etwas abseits und kam sofort angewackelt, wenn Resi erschien.

„Warum heißt sie ‚Agathe'?" fragte Brigitte.

„Weil sie Resis Schwester so ähnlich sieht, die heißt nämlich auch Agathe."

„Kommst du mit zu uns zum Essen?" fragte Caroline, „vielleicht kannst du mal mit meinem Vater reden!"

Es kam öfter vor, daß Brigitte nach der Schule auf der Hühnerfarm zu Mittag aß oder umgekehrt Caroline bei Pieselangs. Besonders, wenn es zu Hause etwas zu essen gab, was sie nicht mochten, pflegten sie das auszunutzen. Zwar gab es heute bei Pieselangs Kartoffelpuffer, aber Brigitte war eine treue Freundin und wollte versuchen, ob sie etwas für Agathe erreichen könnte. Sie hoffte auch, daß Mutter ihr zum Abend ein paar Puffer aufbacken würde.

Sonst waren die Mahlzeiten auf der Hühnerfarm meist lustig und munter, weil Herr Dietrich, Carolines Vater, gern mit den beiden Mädchen scherzte. Heute aber waren alle schweigsam und verstimmt. Carolines Mutter versuchte, den Bann zu brechen, indem sie die beiden Mädchen nach der Schule und ihren Mann nach der neuen Brutmaschine fragte. Aber sie erhielt nur einsilbige Antworten. Caroline stieß Brigitte wiederholt in die Seite, und so entschloß sich Brigitte schließlich, das heiße Eisen anzufassen.

„Herr Dietrich", sagte sie mit gepreßter Stimme, „könnten Sie nicht ausnahmsweise die Agathe leben lassen und dafür eine andere Gans schlachten?"

Jetzt legte Carolines Vater den Löffel, mit dem er gerade seine Suppe essen wollte, auf den Tisch. „Hat Caroline dir auch damit in den Ohren gelegen?" fragte er ärgerlich. „Wenn sie sich in ihrem Dickkopf etwas ausdenkt, meint sie immer, sie müßte alles durchsetzen. Ich denke aber gar nicht daran, mich von meiner

Tochter tyrannisieren zu lassen. Als Besitzer einer Hühnerfarm ziehe ich das Federvieh auf, damit es später geschlachtet und gegessen wird, und niemand ißt sonst lieber ein knuspriges Hühnchen oder eine leckere Gans als Caroline. Plötzlich meint sie, es wäre unrecht, wenn ich sowas tue. Solche Ideen muß sie sich aus dem Kopf schlagen, wenn ihr Vater Hühnerzüchter ist. Die Gans wird geschlachtet!" Und er fing an, seine Suppe zu essen.

Nun legte Caroline ihren Löffel hin und sagte mit blitzenden Augen: „Dann esse ich von jetzt an keinen Happen mehr."

Resi, die gerade den Braten auf den Tisch stellte, fügte hinzu: „Und ich kündige."

Jetzt blitzten Herrn Dietrichs Augen genauso zornig wie die seiner Tochter. Sie sahen sich plötzlich sehr ähnlich. „Gut, Resi, dann gehen Sie eben", sagte er trotz des ängstlichen Seufzers seiner Frau, denn Resi war eine vorzügliche Köchin. „Und du", wandte sich Herr Dietrich an Caroline, „kannst ruhig ein bißchen abnehmen, das schadet dir gar nichts."

„Ich werde verhungern, und das habt ihr dann davon", sprudelte Caroline hervor.

Herr Dietrich lachte auf. „Das kriegst du nicht fertig, dafür ißt du viel zu gern."

Immerhin führte Caroline den Rest der Mahlzeit über ihren Vorsatz aus und saß mit zusammengepreßten Lippen da. Brigitte beschloß im stillen, sie später mit nach Hause zu nehmen und ihr von ihren Kartoffelpuffern etwas abzugeben. Nach dem Essen stand Herr Dietrich auf ohne etwas zu sagen und knallte die Tür hinter sich zu, als er den Raum verließ. Die Mädchen gingen in die Küche, um Resi zu suchen. Was sie dort vorfanden, war wirklich herzerweichend. Resi saß auf einer Bank und schnipselte Äpfel klein. Daneben hockte Agathe mit ihrem dicken, schneeweißen Gefieder und stahl Resi ab und zu eine Scheibe Apfel aus der Schüssel. Dabei sah sie das Mädchen so schelmisch an, als wenn sie sie necken wollte. Resi aber liefen die Tränen über die Wangen, wie vorher Caroline.

„Ach, mein armes Tierlein", jammerte sie, „jetzt geht's dir an den Kragen."

Sie stand auf, um die Apfelscheiben in einen großen Topf zu schütten, der auf dem Herd brodelte. Die Gans hüpfte von der Bank und folgte ihr und schnatterte dabei leise vor sich hin. Es hörte sich an wie ein zärtlich beruhigendes Geschwätz, was die Resi noch mehr zum Schluchzen brachte, in das die beiden Mädchen einstimmten. Plötzlich aber hörte Brigitte auf zu weinen und sagte nur ein Wort: „Oma."

Bald darauf saßen Brigitte und Caroline in Omas Küche, löffelten einen Schokoladenpudding und erzählten. Oma sah nachdenklich und betrübt aus.

„Das ist traurig", sagte sie, „daß wir Menschen darauf angewiesen sind, Tiere zu töten, um uns zu

449

ernähren. Wir, die wir das Fleisch beim Fleischer oder Geflügelhändler kaufen, denken sehr selten daran, oder vielleicht wollen wir auch nicht daran denken. Aber dein Vater hat recht, wenn er sagt, daß ihm nun mal nichts anderes übrigbleibt, als Tiere zu schlachten. Er tut es ja, damit wir anderen etwas zu essen haben."

Caroline überlegte. „Das stimmt ja auch", sagte sie schließlich, „aber manchmal ist es doch so, daß ein Tier beinah schon ein — ein", sie stockte.

Oma vollendete ihren Satz: „ein Freund geworden ist?"

Caroline nickte.

Oma erhob sich und zog ihren Mantel an. „Wartet
hier", sagte sie.

Die beiden Mädchen versuchten sich die Zeit mit
Käsekästchenspielen zu vertreiben. Aber sie konnten
sich nicht konzentrieren. Schließlich setzten sie sich auf
das Fensterbrett und starrten auf die schmutzige
Straße, auf die ein häßlicher Schneeregen herabfiel.
Niemand mochte bei diesem Wetter spazierengehen.
Lange war die Straße leer. Aber plötzlich kam eine
seltsame Gruppe dahergewandelt. Oma und Resi, die
sich untergehakt hatten, gingen dicht nebeneinander
unter Omas großem, schwarzen Schirm. Daneben
watschelte die Gans Agathe. Sie sah nicht mehr so
strahlend weiß aus wie vorhin in der Küche. Ihr Gefieder war mit Schlamm bespritzt, und sie platschte
mit ihren großen Füßen vergnügt durch alle Pfützen.
Vergnügt war auch die Resi, als sie zu dritt die Küche
betraten. Sie hatte ein hochrotes Gesicht, und ihre
Augen strahlten.

„Wie haben Sie das nur gemacht, Frau Pieselang",
rief sie immer wieder, „der Herr Dietrich war ja wie
umgedreht. ‚Hier, du altes sentimentales Frauen-
zimmer', hat er zu mir gesagt, ‚ich schenk dir deine
Gans. Bloß aus den Augen mußt du sie mir bringen,
damit ich vergeß, daß ich eine Niederlage erlitten

451

habe.'" Resi wandte sich den beiden Mädchen zu: „Und da hat die Frau Oma gesagt, ich dürfte die Agathe halt in ihr Altersheim für Tiere bringen — und dein Vater, Carolinchen, läßt dir sagen, daß du doch zu Hause wieder tüchtig futtern sollst, sonst würde

ihm das Essen auch nicht schmecken. Das wäre ja auch schade, wenn du heute abend meine Pilzomeletts nicht ißt."

Die Gans Agathe zog in den Kellerraum neben Herrn Krügers Schusterwerkstatt. Am Tage watschelte sie im ganzen Haus herum, weil sie sehr neugierig war. Die Tiere gewöhnten sich bald an sie, bis auf Fiffi und Satan. Fiffi stimmte ein wildes Wutgekläff an, wenn er den neuen Hausgenossen zu Gesicht bekam und versuchte, Agathe in den Schwanz zu beißen, und Satan fauchte und sprang einmal von Herrn Krügers Schulter aus auf ihren Rücken. Doch Agathe hielt die beiden mit kräftigen Schnabelhieben in Schach, so daß sie sich bald nicht mehr an sie heranwagten.

Schließlich erwies sich aber, daß Agathe ein äußerst nützlicher Vogel war. Dieses Haus voller Hunde hatte keinen wirklichen Wachhund. Die dicken Hunde waren viel zu faul dazu; Fiffi war zu verspielt. Er kläffte nur, wenn ihm gerade danach zumute war. Die Gans Agathe aber fing sofort an zu schnattern, wenn sich ein Fremder dem Haus näherte und vertrieb einmal einen finster aussehenden, zerlumpten Mann, der unbemerkt den Garten betreten hatte, indem sie laut schreiend mit wildem Flügelschlag und vorgestrecktem Hals auf ihn zustürmte, ein wirklich furchterregender Eindruck.

Das Museum

Schon lange vor Weihnachten fielen tagelang dicke
Flocken vom Himmel. Die Kinder genossen den Schnee
bei Schneeballschlachten und Schlittenfahrten, aber den
Pieselangs brachte er auch Sorgen. Das Futter für ihre
Tiere wurde knapp. Der Esel Peppino konnte nicht
mehr grasen. Auch Agathe fand nichts mehr, so tief sie
auch ihren Hals in den Schnee steckte. Und für die
Kaninchen, die ein Junge ihnen zur Betreuung gegeben
hatte, weil seine Eltern sie nicht im Hause haben
wollten, konnten die Kinder keine Kräuter mehr am
Wegrand finden. Es gab zwar im Hause eine Menge
Pensionsgäste, für die ihre ehemaligen Herren bezahl-
ten, außerdem kamen Freunde von Frau Hubermeier
von Zeit zu Zeit zur Erholung, um mit ihren Tieren

454

zusammen bei Oma Abmagerungskuren zu machen. Doch die Menge der nichtzahlenden Hausbewohner war um vieles größer. Denn immer, wenn in der näheren und weiteren Umgebung jemand ein hilfloses Tier fand, das niemand sonst versorgte, brachte er es zu Oma. So hatte sich die Zahl der Hunde und Katzen sehr vermehrt. Dazu kamen Meerschweinchen, ein paar räudige Kanarienvögel, die nicht mehr sangen, ein Goldhamster und ein uralter Papagei, der einer armen, alten Frau gehört hatte, die gestorben war. Für alle die hungrigen Mäuler mußte Nahrung herbeigeschafft werden.

„Wir müssen uns etwas ausdenken, wie wir Geld verdienen können", sagte Oma.

„Kuchen backen und verkaufen", schlug Brigitte vor.

Frau Hubermeier war davon begeistert, aber Oma meinte: „Wir müßten erst Geld haben, um Zucker, Mehl und Butter zu kaufen. Außerdem backen die Bauern zum Sonntag selber Kuchen und werden uns nicht viel abnehmen. Wir haben auch nicht die Zeit dazu, herumzulaufen und die Kuchen anzubieten."

„Könnten wir nicht ein Konzert geben?" fragte Peter.

Aber niemand außer Jimmy war besonders musikalisch, und dieser hätte nicht allein ein Konzert bestreiten können.

„Wir malen alle was und machen eine Ausstellung", schlug Brigitte vor.

„Wir machen einen Zoo und zeigen gegen Eintritts-
geld unsere Tiere", rief Jan. Aber Oma schüttelte zu
allem den Kopf.

„Ihr seid keine so großen Künstler, daß ihr damit
die Bauern zu uns locken könntet, und unsere Tiere
sollen ihre Ruhe haben."

Jetzt hatte Frau Hubermeier einen Einfall: „Wie
wär's mit einem Museum?"

Das war die erste Idee, die Oma zu gefallen schien,
obgleich die Kinder „igittigitt, bloß nicht" riefen,
denn sie dachten an die langweiligen Klassenausflüge,
die sie in das Museum der Kleinstadt machten, wo ver-
staubte, ausgestopfte Tiere und alte Waffen zu besichtigen waren. Nur Peter war dem Gedanken nicht ab-
geneigt.

„Ich hab' was für ein Museum", rief er und holte
aus seinem Zimmer ein Amselnest, das er im Herbst
aus der Gabelung eines alten Jasminbusches gelöst, den
ein Bauer ausgerissen hatte. Jan, Brigitte und Rolf
brachen in ein lautes Lachen aus.

„Ha, das ist vielleicht das Richtige für ein Museum — ein Vogelnest, das jeder Mensch immerzu
draußen sehen kann! Was ist denn da schon dran?"

Aber Oma nahm Peter das Nest aus der Hand und
betrachtete es nachdenklich. „Wie wird denn ein
Vogelnest gebaut?" fragte sie Jan.

„Das, na das, weiß ich nicht", stotterte der verlegen, „zeig mal her."

456

Oma reichte es ihm hinüber. „Du hast es dir also noch nie sehr genau angeguckt — und so geht es fast allen anderen Menschen auch. Dabei lohnt's sich, nicht wahr?"

Sie betrachteten die sorgsam verflochtenen Zweige und Gräser. Wie schön das zierliche Rund gelungen war, leicht und doch fest, am Grunde mit Heu und Flaumfedern weich gepolstert.

„Ein richtiges Wunder", staunte Brigitte.

„Ja", sagte Oma, „und jetzt weiß ich auch, was wir machen, um Geld zu verdienen. Wir sammeln Wunder und zeigen sie im Museum."

In der nächsten Zeit waren alle Hausbewohner sehr beschäftigt. Sie waren erstaunt, daß sie, seitdem sie darauf achteten, auf Schritt und Tritt Wunder fanden. Manchmal gab es auch heftige Diskussionen darüber, was als ein Wunder anzusehen war. Zum Beispiel konnten sie sich zuerst nicht einig werden, ob eine Muschel ein Wunder war oder nicht, entschlossen sich aber schließlich doch dazu, während der Antrag Rolfs, Frau Hubermeiers Kuchen als Wunder zu betrachten, sogar von Frau Hubermeier selbst abgelehnt wurde. Alles, was sie an Wundern fanden, wurde erst einmal herbeigetragen: Vogelnester und Muscheln, schöne Steine und Federn. Eins entdeckte Jan, als er seinen Freund, den Sohn vom Bürgermeister besuchte. Auf dem marmornen Fensterbrett fand er den bräunlichen Abdruck einer Schnecke. Er steckte die ganze Bürger· meisterfamilie mit seiner Finderfreude an.

„Ja", sagte der Bürgermeister, „das ist was ganz besonderes, ein Ammonshorn."

Sie schauten gleich im Lexikon nach und fanden, daß es sich um eine große Schnecke handelte, die vor Millionen von Jahren gelebt hatte und jetzt im Marmor versteinert war.

„Und ich dachte immer, es wäre ein Fleck und habe versucht, ihn wegzuputzen", meinte die Bürgermeisterin.

Der Bürgermeister aber, der die Idee von Omas Wundermuseum sehr gut fand, entschloß sich, dem

Museum das Ammonshorn zu spenden und sich selbst ein neues Fensterbrett anzubringen. Stolz fuhr Jan am nächsten Tag mit dem Eselwagen vor und brachte das schwere Fundstück heim.

Omas altes Konversationslexikon war in der nächsten Zeit das Buch, welches die Kinder am häufigsten lasen und um das sie sich sogar stritten.

„Wo ist der Band A?" rief Jan, „ich will ‚Ammonshorn' nachlesen."

„Den brauch ich jetzt", rief Brigitte, „ich will über das Auge nachschlagen. Ein Auge ist doch bestimmt ein Wunder."

Aber sie fanden beide nicht den gesuchten Band, bis sie schließlich entdeckten, daß Peter sich aus den Bänden A bis G einen Turm gebaut hatte, auf dem er stand, um ein Spinnennetz zu beobachten.

Es dauerte nur ein paar Wochen, bis sie genug wunderbare Dinge gesammelt hatten, um das Museum einzurichten.

„Vollständig wird es wohl nie werden", sagte Oma und doch konnten sie nun schon zwei Räume mit den interessantesten Funden füllen. Da war erst einmal Peters Nestersammlung, denn außer dem Amselnest hatte er noch andere Vogelnester herbeigeschafft, unter anderem ein Schwalbennest, bei dem die Vögel Erdklümpchen mit ihrem Speichel zu einer festen Masse verbacken hatten, die ein sicheres Haus für die jungen Vögel abgab. Auf einer großen Tafel neben der Nestersammlung waren Zeichnungen von Nestern tropischer Vögel wie das des Weberfinken in Afrika, der sein Nest wie einen geschlossenen Beutel zusammenflicht mit einem winzigen Einschlupfloch und an die äußerste Spitze der Baumzweige hängt, damit Schlangen es nicht erreichen können.

Neben den Nestern gab es schöne Schwungfedern von den verschiedensten Vögeln, die Jan gesammelt hatte. Dazu hatte er eine Tafel gezeichnet und auf ihr den geheimnisvollen Vogelflug beschrieben, die wunderbare Tatsache, daß Vögel, die bei uns aus dem Nest geschlüpft sind, im Herbst den Weg allein nach dem Süden finden und in großer Geschwindigkeit viele Hunderte von Kilometern fliegen, um den Winter in warmen Ländern zu verbringen.

Eine große Menge von schönen und seltsamen Steinen gab es im Museum. Mit das wertvollste Stück

neben Jans Ammonshorn hatte Lehrer Pieselang ge-
stiftet. Es hatte jahrelang auf seinem Schreibtisch
gelegen, aber nun hatte er sich davon getrennt. Es war
ein rauher, derber, etwa zwei Fäuste großer Stein, den
man durchgeschnitten hatte. Wenn man die obere von
der unteren Hälfte hob, strahlte einen ein glitzerndes
Märchen an: Leuchtende, lila Kristalle, die in einen
Kranz von weißen gebettet waren, eine Amethyst-
druse, köstliche Edelsteine, die inmitten des häßlichen,
braunen Steins gewachsen waren.

Brigittes Hauptarbeit für das Museum war eine
große, schwarze Tafel, auf die sie mit weißer Kreide
Schneekristalle gemalt hatte. Diese winzigen, zarten
Gebilde, aus denen eine Schneeflocke besteht, hatte sie
mit Omas großer Lupe betrachtet und aufgezeichnet.
Aber sie hätte sich beinahe dabei die Finger erfroren,
weil sie im Freien zeichnen mußte. Im Zimmer wären
die Flöckchen rasch geschmolzen. Doch Oma steckte ihr
heiße Eßkastanien in die Manteltasche, an denen sie
sich ab und zu die Hände und den Magen wärmen
konnte. Wie schöne, zarte Sterne und Blüten schmück-
ten die Kristalle nun in vielfacher Form die Tafel.

Lange hatten sie darüber diskutiert, ob es auch
Werke von Menschen gebe, die Wunder seien. Jan
fand, ein Auto wäre ein Wunder, aber das wurde von
den meisten abgelehnt. Und ein Flugzeug? Hier waren
die Meinungen geteilt. Jimmy aber bestand darauf,
daß eine Mozartsinfonie ein Wunder sei, und so wurde

in einem zweiten, kleineren Raum ein Plattenspieler aufgestellt, aus dem man die herrliche Musik hören konnte. Im gleichen Zimmer brachten sie auf Omas Bitte einen großen, bunten Druck an, der ein wunderbares Bild zeigte: Einen Engel mit großen, bunten Flügeln, der der Mutter Maria verkündet, daß sie das Jesuskind zur Welt bringen soll. Oma erzählte, daß der Künstler, der dieses Bild gemalt habe, ein italienischer Mönch gewesen war mit Namen Fra Angelico, der die Räume seines Klosters in Florenz ausmalte. Er war fest davon überzeugt, daß Gott ihm den Pinsel führte, und änderte deshalb nie etwas auf seinen Bildern. Die „Verkündigung" war auch tatsächlich von überirdischer Schönheit.

Zwischen den Doppelfenstern des Museums standen Gläser mit Hyazinthenzwiebeln, aus denen die rosa und blauen Blumen hervorsprossen.

„Auch das ist immer wieder ein Wunder", sagte Oma, „im Sommer werden wir den Garten in die Führungen einbeziehen, denn da gibt es Hunderte von Wundern zu sehen."

An dem Tag, an dem das Museum eröffnet wurde, standen alle früh auf. Es war ein Wochentag, und Brigitte, Jan und Peter mußten leider zur Schule gehen. Aber Jan würde als erster mit seiner Klasse zurückkehren, die sich für eine Führung angesagt hatte. Natürlich würde diesmal Jan führen.

Rolf schwang mit dem Gartentor hin und her und beobachtete scharf die Landstraße. Als Jans Klasse, mit Herrn Richter und Jan an der Spitze, auftauchte, lief er ihr entgegen.

„Ich werde euch zeigen, wo das Museum ist", rief er, „aber putzt euch ordentlich die Schuhe ab, Oma hat eben noch einmal alles gebohnert."

„Halt den Schnabel", rief Jan ärgerlich. „Meinst du, wir können über den Fußboden fliegen? Außerdem habe ich bis jetzt den Weg noch nicht vergessen. Ich kann die Klasse allein hinführen."

Rolf kamen die Tränen. Er lief in die Küche zu Oma und beschwerte sich.

„Laß nur", tröstete Oma, „bald werden Leute kommen, die nicht wissen, wo das Museum ist, und denen mußt du den Weg natürlich zeigen, damit sie sich nicht im Haus verirren und Fiffi sie anbellt oder Satan faucht und sie sich erschrecken — aber über die schmutzigen Füße brauchst du nichts zu sagen. Ich habe mir ausgedacht, wie wir bohnern können, daß es sogar Spaß macht."

So stellte sich Rolf wieder auf seinen Posten an der Tür und wartete auf neue Gäste, die im Verlauf des Tages auch in Scharen kamen. Brigittes und Peters Klassen erschienen, Lehrer Pieselang kam aus der Kleinstadt mit seiner Gymnasialklasse, der Bürgermeister mit den Bezirksverordneten und sonst noch allerlei Neugierige aus dem Ort. Das Museum war ein großer Erfolg. Abwechselnd führten Oma, Frau Hubermeier und die Pieselang-Kinder bis auf Rolf. Die zuerst gelangweilten Schulkinder waren bald gepackt und interessiert und hörten mit Staunen, was für wunderbare Dinge es in der Welt gab, an denen sie sogar zum Teil täglich vorbeiliefen, ohne darüber nachzudenken. Groß war die Aufregung, als sie erfuhren, daß es Prämien dafür gab, wenn sie dem Museum neue Wunder zuführten. Allerdings mußten es wirkliche Wunder sein, und die Kinder mußten darüber genau Bescheid wissen und ihre Erfahrungen auf großen Tafeln aufmalen oder schreiben.

„Denkt euch das nicht so einfach", sagten die Pieselang-Kinder. Aber viele der Schulkinder waren fest entschlossen, auf Wunderjagd zu gehen. Es war ja auch etwas Besonderes, wenn auf den Tafeln der eigene Name stehen würde. Zum Beispiel stand auf der Vogelflugtafel „Wunder, entdeckt von Jan Pieselang". Da es so viel zu betrachten, zu verstehen und zu lernen gab, waren die Besucher des Museums nach einer Besichtigung stets recht erschöpft. Das hatte Oma wohl vorausgesehen und auf dem Flur vor den Museumsräumen einen großen Tisch aufgestellt, an dem es Coca-Cola und köstlichen, natürlich von Frau Hubermeier gebackenen Kuchen zu kaufen gab. Das ergab noch einen zusätzlichen Verdienst für das Haus.

Am Abend saßen die Pieselang-Kinder, Frau Hubermeier, Herr Krüger und Jimmy rund um Oma und halfen beim Geldzählen. Es war wirklich eine Menge eingekommen, und sie brauchten sich vorerst nicht um Futter für die Tiere zu sorgen. Es würde natürlich nicht jeden Tag einen so großen Verdienst geben wie an diesem ersten Besichtigungstag, aber die Schule am Ort wollte all ihre Klassen in das Wundermuseum schicken, und auch die Klassen des Gymnasiums der Stadt, an dem Lehrer Pieselang arbeitete, wollten kommen. Die Bauern des Ortes waren neugierig geworden und würden sicher mit ihren Familien einen Sonntagsbesuch mit Besichtigung machen. All das würde ausreichen, daß die Pieselangs ohne Schwierigkeiten den Winter über ihre Tiere füttern konnten. Bevor sie heute ins Bett gingen, und sie waren nach all den Aufregungen rechtschaffen müde, gab es aber noch eine besondere Überraschung.

„Wer hilft mir beim Aufräumen und Bohnern im Museum?" fragte Oma. „Morgen früh muß ja wieder alles blitzblank sein."

Die Kinder machten lange Gesichter. „Ich bin so müde", brummte Jan, „ich hatte drei Führungen."

„Na und ich", sagte Brigitte spitz, „meinst du, ich hätte weniger getan als du? Ich habe einmal geführt und dann den ganzen Nachmittag am Tisch gestanden und Kuchen verkauft."

Peter erklärte, er müsse noch dringend ein Bild von einem Regenbogen zu Ende malen, damit das auch bald aufgehängt werden könnte.

Nur Rolf und Jimmy gingen mit Oma ins Museum hinüber. Was man aber von dort nach kurzer Zeit vernahm, klang gar nicht nach schwerer Arbeit, sondern nach großem Vergnügen. Man hörte Omas Rufe, Rolfs übermütiges Kichern und Jimmys lautes Lachen. Die anderen wurden neugierig. Und auf die Gefahr hin, daß sie dann auch zur Arbeit eingespannt würden, öffneten sie die Tür. Als erstes sahen sie Rolf, der juchzend an ihnen vorbeisauste. In der Mitte des Raumes führte Jimmy mit Gliederverrenkungen einen

wilden Tanz auf. Sie hatten Bohnerlappen unter die
Füße gebunden, und ihre lustigen Tänze waren nicht
nur vergnüglich, sondern auch nützlich, weil sie gleichzeitig den Boden blankrieben. Am hübschesten aber
war Oma anzusehen. Sie, die eine geübte Rollschuh-
läuferin war, rutschte in eleganten Schwüngen mit
einem Staubbesen in der Hand von einem Gegenstand
zum anderen. Bei den übrigen Pieselangs war jetzt
kein Gedanke mehr daran, daß sie zu müde zum
Bohnern seien oder noch etwas arbeiten müßten. Sie
banden sich auch Putzlappen unter die Füße und
sausten kurze Zeit darauf kreuz und quer durch den
Raum. Im Nu war der Fußboden blitzblank.

Da morgen Sonntag war, durften heute Rolf und
Jan bei Oma schlafen. Weil es aber schon Nacht geworden war, brachten Oma und die beiden Jungen
Brigitte und Peter ein Stück die Landstraße entlang,
und Oma wartete, bis sie sah, daß die Kinder sicher
in Pieselangs Häuschen verschwunden waren. Dann
gingen die drei Zurückbleibenden wieder zur Villa.
Rolf und Jan hatten Oma rechts und links untergehakt. Jan und Oma schwatzten miteinander, aber
Rolf war schweigsam. Die beiden anderen glaubten,
daß er müde sei. Aber das war er gar nicht. Er war
traurig. Denn so sehr die Geschwister sich heute
amüsierten, hatte es für ihn nicht viel Spaß gegeben
mit Ausnahme von dem Bohnern eben, aber das war
auch alles. Immer hatte es heute geheißen:

„Dazu bist du noch zu klein." Er durfte keine Führungen machen, weil er noch zu klein war, er durfte keine Billetts verkaufen, weil er mit dem Geld noch nicht umgehen konnte, er brauchte den Weg zum Museum nicht zu zeigen, weil die Besucher ihn auch alleine fanden, er wurde vom Küchenbüfett verbannt, wo er Brigitte helfen wollte, als sie bemerkte, daß er das vierte Stück Torte gegessen hatte. Er hatte auch kein Wunder gefunden. Auf keiner der Tafeln im Museum stand: „Wunder — entdeckt von Rolf." Er war zu allem zu klein. Manchmal glaubte er, er würde nie, nie groß werden. Doch plötzlich vergaß er seinen Kummer, denn Oma rief:

„Schaut mal!"

Und nun sah Rolf etwas, was er noch nie gesehen hatte. In dem klaren Sternenhimmel, unter dem sie standen, hatte sich ein Stern gelöst und flog in einem glitzernden Bogen abwärts. Es sah aus, als wenn er gar nicht weit von ihnen in ein Feld fiel.

„Eine Sternschnuppe", rief Jan, „wie schön, ein Stern ist vom Himmel gefallen!"

„Nicht ein ganzer Stern", sagte Oma, „nur ein Stück."

„Ist es auf die Erde gefallen, Oma?"

„Meistens fallen sie nicht auf unsere Erde, aber manchmal schon. Ich habe einmal ein solches Stück Stern gesehen", sagte Oma.

Jan lachte: „Das wär' etwas für unser Museum."

Jan schlief heute rasch ein, so müde war er. Auch Rolf schien müde zu sein, denn er bat gar nicht mehr um eine Geschichte, wie es sonst bei ihm üblich war. Mitten in der Nacht wachte Jan auf. Etwas hatte ihn geweckt, wohl ein Geräusch. Er horchte angestrengt ins Dunkle, konnte aber nichts mehr vernehmen. Er wollte gerade wieder einschlafen, als er plötzlich einen dumpfen Laut hörte, so, als wenn die Haustür unten ins Schloß fiel. Er machte Licht und setzte sich auf. Das Zimmer sah friedlich und unberührt aus. Aber plötzlich fiel ihm auf, daß auf dem Stuhl vor Rolfs Bett keine Kleider mehr lagen. Er sprang auf. Rolfs Bett war leer. Jan sah auf die Uhr — es war drei Uhr morgens. Er lief im Schlafanzug durch das stille Haus bis zu Omas Zimmer. Oma war sofort wach, als sie hörte, daß Rolf verschwunden war. Sie schickte Jan zum Anziehen nach oben, und fünf Minuten später trafen sie sich in der Halle, warfen sich die Mäntel über und wickelten sich in Schals, denn es war kalt.

„Ob er nach Hause gelaufen ist?" fragte Jan.

Oma antwortete nicht, sondern öffnete die Tür. Im frisch gefallenen Schnee sahen sie im Mondlicht deutlich winzige Fußspuren, die fortführten vom Haus auf den kleinen Wald zu, der ein paar hundert Meter entfernt war. Mitten im Garten stand Jimmy und betrachtete den Mond.

„Hast du Rolf gesehen?" fragte Oma, aber Jimmy schüttelte den Kopf. Er war gerade aus seinem Häuschen gekommen, um den Mond anzusehen. Als er von Oma erfuhr, daß der kleine Kerl verschwunden war, schloß er sich den beiden anderen an. Zuerst war es leicht, die Spur zu verfolgen. Aber dann kamen sie an das Wäldchen, in dem, durch die Bäume abgehalten, kein Schnee lag, und hier verlor sich die Spur. Sie durchsuchten den Wald nach allen Richtungen, konnten aber nichts entdecken. Sie waren ratlos. Aber Oma meinte entschlossen:

„Nun gehen wir von hier aus in drei verschiedenen Richtungen über die Felder. Wenn wir nach einer Viertelstunde nichts gefunden haben, treffen wir uns wieder hier."

Oma stapfte geradeaus durch den tiefen Schnee, Jimmy hielt sich westlich, und Jan ging nach Osten. Das große Feld lag unter dem Mondlicht hell vor ihnen. Aber sie konnten außer ein paar Hasen- und Fuchsspuren nichts entdecken. Nirgendwo fanden sie menschliche Fußspuren und nirgends eine kleine Gestalt über dem Weiß. Es kam Jan vor, als wäre Rolf durch die Luft geflogen. Plötzlich aber hörte er drüben im Westen den schmetternden Ton von Jimmys Trompete. Jan lief auf den Klang zu. Unterwegs holte er Oma ein, die ebenfalls auf das Trompetenlied zuhastete. Jimmy mußte etwas gefunden haben. Wie gut, daß er immer sein Instrument bei sich trug. Schließlich sahen sie Jimmys lange Gestalt an einem Zaun lehnen, der die Felder zweier Bauern trennte. Er zeigte auf

ein Häufchen, das zu seinen Füßen hockte, eine winzige Gestalt in einem Kapuzenmäntelchen mit kleinen, roten Gummistiefeln. Jimmy wollte sich bücken und Rolf hochheben, aber Oma kam ihm zuvor und blickte angstvoll in das blasse Kindergesicht. Die Augen waren geschlossen. Oma rüttelte ihn.

„Rolf", rief sie, „Rolf!"

Jetzt öffneten sich die schweren Lider und ein Lächeln strahlte auf. „Oma", sagte Rolf und schlang fest seine Arme um ihren Hals, als sie ihn hochhob. Als sie weitergingen, flüsterte er plötzlich an Omas Ohr: „Ich wollte doch nur den Stern suchen, für das Museum, weißt du?" Gleich darauf war er eingeschlafen.

Obgleich die Last für Oma nicht leicht zu tragen war, ließ sie ihn sich nicht von Jimmy und Jan abnehmen. Wenn Jan nicht aufgewacht wäre, hätte das Abenteuer böse ausgehen können. Sie drückte den Kleinen eng an sich. Zu Hause wurde er sofort mit Wärmflaschen ins Bett gesteckt, und obgleich er immer wieder einschlafen wollte, flößte Oma ihm noch eine Tasse heiße Milch mit Honig ein.

Tatsächlich hatte Rolf am anderen Tag von seinem nächtlichen Abenteuer nichts Böses zurückbehalten bis auf einen Riesenschnupfen. Heute ließ ihn Oma aber nicht von ihrer Seite. Sie putzten zusammen das Haus, kochten zusammen Essen für die Tiere und gingen schließlich zusammen ins Lehrerhäuschen hinüber. Während Oma mit Mutter in der Küche plauderte, stöberte Rolf in den Ställen, sagte der Ziege „Guten Tag" und dem großen, bunten Hahn. Plötzlich erschien er in der Küche, sein Gesicht strahlte vor Stolz.

„Oma, ich hab' was fürs Museum."

In seiner kleinen Hand lag ein leuchtend weißes Hühnerei.

„Tatsächlich!" rief Oma, „da haben wir ein echtes Wunder."

Zusammen mit Oma piekte Rolf in das Ei oben und unten ein Loch und blies Eiweiß und Dotter in eine Schüssel. Die Mutter konnte beides gut gebrauchen, weil sie gerade Kuchen backen wollte. Am Nachmittag saß Rolf bei Oma in der Küche mit einer feuerroten Schnupfennase und einem Schal um den Hals und bemalte mit ihrer Hilfe eine Tafel: Erst ein Ei, dann, wie es von innen aussah mit seinem Dotter und dem Eiweiß und schließlich, wie ein Küken in dem Ei entstand und wie es endlich mit seinem kleinen Schnabel von innen an die Schale klopfte und ein Löchlein bohrte, das die Mutter von außen erweiterte, bis das ganze quittegelbe Küken aus dem Loch herausschlüpfte. Alles war so schön und deutlich gemalt, daß die Tafel ein Schmuckstück für das Museum werden würde. Brigitte schrieb noch unten an den Rand: „Wunder — gefunden und aufgezeichnet von Rolf Pieselang." Dann wurde die Tafel im Museum aufgehängt und das Ei in einem Körbchen auf den Tisch darunter gestellt. Nun hatte Rolf auch sein Wunder gefunden, nun brauchte er keine Sterne mehr zu suchen.

Abschied

Es schneite und schneite und schneite. Um so gemütlicher war es in Omas Küche. Oma stand am Küchentisch, hatte die Hände voller Mehl und rollte ein großes Stück Teig aus, um für Weihnachten Plätzchen zu backen. Rolf stand neben Oma und "half" ihr, indem er immerzu kostete, ob der Teig auch gut gelungen war. Oma hatte ihm eins ihrer Nachthemden übergezogen, weil er sich bei solchen Bäckereien in der Regel von oben bis unten mit Teig und Mehl und Marmelade vollzuschmieren pflegte. Rolf hatte noch eine wichtige Aufgabe. Er mußte Oma immer wieder die Schürzenbänder zuknöpfen, die die Gans Agathe, die Oma so gern neckte, stets von neuem aufzog. Eine Ecke des Küchentisches hatte Brigitte mit Beschlag belegt. Sie schrieb ein neues Schild für die Haustür:

„Museum — Alters- und Erholungsheim für
Tiere, Tier- und Musikfreunde".

Am Fenster saßen Jan und Peter auf dem Fußboden, spielten „Mensch ärgere Dich nicht" und ärgerten sich furchtbar, besonders, wenn eine der Katzen ihnen über das Spielfeld stieg und alle Figuren umwarf. In der Ecke am Herd schliefen die dicken Pudel laut schnaufend. In diese friedliche Idylle brach plötzlich ein Wirbelwind. Die Tür wurde aufgerissen und Jimmy stürmte herein. Er lachte, schüttelte die Haare, daß der Schnee in der Küche herumstiebte, zog im Vorbeigehen Brigitte am Zopf, stolperte über die eben wieder aufgestellten Mensch-ärgere-Dich-nicht-Figuren, faßte Oma um die Taille, wirbelte sie einmal rund durch die Küche, gab ihr einen Kuß auf die Nase und schrie:

„Juhu!"

„Was ist los? Du spinnst wohl!" riefen die Kinder durcheinander.

Jimmy ließ Oma los, stand strahlend da mit einem Mehlfleck auf der Backe und angelte in der Hosentasche seiner Jeans nach einem Blatt Papier, das er feierlich auseinanderfaltete. Er fing an zu lesen:

„Sehr geehrter Herr Söderboom — das bin nämlich ich, der Jimmy —", sagte Jimmy mit feierlicher Verbeugung und fuhr fort, „Ihr Trompetenkonzert

ZWIEGESPRÄCH MIT EINEM FREUND ist von unserem Orchester einstimmig zur Aufführung angenommen worden. Wenn Sie ein ebenso guter Trompeter wie Komponist sind, möchten wir Sie bitten, den Solopart zu übernehmen. Gez. Schmidt, Agent der Longhairband." Jimmy holte tief Luft. „Was sagt ihr nun? Das beste Jazz-Orchester Deutschlands nimmt mein Konzert zur Aufführung an, und ich soll die Solotrompete spielen. Juhu!" Und er fing an, alle abzuküssen, die sich um ihn drängten, um ihm zu gratulieren: Oma und Brigitte und Rolf, Jan und beinahe auch Agathe.

Am anderen Tag luden sie Jimmys Gepäck auf den Karren, spannten Peppino davor und fuhren Jimmy zur Bahn. Jetzt war Jimmy nicht mehr so lustig. Obgleich der Zug noch nicht da war, sagte er rauh:

„Geht man lieber nach Hause und wartet nicht, ich kann endlose Abschiede nicht leiden."

Er sah ganz ernst aus, als er den Kindern die Hände drückte, so, wie sie ihn gar nicht kannten. Dann umarmte er Peppino und legte einen Moment lang sein Gesicht an den struppigen Eselskopf. Ohne sich umzuschauen, ging er danach mit seinem Koffer in der einen und der Trompete in der anderen Hand in den Bahnhof. Er hätte nie gedacht, daß ihm der Abschied so schwerfallen würde. Als er schließlich im Zug war, stellte er sich ans Fenster und sah das Dorf vorübergleiten. Dann machte die Bahn einen Bogen, und dort, am Ende der Dorfstraße, in der Nähe des kleinen Wäldchens, stand Omas Haus: Grau und groß und burgartig mit seinen Türmchen und Zinnen und vielen Fenstern. Plötzlich sah Jimmy, wie sich eins der Fenster öffnete und ein weißes Tuch aus ihm geschwenkt wurde, aus einem anderen Fenster ein zweites und ein drittes, das so groß war wie ein Laken, und ein viertes und ein fünftes und ein sechstes und ein siebentes, das ganz winzig war. Von weitem sah es nicht viel größer aus wie eine Briefmarke. Jimmy wußte, wer es schwenkte, niemand anders als der kleine Rolf, und er wußte auch, wer die anderen Tücher zu seinem Abschied wehen ließ: Oma und Brigitte und Peter, Jan und Frau Hubermeier und sogar Herr Krüger, obgleich er nie so ganz mit Jimmys langen Haaren einverstanden gewesen war. Jimmy war froh, daß sonst niemand im Abteil war, der merken konnte, daß er sich ein paar Tränen aus den Augen wischen mußte. Als er wieder klar sehen konnte, war das Haus verschwunden. Jimmy ließ sich in die Polster fallen. Es war doch gut, daß es das gab, daß man immer, wenn man in Not war, Kummer oder Sorgen hatte oder seine Freude mit jemandem teilen mußte, wenn man nichts zu essen oder keine Wohnung hatte oder sich auch nur einfach einmal erholen wollte, wußte, wohin man gehen konnte, wo man stets von Herzen willkommen war: in Omas Haus.

Im Xenos Verlag sind in der gleichen Reihe erschienen:

Helen Dore Boylsten

Susanne Barden
Hinaus ins Leben

Dieses Buch erzählt die Ausbildungsjahre von Susanne Barden, die nach ihrer Schulzeit nun ins Berufsleben hinausgeht. Sie hat sich in den Kopf gesetzt, Krankenschwester zu werden; ein nicht leichter Beruf. Und so sind auch die drei Jahre von Susanne von Höhen und Tiefen, von glücklichen und schweren Stunden begleitet. In dieser Weise ist auch das Buch geschrieben, das nicht nur eine Aufzählung von Tagesberichten, sondern einen Spiegel ihres Lebens durch die Ausbildungsjahre eines jungen Mädchens wiedergibt. Dabei vermittelt dieser Band die offene Hilfsbereitschaft und Lebensfreude, die Susanne in ihrer Umgebung ausstrahlt, und die ihr jeden Tag mehr Freude an dem gewählten Beruf bringt.

Das goldene X-Buch - der große Sonderband aus dem Xenos Verlag

Im Xenos Verlag sind in der gleichen Reihe erschienen:

Vladimir Carin

Ferien in Lipizza

Ferienerlebnisse der jungen Julka auf dem Gestüt in Lipizza. Der Traum eines jeden Mädchens geht hier in Erfüllung. Julka erlebt in den Ferien die schönsten Stunden mit ihren geliebten Vierbeinern, aber auch die Mühe und Pflege, die diese Tiere nötig haben, um nicht nur Reit- und Spielgefährte des Menschen zu sein, sondern eine echte Beziehung zwischen Mensch und Tier entstehen zu lassen. So ist es nicht verwunderlich, daß Julka sich immer wieder nach Lipizza hingezogen fühlt, über Jahre hinweg ihre Jugend dort verlebt und eigentlich gar nicht merkt, daß sie inzwischen erwachsen geworden ist.

Das goldene X-Buch – der große Sonderband aus dem Xenos Verlag

Kennst Du schon unsere X-Buch Reihe, die große Jugendbuchreihe?

Bis jetzt sind 20 Titel für jedes Lesealter erschienen. Alle Ausgaben sind mit vielen Illustrationen versehen und haben einen tollen vierfarbigen Umschlag.

Es sind bestimmt auch viele Titel darunter, die Dir gefallen werden. Erkundige Dich doch einmal nach der X-Buch Reihe aus dem Xenos Verlag, es lohnt sich bestimmt. Denn nicht nur tolle Abenteuer- und lustige Spaßgeschichten kommen darin vor, sondern auch Geschichten von Kindern, die so sind wie Du.

X-Buch – die große Jugendbuchreihe aus dem XENOS-Verlag